Handball – Alles, was man wissen muss

RUWEN MÖLLER

Handball

★ ★ ALLES, WAS MAN WISSEN MUSS ★ ★

NAMEN
REGELN
EVENTS
★★★

MEYER & MEYER VERLAG

Handball – Alles, was man wissen muss

Bibliografische Information der Deutschen Bibliothek
Die Deutsche Bibliothek verzeichnet diese Publikation in der Deutschen Nationalbibliografie; detaillierte bibliografische Details sind im Internet über <www.dnb.de> abrufbar.

1. unveränderter Nachdruck der 2. überarbeiteten Auflage 2024
Auckland, Beirut, Dubai, Hägendorf, Hongkong, Indianapolis, Kairo, Kapstadt, Manila, Maidenhead, Neu-Delhi, Singapur, Sydney, Teheran, Wien

Gesamtherstellung (Druck): Bookwire, Frankfurt, www.bookwire.de

MIX
Papier | Fördert gute Waldnutzung
FSC® C083411

Member of the World Sport Publishers' Association (WSPA)
ISBN 978-3-8403-7918-5

Hersteller im Sinne der GPSR:
Meyer & Meyer Fachverlag & Buchhandel GmbH
Von-Coels-Straße 390, 52080 Aachen
www.dersportverlag.de
E-Mail: kontakt@m-m-sports.com

INHALT

★★★

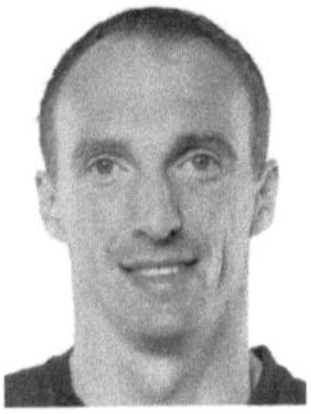

VORWORT VON HOLGER GLANDORF

„Es muss Spaß machen."

Dieses Buch über Handball ist etwas Besonderes! Warum? Weil es im Vergleich zu anderen Sportarten, wie z. B. Fußball, nach wie vor nicht allzu viele Bücher über Handball gibt. Daher ist es schön, dass sich diesem Thema angenommen wird.

Was macht die Sportart Handball aus, was muss man über Handball wissen? In meinen Augen ist es ein bodenständiger Sport mit einer großen Tradition. Da Handball (mittlerweile) in der Halle gespielt wird, ist es ein wetterunabhängiger Sport und er ist einfach zu erlernen. Worum geht es? – Der Ball muss ins Tor. Ein großes Plus ist zudem die extreme Fannähe im Profibereich. Dies ist ein Geheimnis der großen Beliebtheit von Handball.

Für mich ganz persönlich ist das Allerwichtigste am Handball: Es muss Spaß machen! Bei allem Siegeswillen, auch seit ich Handballprofi bin, war für mich immer wichtig, dass ich Spaß am Handball habe. Ich hatte Spaß daran, als ich ein Kind war und habe in meiner langen Karriere immer Spaß gehabt und werde es auch immer haben. Die nächste Generation Glandorf spielt inzwischen auch Handball und es macht mir natürlich viel Freude, meinen Kindern dabei zuzusehen. Es freut mich, dass sie mit Begeisterung dabei sind.

Es war ein Geschenk für mich, dass ich mein einstiges Hobby zum Beruf machen konnte. Der Handballsport hat mir viel gegeben und mich viel gelehrt. Da ist zum einen das Zusammensein in einer Mannschaft, das gemeinsame Feiern von Siegen und Titeln, aber auch das Zusammenstehen nach Niederlagen. Ich habe andere Kulturen, Länder und Lebensweisen kennengelernt. Entweder durch Mitspieler, Gegner oder auf den vielen Reisen, die ich dank des Handballs machen durfte. All das sind unglaubliche Erfahrungsschätze für mich.

Mein Tipp an alle – vor allem die Kinder –, die im Handball unterwegs sind: Es muss immer Spaß machen, bewahrt euch euren Spaß am Handball!

Ich hoffe, dass nicht nur handballbegeisterte Menschen durch dieses Buch ihre und meine Lieblingssportart noch besser kennenlernen und sich für Handball begeistern können, sondern auch diejenigen, die noch keine Fans sind.

Viel Spaß beim Lesen!

Holger Glandorf ist Weltmeister von 2007. Er hat 170 Länderspiele für Deutschland bestritten und dabei 583 Tore erzielt. Der gebürtige (30. März 1983) Osnabrücker gewann mit der HSG Nordhorn 2008 den EHF-Pokal. Glandorf wechselte 2009 zum TBV Lemgo und zwei Jahre später zur SG Flensburg-Handewitt. Mit den Norddeutschen gewann er u. a. zwei deutsche Meisterschaften (2018 und 2019) sowie 2014 die Champions League, 2015 den DHB-Pokal und 2013 sowie 2019 den Supercup.

Der Handball-Linkshänder, der mit der rechten Hand schreibt, ist Rekord-Feldtorschütze (über 2.400 Treffer) der Bundesliga und liegt in der ewigen Torschützenliste auf Rang vier. Im Sommer 2020 beendete er seine Spielerkarriere bei der SG Flensburg-Handewitt. Inzwischen ist er als Geschäftsführer für den Verein tätig, für den er über 400 Pflichtspiele absolvierte. Mit seiner Frau und seinen zwei Söhnen wohnt er in Handewitt bei Flensburg.

★★★

EINLEITUNG VON RUWEN MÖLLER

Handball – Alles, was man wissen muss – so lautet der ambitionierte Titel dieses Buches. Er kommt wie eine Ansage daher, schließlich erwarten Sie, lieber Leser, nicht weniger, als dass Sie alles über Handball wissen, wenn Sie das Buch gelesen haben. Ich möchte jedoch gleich ein Aber einwerfen. Sie wissen möglicherweise etwas anderes über Handball als ich. Ihr Nachbar sowieso und der Handballtrainer aus dem lokalen Verein auf alle Fälle.

Was ich sagen möchte: *Alles, was man über Handball wissen muss* passt nicht in ein einziges Buch und ist eine subjektive Angelegenheit. Ich habe die Themen ausgewählt, die ich für wichtig halte, um den vielschichtigen, traditionsreichen und faszinierenden Sport Handball in seinen Grundlagen kennenzulernen.

Wenn Ihnen dennoch ein bestimmtes Thema fehlt, Sie einen anderen Wissensstand haben, sehen Sie es mir bitte nach. Seit vielen Jahren habe ich das große Glück, dass ich als Sportredakteur und Autor über Handball berichten darf, dennoch maße ich mir in keiner Weise an, alles über Handball zu wissen. Frauenhandball, Feldhandball und Handball in der ehemaligen DDR, auf diesen Gebieten bin ich gewiss kein Experte. Dennoch habe ich versucht, auch diese Themen aufzugreifen, um ein Gesamtbild zu entwerfen.

Nach einem geschichtlichen Abriss über den Handballsport zu Beginn möchte ich Ihnen danach die wichtigsten Regeln, Techniken und Taktiken näher bringen. Außerdem beschäftigt sich diese Buch mit großen Namen im Handball, sowohl im In- als auch im Ausland. Auch hier sei vorab gesagt, dass es eine rein subjektive Auswahl ist. Es gibt und gab unzählige großartige Handballer, um den Rahmen nicht zu sprengen, musste eine Auswahl her und die war nicht leicht.

Es geht zudem um die großen Vereine auf nationaler und internationaler Ebene und natürlich um die wichtigsten Wettbewerbe in diesem faszinierenden Sport.

Zum Abschluss habe ich mich an einem ABC versucht, um einiges aus der Handballwelt in Kurzform darzustellen.

Ich habe aus besagten Gründen mit Sicherheit nicht alles aufgeschrieben, was man über Handball wissen muss bzw. kann. Ich wünsche Ihnen dennoch viel Spaß mit diesem Werk und hoffe, dass es Ihnen viel Freude bereitet.

Am Ende noch ein großer Dank an Holger Glandorf, Weltmeister von 2007, der ohne zu zögern zusagte, ein Vorwort für dieses Buch beizusteuern. Holger, vielen Dank!

00:00 MINUTEN – ANWURF

★ 1 ★

GESCHICHTE

Da stand er nun am Mittelkreis der mit 12.500 Zuschauern bis auf den letzten Platz ausverkauften Royal Arena in Kopenhagen. Es war Donnerstagabend, der 10. Januar 2019, kurz nach 20 Uhr. Er trug beigefarbene Wildlederschuhe, einen dunkelblauen, schimmernden Samtanzug, ein hellblaues Hemd und eine Krawatte im Grauton. In seinen Händen hielt der dänische Kronprinz Frederik (inzwischen ist er König von Dänemark) ein Stück Papier, auf dem die Eröffnungsrede zur 26. Handball-Weltmeisterschaft der Männer in Dänemark und Deutschland stand. Und die ging so:

> „Heute Nacht sind wir gemeinsam hier, um den Handball zu feiern, die Weltmeisterschaft im Handball. Meine Damen und Herren, liebe Handballfans – willkommen in Kopenhagen, willkommen in Dänemark, willkommen in der Heimat des Handballs. Handball ist eine dänische Erfindung, die bereits über 100 Jahre alt ist. Vor über 100 Jahren hatten dänische Lehrer die Idee, einen Ball mit der Hand zu werfen, anstatt ihn mit dem Fuß zu spielen. Sie haben sich damals bestimmt nicht diese Szenerie vorgestellt, die wir hier heute erleben dürfen. Einen Sport, der den gesamten Globus umspannt, Millionen von Aktiven, Athleten und passionierten Fans hat.

> Das erste WM-Spiel auf dänischem Boden seit 1978 steht kurz bevor und somit die gesamte WM, die gemeinsam mit Deutschland ausgerichtet wird. Danke an die Organisatoren, die Partner und an die Tausenden von Freiwilligen für ihren unermüdlichen Einsatz bis hierher und für alles, was während des Turniers noch kommen mag. Wir sind bereit, um dies zu einem wundervollen und unvergesslichen Turnier für die Teilnehmer und Fans von überall auf der Welt zu machen. Wir werden nun Zeugen von herausragendem Können, Freundschaft und Respekt, der wahren Kraft des Sports. Bitte genießt und feiert die Eröffnung der Handball-WM in Dänemark."
>
> (Die Originalrede wurde in englischer Sprache gehalten, siehe https://www.youtube.com/watch?v=jnzeocBOYAO)

Womit wir gleich beim Thema und dem guten alten Ricola-Werbeslogan sind: Wer hat es erfunden? So viel steht fest: Die Schweizer waren es nicht. Aber waren es tatsächlich die Dänen, wie ihr damaliger Kronprinz behauptet? Darüber gehen die Meinungen weit auseinander. Ist England doch längst als Mutterland des Fußballs anerkannt, so liegen die Dinge im Handball nicht ganz so einfach.

Die große Frage lautet: Ist Handball eine in Deutschland entstandene Sportart oder stammt sie doch aus dem Ausland, etwa aus Dänemark? Endgültig klären lässt es sich bis heute nicht. Einen ersten Versuch dazu hat Walfried Rieckhoff, Wissenschaftler aus Hamburg, unternommen.

„Rund 20 in- und ausländische Spiele, verwirrend viele also, verortete der Hamburger bereits zu Beginn der 1940er-Jahre als Urformen, als er seine detailreiche Dissertation *Historische Untersuchungen über die Vorläufer und Anfänge des Deutschen Handballspiels* in Angriff nahm", (Eggers, 2014, S. 11).

Anfänge soll es bereits in der Antike mit einem Wurfspiel gegeben haben. Die Griechen nannten es *Harpaston*, was so viel wie „rauben" und „schnell wegnehmen" bedeutet. Im antiken Rom war dieses bis ins fünfte Jahrhundert beliebte Spiel als *Harpastum*, eine „Übung mit dem kleinen

Ball", bekannt. Betrachtet man es mit heutigem Wissen, dürfte es als eine Mischung aus Rugby und Handball durchgehen.

„Den ersten Hinweis im 19. Jahrhundert auf ein mannschaftsartiges Ballspiel, das man als Vorform des Handballs bezeichnen könnte, beinhaltete der *Katechismus der Turnkunst* von 1852" (Eggers, 2014, S. 12).

Der Braunschweiger Pädagoge Konrad Koch (1846-1911) hatte bereits 1874 Rugby in der Schule spielen lassen. Später gehörte er zu den Fußballpionieren des Landes und 1891 entwickelte er das sogenannte *Raffballspiel*. In den ersten veröffentlichten Regeln von 1897 war davon die Rede, dass Spieler den Ball nur mit der Hand spielen durften und maximal zwei Schritte mit dem Spielgerät in der Hand laufen durften. Dieses Spiel gilt vielen als Vorläufer des modernen Handballs.

Auch in Skandinavien wurde an den Anfängen des heutigen Handballs getüftelt.

„Das älteste Zeugnis einer solchen Spielform im nördlichen Europa ist 1898 im dänischen Helsingör zu finden. Als der geistige Vater des ‚Haandbold' genannten Spiels gilt der 1866 geborene Turninspektor Holger Nielsen, ein namhafter Repräsentant der dänischen Sport- und Gymnastikbewegung" (Eggers, 2014, S. 17).

Doch selbst im kleinen Dänemark ist die Lage nicht ganz eindeutig. Klar ist: Holger Louise Nielsen, so der vollständige Name des Mannes, der später die Herz-Lungen-Wiederbelebung (Vorgänger der Mund-zu-Mund-Beatmung) erfand, veröffentlichte 1906 die ersten offiziellen Regeln seines Handballspiels in dem Buch *Vejledning i håndbold* (Gebrauchsanweisung Handball).

Der Olympiamedaillengewinner von 1896 (einmal Bronze im Fechten, je einmal Bronze und Silber im Schießen) war im Beruf Lehrer an der Ordrup Latein- und Realschule. Der Schulhof war zu klein für das gerade immer beliebter werdende Fußballspiel. Außerdem hatte Nielsens Schulleiter Fußball verboten, und so entwickelte sein Angestellter eine Ballspielvariante mit der Hand.

> *„Normalt tildeler vi æren til Holger Nielsen, som var lærer på Ordrup Latin- og Realskole. Han begyndte i slutningen af 1800-tallet at eksperimentere med et boldspil med hænderne. Og i hvert fald var det Holger Nielsen, som i 1906 fremkom med det første regelsæt for spillet"* (Videnskab.dk, 2009).
>
> „Normalerweise schreiben wir dem Lehrer an der Ordrup Latein- und Realschule, Holger Nielsen, die Ehre zu, den Handball erfunden zu haben. Er begann Ende des 18. Jahrhunderts (Anmerkung des Autors: Es müsste Ende des 19. Jahrhunderts sein), mit einem Ballspiel zu experimentieren, bei dem nur die Hände benutzt werden durften. Es war jedenfalls Nielsen, der 1906 die ersten Regeln dieses Spiels veröffentlichte" (Videnskab.dk, 2009).

Laut dem Autor, Forscher und Historiker Niels Kayser Nielsen aus dem dänischen Aarhus hatte jedoch auch ein anderer Landsmann seine Finger im Spiel.

„Auf der Bürger- und Gemeindeschule in Nyborg hatte der junge Lehrer Rasmus Nicolaj Ernst im Großen und Ganzen zur gleichen Zeit mit einer Gruppe Schüler Handball gespielt. Witzigerweise wussten die beiden Pioniere sehr wahrscheinlich nichts voneinander" (Videnskab.dk, 2009).

Sie standen sich 1907 aber in einem der ersten Handballspiele der Geschichte mit ihren Teams als Gegner gegenüber. Es war die Partie zwischen einer Auswahl der Ordrup Latein- und Realschule (Nielsen) und der Helsingør Højere Almene Skole (die allgemeine höhere Schule Helsingör), an der Ernst 1905 angestellt worden war. Ordrup gewann mit 21:0.

Gut möglich, dass sich der dänische Kronprinz eben auf diese Ausführungen bezogen hat, als er davon sprach, dass „dänische Lehrer" Handball erfunden haben. In Nielsens Augen gibt es jedenfalls mindestens diese beiden guten Gründe, weshalb sich Dänemark, heute eine der führenden Handballnationen, auch damit brüsten kann, diese Sportart sogar erfunden zu haben.

„Es ist weltweit anerkannt, dass Dänemark das Mutterland des Handballs ist, auch wenn einst die Tschechoslowakei versuchte, sich mit diesen Federn zu schmücken" (Videnskab.dk, 2009).

Neben dem in Schweden verbreiteten „Handboll", was aus dem dänischen „Håndbold" abgeleitet worden sein soll, gab es im heutigen Tschechien einen weiteren Handballvorläufer, der von Frauen und Männern gespielt wurde.

> „Die dritte einflussreiche Variante aus dem europäischen Ausland hieß ‚Hazena' und war bereits 1892 zum ersten Mal im heutigen Tschechien gespielt worden. Die Ähnlichkeiten zum heutigen Hallenhandball sind bemerkenswert: Jede Partei besaß sieben Akteure, die in 2 x 25 Minuten den Sieger ausfochten. Das Feld war 48 x 32 Meter groß, die Tore waren 2,4 Meter hoch und zwei Meter breit, die Strafraumlinie war sechs Meter vom Tor entfernt. Der Einwurf wurde wie beim Fußball vorgenommen. Vor allem aber durften die Spieler bei Alleingängen den Ball höchstens drei Schritt tragen und im Stehen nicht länger als drei Sekunden halten. Danach musste der Ball hochgeworfen oder auf den Boden getippt werden, maximal aber zweimal nacheinander, dann musste der Ball weitergegeben werden" (Eggers, 2014, S. 18).

Auch in der Ukraine und in der Schweiz (also doch) soll es Spiele gegeben haben, die dem heutigen Handball als Vorbilder gedient haben können. Doch zurück nach Deutschland.

Neben dem Namen Koch ist hier vor allem der von Carl Schelenz, „ ... von allen nur als ‚Vater des Handballs' bezeichnet ..." (Eggers, 2014, S. 11), zu erwähnen. Doch auch Max Heiser darf nicht unerwähnt bleiben. Der Weg vom Raffball bis zum Handball war – auch aufgrund des Ersten Weltkriegs – jedoch langwierig und führte zunächst zum Torball.

Im Jahre 1915 etablierte Heiser das Torballspiel für Frauen. Es war eine Art Handball, aber ohne Körperkontakt und Zweikämpfe. Der Ball hatte den im Vergleich zu heutigen Handbällen enormen Durchmesser von 71 cm.

Am Montag, den 29. Oktober 1917 um 19.30 Uhr erfolgte schließlich die Geburtsstunde von Handball - zumindest verbal und auf dem Papier. Heiser veröffentlichte die ersten Regeln und Spielbestimmungen des Handballs, immer noch für Frauen.

„Doch weil sich seine Schöpfung nicht durchsetzen konnte, musste er sich diesen Ruhm mit anderen Männern teilen" (Eggers, 2014, S. 23).

Einer dieser Männer war besagter Carl Schelenz. Gemeinsam mit Eugen König und Ernst Heinz entwickelte er das Heisersche Handballspiel weiter und schuf 1919 daraus eine Männervariante. An dieser Stelle sei erwähnt, dass bei all den bisherigen Formen stets vom Handball im Freien, also Feldhandball, die Rede ist. Der Hallenhandball, von dem heute automatisch die Rede ist, wenn von Handball gesprochen wird, entwickelte sich erst später.

Genau wie Heisers Frauen-Spiel war auch diese neue Form von Schelenz zunächst stark auf den Berliner Raum beschränkt. Der Grund: Beide stammten aus Berlin. Schelenz träumte von Beginn an von einer deutschen Meisterschaft, doch bis es so weit war, musste Handball in den großen Institutionen anerkannt werden. Hier waren die Turner die Gegenspieler der Leichtathleten. Während Letztere sofort das Potenzial erkannten, dauerte es bei den Turnern. Erst Anfang 1920 veröffentlichte der Deutsche Turner-Bund die Regeln.

Im Jahr 1920 hatten am 22. Februar die Vereine BTV 1850 Berlin und GutsMuths Berlin (4:1) bereits das allererste Feldhandballspiel ausgetragen. Bereits ein Jahr später trug die Deutsche Turnerschaft erstmals eine deutsche Meisterschaft aus. Der Sieger hieß: TSV 1860 Spandau aus Berlin. Dank des Engagements aus der Turnerschaft hatte die neue Sportart Handball ihren Durchbruch geschafft und begann in Deutschland ihren Aufstieg zu dem, was sie heute ist: nach König Fußball eine der beliebtesten Mannschaftssportarten des Landes.

In Halle an der Saale wurde am 13. September 1925 das erste Länderspiel (Männer) weltweit ausgetragen. Deutschland unterlag Österreich mit 3:6. Trainer der deutschen Mannschaft war Schelenz. Fünf Jahre später waren die Frauen an der Reihe und es kam zum Ländervergleich zwischen Deutschland und Österreich. Am 7. September 1930 wurde in Prag gespielt und auch hier siegte Österreich (5:4).

Dennoch war Deutschland in den kommenden Jahren die führende Nation im Feldhandball. Dies lag daran, dass die Nationalsozialisten die Sportart förderten, weil ihnen die hohe Überlegenheit der eigenen Mannschaft gefiel. Bei den Olympischen Spielen 1936 in Berlin wurde Feldhandball extra – und zum einzigen Mal – ins Programm genommen. Deutschland gewann vor 100.000 Zuschauern gegen Österreich die Goldmedaille. Auf internationaler Ebene lief der Handball unter dem Dach der IAHF (International Amateur Handball Federation), dem Vorgänger zum heutigen Weltverband IHF (International Handballfederation) mit. Hier wurden auch die verschiedenen Regelwerke, mit denen damals (vor allem in Deutschland) gespielt wurde, zu einem einheitlichen zusammengefasst.

1938 trug der Verband erstmals Weltmeisterschaften aus: eine im Feld und eine in der Halle. Beide Male gewann Deutschland. Dabei trug Deutschland am 5. Februar gegen Dänemark (11:3) sein erstes Hallenhandball-Länderspiel auf heimischem Boden aus. Die Dänen hatten bereits drei Jahre zuvor gegen Schweden das erste Hallenländerspiel weltweit bestritten (und mit 12:18 verloren). Der deutsche WM-Sieg in der Halle war rückblickend gleichzeitig die Geburtsstunde des Hallenhandballs. Trainer der deutschen Mannschaft war von 1934 bis 1939 Otto Kaudinya, der somit alle drei Titel gewann. Der Zweite Weltkrieg verhinderte, dass es noch mehr wurden und dass sich Handball überhaupt irgendwie weiterentwickeln konnte.

Den nächsten Entwicklungsschritt gab es erst wieder im Jahr 1946, als am 11. Juli in der dänischen Hauptstadt Kopenhagen der Weltverband gegründet wurde. Die IHF löste die IAHF ab, die während des Krieges bereits ihre Aktivitäten eingestellt hatte und die aufgrund ihres stark deutsch geprägten Einflusses nicht mehr erwünscht war. Ebenso wenig wie die Deutschen, die zunächst keinen Platz in der IHF bekamen. Mittlerweile gehört der Deutsche Handballbund (DHB) natürlich zur IHF und ist einer von insgesamt 209 Mitgliedsverbänden.

Der DHB wurde am 1. Oktober 1949 in Mülheim an der Ruhr gegründet und erkannte bereits damals beide Handballvarianten gleichermaßen an. Erster Vorsitzender war Willi Daume. Der spätere Präsident des Nationalen Olympischen Komitees für Deutschland (NOK) war selbst Feldhandballnationalspieler und wäre beim Olympiasieg 1936 dabei gewesen, wenn er nicht kurzfristig ins Basketballnationalteam berufen worden wäre. Hier wurde er zu allem Überfluss nicht eingesetzt.

Daume schaffte es, dem Handball, der genau wie Deutschland am Boden lag, wieder auf die Füße zu helfen. Im Krieg war der einst populäre Sport mit einem Negativimage befleckt worden (Handball galt als Wehrsport, rau und kämpferisch).

> „Der DHB profitiert sehr von Daume, seinem ersten Präsidenten. Leute wie Daume seien sehr schwer zu ersetzen, klagte Nachfolger Ernst Feick 1955 über jenen Mann, der dem deutschen Handball nach dem Krieg wieder etwas verlieh, was er 1933 verloren hatte: Moral und Reputation" (Eggers, 2014, S. 130).

Unter Daume wurden zudem die Grundlagen geschaffen, die aus dem DHB im Laufe der Jahre den größten Handballverband der Welt gemacht haben. Im Jahre 2018 (Stand: 1. Januar) hatte der DHB 757.593 Mitglieder (471.797 Männer, 285.796 Frauen) die sich auf 4.241 Vereine und über 21.000 Mannschaften verteilten. Trotz eines Rückgangs seit 2008 (842.070 Mitglieder) sind dies beachtliche Zahlen bei weltweit schätzungsweise 27 Millionen aktiven Handballern (davon ca. sechs Millionen Frauen). Der DHB ist damit zugleich der siebtgrößte Sportverband in Deutschland. 1957 wurde der bis dahin eigenständige Verband Saar eingegliedert und 1991 der DHV, der Handball-Verband der ehemaligen DDR.

In der Deutschen Demokratischen Republik war der Handball, zu Beginn der Feldhandball, genau wie in der BRD äußerst beliebt. Und die DDR-

Handballer waren ebenfalls gut und erfolgreich. Im Feld gab es für die Männer WM-Gold (1963) und -Silber (1966). In der Halle zudem 1970 und 1974 Silber sowie zweimal Bronze. Und 1980 gelang der DDR, was der DHB-Auswahl bis heute verwehrt geblieben ist: der Olympiasieg. Die Frauen-Mannschaft der DDR holte in Moskau Bronze. Vier Jahre zuvor, beim ersten olympischen Turnier für Frauen, gab es Silber. Mit drei WM-Titeln (1971, 1975 und 1978) ist die DDR bei den Frauen immer noch eine der besten Nationen der Geschichte.

Genau wie im Westen wurde auch im Osten Hallenhandball schnell immer populärer. 1958 wurden die Männer-WM in der DDR ausgetragen und ein gesamtdeutsches Team gewann die Bronzemedaille. Dieser Erfolg führte u. a. dazu, dass Handball, im Gegensatz zu vielen anderen Sportarten (Basketball, Wasserball, Tennis, Ski, Reitsport und Eishockey), finanziell gefördert wurde. Dies spiegelte sich auch im Vereinshandball wider, wo große Namen wie der SC Leipzig, TSV Berlin (Frauen) und SC DHfK Leipzig, ASK Vorwärts Frankfurt/Oder sowie SC Magdeburg (Männer) auch international Erfolge feierten.

Zurück zum DHB: Der Sitz des Verbandes ist seit jeher in Dortmund, im Willi-Daume-Haus, das 1995, ein Jahr vor Daumes Tod, zu seinen Ehren als Schaltzentrale des DHB eingeweiht wurde. Von hier aus werden die 22 Landesverbände (historisch bedingt, gibt es mehr Landesverbände als Bundesländer) und sämtliche Aufgaben des DHB koordiniert. Zentrales Thema ist ganz aktuell die sogenannte *Strukturreform*, mit der sich der DHB fit für die Zukunft machen will. Auf dem Bundesrat in Hamburg in Herbst 2019 wurden die entsprechenden Weichen gestellt. Ab 2021 soll die Reform, die sich u. a. mit den Themen Leistungssport und Mitgliederentwicklung beschäftigt, in Kraft treten kann.

Die Präsidenten des DHB im Laufe der Jahre:

- ★ Willi Daume (1949-1955)
- ★ Ernst Feick (1955-1966)
- ★ Otto Seeber (1966-1972)

- ★ Bernhard Thiele (1972-1989)
- ★ Hans-Jürgen Hinrichs (1989-1993)
- ★ Bernd Steinhauser (1993-1998)
- ★ Ulrich Strombach (1998-2013)
- ★ Bernhard Bauer (2013-2015)
- ★ Andreas Michelmann (seit 2015)

Noch einmal zum Wandel vom Feld in die Halle: Nach dem Krieg setzte der Abstieg des Feldhandballs und der gleichzeitige Aufstieg der Hallenvarianten endgültig ein. Bei den Olympischen Spielen 1948 in London wurde Feldhandball aus dem Programm gestrichen, Deutschland durfte an den Spielen gar nicht teilnehmen.

Bei den folgenden Weltmeisterschaften nahm die Teilnehmerzahl auf dem Feld ab, in der Halle hingegen zu. Zwar war die WM 1955 durchaus noch einmal ein Höhepunkt und auch die Frauen bekamen 1949 ihre erste WM, insgesamt blieb es aber eine rein deutsche Domäne (zumindest bei den Männern) und war in anderen Ländern immer weniger beliebt. Bis auf Schweden 1948 gingen alle WM-Titel immer an deutsche Teams (1963 an die DDR). So auch der letzte 1966. Bis 1975 wurde in Deutschland noch eine nationale Meisterschaft ausgespielt, doch da war Handball längst eine Hallensportart.

In den 1950er-Jahren waren es die skandinavischen Länder, die beim Wandel des Spiels eine Vorreiterrolle einnahmen. Das Klima im hohen Norden Europas ließ nur wenige Monate im Jahr Handball unter freiem Himmel zu. Also wurde ein Dach über das Spiel gesetzt. Deutschland zog in den 1960er-Jahren nach, indem etliche Sporthallen gebaut wurden. Zudem gewannen die Feldhandballstars wie Hans-Günther Schmidt und Herbert Lübking immer mehr Gefallen an der Hallenvariante, die durch die Einführung des durchgehenden Prellens, die Drei-Schritt-Regel (1958) und den Freiwurf ohne Anpfiff (1965) an Tempo und Attraktivität gewann.

Apropos: Wenig attraktiv und somit auch ein Teil des Niedergangs vom Feldhandball war die internationale Langeweile. Deutschland, das den Sport einst groß gemacht hatte, siegte ihn quasi auch klein. Von insgesamt 120 Länderspielen wurden nur vier verloren. Längst wurden auch keine großen Fußballstadien mehr mit Zuschauermassen wie in den 1950er-Jahren gefüllt, und so kam es, dass beim Wort Handball bald ganz automatisch Hallenhandball gemeint war. Bis heute ist das so geblieben.

Ausgerechnet Willi Daume, selbst Feldhandballer und glühender Verfechter dieser Version, war es, der Handball – in der Halle – wieder ins olympische Programm beförderte. Bei den Sommerspielen 1972 in München war er Organisationschef und ließ im Vorfeld ein Demonstrationsspiel ausrichten. Die Begeisterung war groß, Hallenhandball wurde bei den Männern ins Programm aufgenommen und ist seit 1976 auch bei den Frauen dabei. Feldhandball spielt seither keine Rolle mehr.

In Deutschland gab es damals bereits eine Männer-Bundesliga und zwar seit 1966/67. Zunächst in zwei Staffeln (Nord und Süd) unterteilt, wird der Meister seit 1977/78 in einer eingleisigen Liga ermittelt. Die Bundesliga der Frauen wurde 1975 gegründet und seit 2011 gibt es auch Bundesligen im A-Jugend-Bereich.

Im Laufe der Jahre entwickelte sich die Männer-Bundesliga, die 2016 ihr 50-jähriges Jubiläum feierte, sowie der Handball insgesamt, trotz einiger Rückschläge, positiv. Für Negativschlagzeilen sorgten beispielsweise immer wieder Vereine, die in finanzielle Schieflage gerieten. Eines der jüngsten und prominentesten Beispiele war der HSV aus Hamburg. Nach der Meisterschaft (2011) und dem Champions-League-Sieg (2013) folgte in der Saison 2015/16 die Insolvenz und der Zwangsabstieg in die dritte Liga.

Ein strengeres Lizensierungsverfahren führt seit einigen Jahren dazu, dass die wirtschaftliche Lage der Vereine stabiler ist. Die HBL (Handball-Bundesliga), die im Jahre 2004 gegründet wurde, steht hier federführend für die Einhaltung und Überwachung. Mit der Gründung der HBL wurde die Professionalisierung vorangetrieben. Der Zuschauerzuspruch in den Hallen und am TV stieg kontinuierlich an, die Vermarktung im In- und Ausland und mit all dem auch die Gehälter im Handball. Wobei der Sport in allen wirtschaftlichen Bereichen weiterhin Lichtjahre vom großen Bruder Fußball entfernt ist.

Die Bundesliga wurde – zwar selbsternannt, aber aufgrund der Star- und Leistungsdichte durchaus berechtigt – zur „stärksten Liga der Welt". Auch wenn in den letzten Jahren vor allem wegen der hohen Belastung viele ausländische Spieler abgewandert sind und in Europa etliche Topklubs in anderen Ländern starke (vor allem finanziell) Konkurrenz darstellen, ist die Bundesliga für viele Experten weiterhin das Nonplusultra im Vereinshandball.

Bei den Frauen sieht das anders aus. Genau wie das deutsche Nationalteam, spielt auch die heimische Liga aktuell im internationalen Vergleich nur eine zweitrangige Rolle. Viele Jahre war die dänische Liga die beste. In den letzten Jahren hat sich vieles auf den Balkan oder gar nach Russland verlagert, wobei skandinavische Teams immer noch attraktive Adressen sind.

Apropos Frauen: Worin liegt eigentlich der größte Unterschied zwischen Frauen- und Männer-Handball? Das Prinzip und die Regeln des Spiels sind natürlich gleich, aber Grit Jurack, deutsche Rekord-Nationalspielerin und -Torschützin (siehe Kap. 3) meint: „Frauen-Handball ist nicht so physisch, es gibt nicht so viele Zweikämpfe, der Ball läuft meistens flüssiger und länger, weil es zudem nicht so viele Unterbrechungen wie bei den Männern gibt." In ihren Augen spielen Frauen manchmal „zu emotional" und „riskieren zu viel". In Situationen, in denen ihre männlichen Kollegen „cooler bleiben, sicherer spielen", wagen Frauen ihrer Meinung nach riskantere Pässe oder Würfe. Außerdem glaubt sie, machen Männer „im Schnitt weniger technische Fehler".

Jurack ist fest davon überzeugt, dass die „besten Frauen vom Niveau mit den besten Männern zu vergleichen sind", da es jedoch viel mehr Männer als Frauen gibt, die Handball spielen, gibt es auch deutlich mehr gute Männer. „Bei den Frauen geht die leistungsmäßige Streuung früher los."

Frauen-Handball leidet in Deutschland jedenfalls unter dem Problem, dass Frauensport besonders bei den Mannschaftssportarten in der öffentlichen Wahrnehmung nur schwer an die jeweiligen männlichen Kollegen heranreicht. Während beispielsweise im Wintersport, in der Leichtathletik oder im Tennisfrauensport auf Augenhöhe behandelt wird, haben es selbst die Fußballfrauen hierzulande schwer, von den Handballerinnen ganz zu schweigen. In den Medien finden sie kaum statt und solange die Nationalmannschaft – der letzte Titel war der WM-Sieg 1993 – keine vorzeigbaren Erfolge feiert, wird es schwer sein, junge Mädchen für Handball zu begeistern. Die Weltspitze ist im Frauen-Handball jedenfalls in Skandinavien, auf dem Balkan, in Russland, Frankreich, den Niederlanden und Brasilien unterwegs.

Handball ist in Deutschland – zumindest im Männer-Bereich – im Laufe der Zeit vom Amateursport zu einem hochprofessionellen Sport geworden. Während die deutschen Weltmeister von 1978 noch reine Amateure waren, bestand das Team der Europameister von 2016, die „Bad Boys", so der Spitzname, ausschließlich aus Vollprofis.

Dem Handball ist es bei diesem Wandel gelungen, seine Historie und Tradition zu bewahren, dabei aber mit der Moderne zu gehen und neue Märkte zu entdecken.

Nach dem WM-Titel von 1978 waren ohne Zweifel die wichtigsten Ereignisse hierzulande der WM-Gewinn 2007, das sogenannte *Wintermärchen* (siehe auch Kap. 7) und der EM-Titel 2016. Denn es gilt ganz klar: Die Nationalmannschaft ist und bleibt das Zugpferd der Sportart und spielt die DHB-Auswahl gut, geht es dem Handball gut.

Der DHB hat sich in seiner *Perspektive 2020+* u. a. auf die Fahnen geschrieben, dass die Nationalteams sportlichen Erfolg haben sollen. Die Mitgliederentwicklung ist ein zentrales Thema, starke Ligen und Professionalisierung sowie wirtschaftlicher Erfolg. Ein wichtiger Baustein in diesem Konzept ist der Fokus auf die Jugend. Nach dem WM-Sieg 2007 wurde es verpasst, die Euphorie auszunutzen und Kinder sowie Jugendliche dauerhaft an den Handball zu binden. Dies scheint in jüngster Vergangenheit besser zu gelingen. Jedenfalls machen die über 300.000 DHB-Mitglieder unter 18 Jahren einen großen Teil in der Gesamtbilanz aus.

Dazu trägt auch die neueste und ohne Zweifel jugendlichste Variante des Handballs bei: *Beachhandball*. Wie der Name schon sagt, wird sie am Beach, also am Strand bzw. im Sand, gespielt.

Auf einem 27 x 12 Meter großen Feld treten zwei Teams à vier Spieler gegeneinander an. Gespielt wird zweimal 10 Minuten, beide Halbzeiten werden unterschiedlich voneinander gewertet. Besonderheit: Tore zählen je nach Art des Wurfs unterschiedlich viel. Ein Treffer nach einem Kempa-Trick zählt beispielsweise doppelt (siehe auch Kap. 3), in manchen Ländern dreifach. Außerdem darf der Torwart im eigenen Angriff durch den sogenannten *Schlüsselspieler* ersetzt werden. Tore von diesem Akteur zählen ebenfalls zweifach.

Die Ursprünge der Sandvariante gehen bis in die 1980er-Jahre zurück. In Deutschland kam Beachhandball ernsthaft in den 1990er-Jahren auf. Längst hat diese Form sich etabliert und es gibt neben einer deutschen Meisterschaft und der Champions League auch Europa- sowie Weltmeisterschaften.

Es ist zwar äußerst unwahrscheinlich, dass sich im Handball nochmals ein vollkommener Wandel vollzieht und so, wie einst der Hallenhandball den Feldhandball abgelöst hat, irgendwann Beachhandball dem Hallenspiel den Rang ablaufen wird. Aber Handball geht mit der Zeit, spricht ein neues, junges Publikum an und die IHF hat beim Internationalen Olympischen Komitee offiziell den Antrag gestellt, Beachhandball als neues Event bei den Olympischen Spielen ins Programm aufzunehmen. Für Paris 2024 gab es noch kein grünes Licht, doch in Zukunft dürfte es soweit sein. Beachhandball passt perfekt zum Vorhaben des IOC (Internationales Olympisches Komitee), mit neuen, trendigen Sportarten die junge Generation anzusprechen. Möglicherweise 2028 bei den Spielen in Los Angeles ist Beachhandball dabei. Die USA sind ohnehin aktuell einer der großen Märkte, die im Handball angegangen werden. Zwar wird längst überall auf der Welt Handball gespielt, aber Nordamerika und auch China sowie der Süden Afrikas sind nach wie vor handballerisches Niemandsland.

Ganz anders sieht es hierzulande aus. Auch wenn die anfängliche Frage – wo hat der Handball eigentlich seine Ursprünge? – nicht gänzlich geklärt werden kann, so ist festzuhalten: Deutschland ist ein Handballland und im internationalen Vergleich heute sicherlich ein führendes.

In Deutschland gehen die Verantwortlichen ebenfalls mit der Zeit, zumindest versuchen sie es. Es wird auf neue Technologien gesetzt. Im Profibereich gibt es ebenso einen Chip im Ball wie in den Trikots der Bundesligaakteure. Dadurch lassen sich viele, bislang nie dagewesene Daten über das Spiel Handball sammeln. Bei sportlichen Erfolgen, vor allem der Nationalteams, lassen sich die Deutschen für Handball begeistern, die Hallen sind meistens gut gefüllt, es gibt eine große Fannähe, Handballer sind authentisch, bodenständig und nahbar, der Sport ist fernsehtauglich, schnell, actionreich und auf den Rängen geht es fair zu.

Der DHB versorgt die große Handballfamilie in Deutschland in regelmäßigen Abständen auch immer wieder mit internationalen Großereignissen im eigenen Land. Nach der Frauen-WM 2017, der Männer-WM 2019, die, wie eingangs erwähnt, gemeinsam mit Dänemark ausgerichtet wurde, 2023 die U21-Weltmeisterschaft und der Europameisterschaft der Männer 2024, werfen die nächsten Turniere bereits ihre Schatten voraus. Ende Februar 2020 erhielt Deutschland vom Weltverband (IHF) den Zuschlag, um 2025 gemeinsam mit den Niederlanden die Frauen-WM auszurichten. Außerdem wird der DHB 2027 Gastgeber der Männer-WM.

Es waren zwar die Dänen von Kronprinz Frederik, die im Januar 2019 die WM in Herning im eigenen Land gewannen, doch auch in Deutschland war, ist und wird Handball immer ein starkes Thema bleiben.

★ 2 ★

REGELN, TECHNIK, TAKTIK – GRUNDLAGEN

Um Handball zu verstehen und spielen zu können, gilt es natürlich, die Regeln, innerhalb derer man sich bewegen darf, sowie die grundlegende Technik und Taktik zu kennen. Daher an dieser Stelle die wichtigsten Grundlagen zu den drei Bereichen.

2.1 DIE REGELN UND ALLES, WAS DAZUGEHÖRT

Die international gültigen Handballregeln werden von der IHF, der Internationalen Handballföderation, sprich dem Weltverband, vorgegeben. Dieser hat eine Regelkommission eingerichtet, die sich mit dem Thema *Regelwerk* auseinandersetzt. Die Regeln sind auf der Internetseite der IHF (ihf.info) und auch auf der des Deutschen Handballbundes (dhb.de) nachzulesen. Dort finden sich die internationalen Handballregeln auch mit DHB-Zusatzbestimmungen.

Die aktuellen Regeln sind seit dem 1. Juli 2022 gültig. Sie beziehen sich auf das Verhalten aller an einer Partie beteiligten Personen (Spieler, Offizielle, Zeitnehmer und Sekretär sowie Schiedsrichter) während des Spiels (dazu zählen auch die Pausen) auf dem Spielfeld und die technischen Grundvoraussetzungen zum Durchführen eines Spiels.

Das heute allgemein gültige Regelwerk besteht aus insgesamt 18 Regeln. Dazu gibt es die sogenannten *IHF-Handzeichen*, Erläuterungen zu den Regeln, ein Auswechselraumreglement; Richtlinien und Interpretationen sowie Richtlinien für Spielfläche und Tore. Ergänzt werden diese Regeln durch nationale Satzungen und Ordnungen, die den Spielbetrieb regeln.

Fangen wir mit den ganz einfachen Dingen an: Beim Handball spielen zwei Teams gegeneinander. Dabei stehen sich jeweils sieben Spieler auf dem Feld gegenüber. Je ein Torwart und je sechs Feldspieler. Hinzu kommen bis zu neun Auswechselspieler (je nach Verband und Wettbewerb). Gespielt wird 2 x 30 Minuten (in der Jugend gibt es kürzere Spielzeiten) und das Ziel des Spiels ist es: ein Tor mehr zu werfen als der Gegner. Dabei wird der Ball – wie der Name der Sportart schon sagt – mit der Hand gespielt, er wird geworfen. Mit dem Ball in der Hand darf ein Spieler maximal drei Schritte machen, bevor ein Abspiel oder Torwurf erfolgen muss. Ausnahme: Wenn der Spieler den Ball dribbelt, also prellt, darf er sich beliebig lange mit dem Spielgerät in alle Richtungen bewegen. Die Mannschaft, die nach 60 Minuten die meisten Treffer erzielt hat, gewinnt. Es gibt im Handball auch ein Unentschieden (je nach Wettbewerb auch Verlängerung und Siebenmeterwerfen, um eine Entscheidung herbeizuführen).

Das Spielfeld im Handball ist 40 x 20 Meter. 40 Meter lang und 20 Meter breit. Handballer sprechen auch gerne von den „40 x 20 Metern, die die Welt bedeuten". Es gibt eine Mittellinie. Dort erfolgt der Anwurf zu Spielbeginn und am Anfang der zweiten Halbzeit, sowie nach jedem Tor. Die Mannschaft, die ein Tor kassiert, muss vor dem nächsten Angriff an bzw. hinter der Mittellinie stehen, ein Spieler muss mit einem Fuß die Mittellinie berühren (mit dem anderen darf er diese nicht überschreiten) und wirft quasi mit dem ersten Abspiel den nächsten Angriff an.

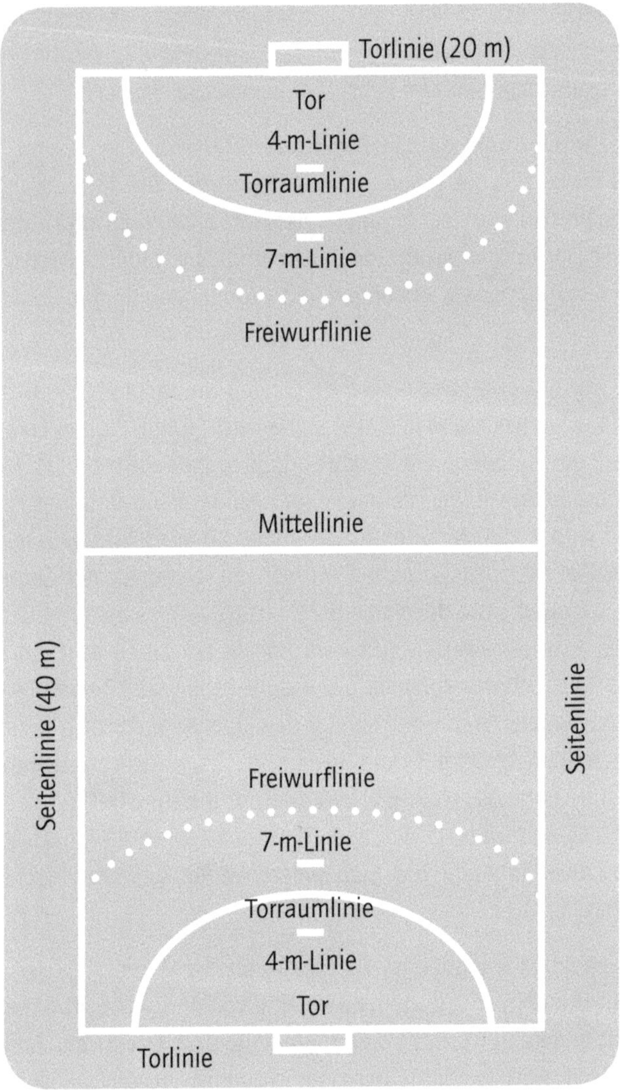

Vor den beiden Toren, die je zwei Meter hoch und drei Meter breit sind, gibt es den Torraum. Dieser ist durch einen Halbkreis, den Sechs-Meter-Kreis mit einer durchgezogenen Linie, gekennzeichnet. Den Innenraum darf nur der Torwart betreten. Steht ein Abwehrspieler bei einer Abwehraktion darin, kann es Siebenmeter, also Strafwurf für den Gegner, geben. Es wird abgepfiffen, wenn sich der Abwehrspieler mit dem Betreten des Torraums einen Vorteil verschafft. Foult er dabei auch noch seinen Gegner, bekommt dieser einen Siebenmeter.

Tritt umgekehrt der Angreifer beim Torwurf über die Linie, wird seine Aktion abgepfiffen und es ist vom Übertritt die Rede. Der Ball darf durch den Torraum gespielt werden und ein Angreifer darf auch hineinspringen, der Ball muss für ein reguläres Tor allerdings seine Hand vor der Landung verlassen. Dies ist sicherlich einer der umstrittensten Punkte im Handball. Im Profibereich ist das Spiel mittlerweile derart schnell, dass es kaum noch auszumachen ist, ob ein Spieler beim Torwurf noch in der Luft schwebt oder schon wieder gelandet ist. Dies wird nur selten von den Schiedsrichtern geahndet. Häufiger hingegen wird bei Kreisläufern oder Außenspielern der Übertritt abgepfiffen, wenn sie zum Sprung ansetzen.

Ein zweiter Halbkreis ist bei neun Metern Torentfernung angebracht und durch eine gestrichelte Linie markiert. Von dort werden Freiwürfe ausgeführt. Außerdem gibt es den Siebenmeterpunkt bzw. die -linie. Von dort werden Strafwürfe ausgeführt. Im Torraum befindet sich vier Meter vor dem Tor eine Torwartgrenzlinie. Bis hierhin darf der Keeper beim Strafwurf herauskommen.

Eine weitere wichtige Begrenzung ist der Auswechselraum, der sich neben der Außenlinie, an der Mittellinie befindet (je 4,5 Meter links und rechts davon). In diesem Raum müssen die Wechsel der Spieler stattfinden. Passiert das nicht, ist von einem Wechselfehler die Rede und die Mannschaft, der dieser unterlaufen ist, wird mit einer Zwei-Minuten-Strafe belegt. Der Spieler, der fehlerhaft gewechselt hat, wird mit der Strafe belegt.

Im Gegensatz zum Fußball darf beim Handball ständig hin und her gewechselt werden. Es gibt viele Spieler, die auf die Abwehrarbeit oder umgekehrt den Angriff spezialisiert sind. Die Abwehr-/Angriffsspezialisten wechseln jedes Mal, wenn ihr Team von der Abwehr in den Angriff schaltet (oder umgekehrt) und führen somit den sogenannten *Spezialistenwechsel* durch.

Auf Höhe der Mittellinie sitzt stets das sogenannte *Kampfgericht*, welches (je nach Alters-, Spielklasse und Wettbewerb) mindestens aus einem Zeitnehmer und einem Sekretär besteht. Im Profibereich kommen noch technische Delegierte hinzu. Die Aufgaben des Kampfgerichts sind in den Regeln klar definiert. Das Kampfgericht ist u. a. für die Spielzeit verantwortlich, unterstützt die Schiedsrichter von außerhalb des Platzes, bedient die Hallenuhr und die Anzeigetafel, signalisiert die Auszeiten der Mannschaften, achtet auf korrekte Auswechslungen. Es kann die Unparteiischen zudem über etwa Gemecker auf der Bank informieren, woraufhin die Referees Strafen (Gelbe Karten oder Zeitstrafen) gegen diese aussprechen können. Kommt es zu einer Zeitstrafe gegen die Bank, muss ein beliebiger Spieler vom Feld genommen werden und diese Strafe absitzen.

Apropos Schiedsrichter: Beim Handball gibt es zwei, also ein Gespann. In Ausnahmefällen (Erkrankung, Verletzung) kann ein Spiel auch von nur einem Referee geleitet werden und zudem ist im Jugend- sowie im unteren Amateurbereich oftmals nur ein Schiedsrichter im Einsatz (dies regeln die jeweiligen Verbände in ihren Durchführungsbestimmungen). Ab einer gewissen Spielklasse (Bezirks-, spätestens Landesebene) ist in einigen Bundesländern stets ein Gespann im Einsatz.

Einer der beiden Schiedsrichter bewegt sich im Feld, er ist der Feldschiedsrichter und der andere, in dem Moment Torschiedsrichter genannt, steht links oder rechts (schräg seinem Schiedsrichterkollegen gegenüber) neben dem Tor. Sie stehen diagonal versetzt und beobachten ihre zugeordneten Sektoren. Dadurch, dass sich die Teams stets zwischen dem Gespann aufhalten, lassen sich die jeweiligen Angriffs- und Abwehraktionen immer aus zwei Blickwinkeln betrachten.

Der Torschiedsrichter hat zudem die besondere Aufgabe, zu schauen, ob ein Ball tatsächlich im Tor ist oder nicht. Zudem beobachtet er den Kreisläufer intensiv. Nach einem Tor bzw. einem Wechsel der angreifenden

Mannschaft wechseln die Unparteiischen automatisch ihre Aufgabe: Der Torschiedsrichter wird zum Feldschiedsrichter und umgekehrt.

Um immer wieder andere Blickwinkel auf das Geschehen zu bekommen, wechseln die Schiedsrichter zudem einige Male während der Partie die Seite (diagonal versetzt), in dem Fall ist vom *kurzen Wechsel* die Rede. Außerdem sollten sie nach jeder progressiven Entscheidung den sogenannten *langen Wechsel* vollziehen, um ein anderes Team vor sich haben.

Wenn beide Schiedsrichter gleichzeitig pfeifen und ein und dieselbe Situation unterschiedlich ahnden, ist stets die härtere Strafe durchzusetzen (Beispiel: es wird Freiwurf und Siebenmeter gepfiffen, so ist Siebenmeter durchzuführen). Pfeifen sie in ein und derselben Situation etwas Unterschiedliches (Abwurf, Einwurf), müssen sich die Unparteiischen nach einer Rücksprache einigen.

Der Job des Schiedsrichters ist wie im Fußball auch im Handball kein einfacher. Er ist statistisch sogar deutlich anspruchsvoller, da Handballschiedsrichter bis zu 10-mal mehr Entscheidungen in einem Spiel treffen müssen, als ihre Fußballkollegen. Vielen gelten Handballschiedsrichter als die mit am meisten beanspruchten Regelhüter im Sport. Es gibt in Handballkreisen den Spruch, wonach Schiedsrichter eine gute Leistung gezeigt haben, wenn sie ein Spiel „unauffällig geleitet" haben.

Es liegt in der Natur der Sache, dass dies nicht immer der Fall ist, womit ein großer Kritikpunkt im Handball angesprochen ist. Es kann (und wird) durch die Schiedsrichter oft zu viel Einfluss genommen. Mit einem einzigen Pfiff kann ein ganzes Spiel - wenn auch ungewollt - gekippt werden. Und das, obwohl eine Mannschaft möglicherweise die gesamte Spielzeit lang klar besser war und immer vorne lag. Dies ist jedoch nicht nur ein Problem der Unparteiischen, sondern des Handballs. Durch seine Regeln und sein Tempo gibt es, wie erwähnt, viel mehr Situationen, die ein Schiedsrichter zu bewerten hat. Dementsprechend gibt es viel mehr Pfiffe.

Weitere Herausforderungen: Es gibt im Handball keine Profischiedsrichter, viele von ihnen haben keine aktive Erfahrung als Spieler (zumindest nicht im Profibereich) und die Bezahlung ist gering (wie in allen Bereichen im Handball sprechen wir auch bei den Schiedsrichterhonoraren von einem Bruchteil der Gelder, wie sie im Fußball bekannt sind).

Hin und wieder wird der Begriff des „Heimschiedsrichters" verwendet (meist im Profibereich), der besagt, dass die gastgebende Mannschaft in brenzligen Situationen mit einigen Pfiffen bevorteilt wird, weil Schiedsrichter sich z. B. nicht trauen, vor der Kulisse der Gastgeber gegen sie zu pfeifen.

In früheren Jahren war es nahezu an der Tagesordnung, dass im Spitzenhandball davon gesprochen wurde, dass Schiedsrichter bestochen worden sind. Es gibt viele mythische Geschichten, die davon erzählen, dass eine Mannschaft zur Pause mit einem hohen Vorsprung vorne lag, am Ende dennoch verlor, weil sie verpfiffen wurde. Vor allem bei Spielen im Ostblock soll das Westteams in den 1970er-, 1980er- und auch noch 1990er-Jahren regelmäßig widerfahren sein.

Bewiesen wurde natürlich nie etwas, auch nicht 2009, als der größte Skandal im deutschen Handball, vielleicht sogar weltweit, ans Tageslicht kam: Im Champions-League-Finale von 2007 soll der THW Kiel, genauer der damalige Trainer Zvonimir „Noka" Serdarušić und der Manager Uwe Schwenker, die Schiedsrichter bestochen haben. Doch dazu an anderer Stelle mehr.

Bereits zwei Jahre zuvor, 2005, war in Deutschland ein Wettverbot für die Unparteiischen in den Bundesligen verhängt worden. Dies mussten alle Schiedsrichter unterschreiben. Der Grund: Der Wettskandal im Fußball um Schiedsrichter Robert Hoyzer. Seit 2008 gilt das Wettverbot in ganz Deutschland für alle Handballreferees, also auch für Tanja Kuttler und Maike Merz. Die beiden Schwestern vom Bodensee sind aktuell das einzige weibliche Gespann, das in der Männer-Bundesliga pfeift.

Bei den Herren sind aktuell Robert Schulze und Tobias Tönnies das führende nationale Gespann. In der Saison 2022/23 wurden sie zum dritten Mal in Folge und zum vierten Mal insgesamt zu den Bundesliga-Schiedsrichtern des Jahres gewählt.

Zu ihren berühmtesten Vorgängern gehören u. a. Manfred Bülow/Wilfried Lübker sowie Bernd und Reiner Methe, die 2011 bei einem Autounfall verstarben, und ohne Zweifel Manfred Prause, der einst an der Seite von Erhard Hoffmann agierte.

Prause wird auf der Internetseite des DHB als „Legende" betitelt. Gemeinsam waren sie EHF- und IHF-Schiedsrichter, pfiffen bei sämtlichen internationalen Endrunden, darunter auch Olympischen Spielen. Prause wurde später Schiedsrichterchef der EHF und IHF. Er war zudem in der IHF-Regelkommission tätig. „Ich bin so etwas wie der Vater der Schnellen Mitte", sagte er am 10. September 2019 anlässlich seines 80. Geburtstages (DHB, 2019). Zudem war er mitverantwortlich für die Einführung des siebten Feldspielers.

„Manfred Prause ist einer der verdientesten Schiedsrichter und Funktionäre aller Zeiten aus Deutschland", so DHB-Präsident Andreas Michelmann (DHB, 2019).

Um überhaupt Handballschiedsrichter werden zu können, gilt es, einen praktischen und einen theoretischen Test zu bestehen. Während in der Theorie Regelfragen zu beantworten sind, wird in der Praxis auch die körperliche Verfassung überprüft.

Zur Standardausrüstung eines Unparteiischen gehört bei einem Spiel neben der Schiedsrichterbekleidung eine Pfeife, eine Uhr, eine Wählmarke (für die Seitenwahl), die Gelbe, Rote und Blaue Karte sowie eine Abstreichkarte (und Stift), auf der Tore, Strafen etc. notiert werden.

Was für die Schiedsrichter die Pfeife ist, ist für die Spieler der Ball. Ohne ihn geht es nicht. Einen Handball gibt es in vier verschiedenen Größen: Mini; I, II und III.

Minibälle sind für Kinder unter acht Jahren und haben keine offizielle Größe oder Gewicht. Inoffiziell haben sie einen Umfang von 48 Zentimetern. Die weiteren Größen sind (aufsteigend) in den unterschiedlichen Jugendklassen, für Frauen und Männer, vorgesehen.

Beim Handball wird klassisch mit Harz gespielt. Durch das Harz klebt der Ball quasi an der Hand, kann beispielsweise mit einer Hand gefangen werden, Spieler mit kleinen Händen können größere Bälle dadurch festhalten und vor allem lassen sich dank des Harzes diverse Würfe und Tricks mit dem Ball ausführen. Harz wird auch *Backe*, *Patte* oder *Klister* genannt und als Haftmittel bezeichnet.

Nach einem Handballspiel lässt sich dies nicht einfach von den Händen abwaschen, sondern beispielsweise durch Hautlotionen ablösen. Zum Säubern der Bälle gibt es spezielle Maschinen, wobei wir bei dem wesentlichsten Punkt der Kritiker von Harz sind: die Verschmutzung der Hallen, in denen gespielt wird. Im Profibereich ist dies zu vernachlässigen, im Amateur- vor allem Jugend-Handball jedoch nicht. Hier gibt es nur in seltenen Fällen reine Handballhallen und wenn andere Sportler in einer Halle, in der Harz verwendet wurde, aktiv sind, besteht u. a. ein erhöhtes Verletzungsrisiko, weil man hängen bleiben kann. In einigen Hallen bzw. bei einigen Vereinen gibt es daher ein Harzverbot.

Handballer im Erwachsenenalter sind es kaum noch gewohnt, ohne Harz zu spielen. Es sei denn, sie kommen aus Hessen. In Deutschland ist der Hessische Handball-Verband der einzige, der ein Harzverbot durchgesetzt hat. Dies führt zwar zu sauberen Hallen, aber ist ein klarer Nachteil, vor allem für Jugendliche, was das Erlernen von Würfen, wie beispielsweise dem Dreher, ist.

Seit einigen Jahren wird viel im Bereich Bälle und Harz experimentiert. So gibt es mittlerweile nicht mehr nur den klassischen Harztopf, mit dem nach wie vor am häufigsten verwendeten Naturharz. Es gibt Sprays, selbstklebende Bälle und gerade für Jugendliche wurden spezielle Spielgeräte entwickelt, die weicher sind, ohne dabei an Sprungeigenschaft einzubüßen, aber dennoch idealer für Kinderhände geeignet sind – auch ohne Harz. Diese Bälle haben eine Art klebende, haftende Oberfläche.

Außerdem war das Thema Harzverbot auch im Profibereich schon auf dem Tisch. Der Präsident des Handball-Weltverbandes IHF, Hassan Moustafa, hatte im Sommer 2016 nach den bereits erwähnten Regeländerungen angekündigt, dass kein Harz mehr bei Handballspielen verwendet werden sollte – weltweit. „Ich denke, in einem Jahr sind wir so weit, Harz komplett verbieten zu können", sagte Moustafa damals der *Stuttgarter Zeitung* und den *Stuttgarter Nachrichten* (Sport1, 2016).

Der Grund: Das chemische Produkt Harz sei gesundheitsgefährdend und verschmutze die Böden in den Sporthallen. Die IHF hatte seinerzeit bereits einen Hersteller beauftragt, einen speziellen Ball, mit besonderen Hafteigenschaften, der Harz überflüssig macht, zu produzieren. „Bisher wurde knapp eine Million Euro in das Projekt gesteckt, die Arbeit ist zu 80 % erledigt", so Moustafa (Sport1, 2016).

Mit seiner Idee stieß er auf wenig Begeisterung, vor allem nicht bei den Athleten, die das Vorhaben durch die Bank weg kritisierten. Bereits wenige Monate später ruderte der Ägypter Moustafa zurück: „Die Einführung eines selbstklebenden Balles und das damit verbundene Harzverbot ist lediglich eine Idee", sagte er im Interview mit *Sky*. Er verwies auf eine Testphase 2017, an deren Ende die Meinung „aller Beteiligten, vor allem die der Spieler", eingeholt werden sollte. „Sollten alle zu der Überzeugung kommen, dass das Harz unverzichtbar ist, dann werden wir an den bestehenden Regeln auch nichts ändern." Bis heute ist nichts geändert worden und wird es wohl auch nicht. Handball ohne Harz wäre wie Weihnachten ohne Weihnachtsbraten oder wie Heiner Brand ohne Schnauzbart, um im Thema zu bleiben.

Kommen wir vom Ball zur Spieldauer. Diese beträgt im Handball für alle Mannschaften mit Spielern ab 16 Jahren und älter zweimal 30 Minuten. Die Pause dauert je nach Wettbewerb 10 oder 15 Minuten.

Im Jugendbereich wird kürzer gespielt und zwar wie folgt:

★ Zweimal 25 Minuten bei einem Alter von 13 bis 16 Jahren (C-Jugend und B-Jugend).

★ Zweimal 20 Minuten bei einem Alter von 8 bis 12 Jahren (E-Jugend und D-Jugend).

Der DHB hat diese Vorgaben in Altersklassen (A- bis E-Jugend) umgesetzt. Bei Turnieren werden teilweise kürzere Spielzeiten angesetzt.

Bei Spielen, bei denen eine Entscheidung herbeigeführt werden muss (z. B. Turniere oder K.-o.-Spiele), gibt es bei Unentschieden maximal zwei Verlängerungen von jeweils zweimal fünf Minuten mit einer Minute Pause. Ist auch dann noch keine Entscheidung gefallen, wird diese mit einem Siebenmeterwerfen herbeigeführt.

Beim Handball pfeifen nicht die Schiedsrichter zur Pause oder das Spiel ab, dies macht das Kampfgericht über ein akustisches Signal. Es gibt keine Nachspielzeit, allerdings können bzw. müssen Frei- und Strafwürfe nach Ablauf der regulären Spielzeit noch ausgeführt werden. Wenn ein Ball im regulären Spiel bereits geworfen wurde, bevor das Schlusssignal ertönt ist, der Ball aber erst nach der Sirene im Tor landet, zählt dies nicht.

Während des laufenden Spiels können die Schiedsrichter die Zeit anhalten lassen, indem sie auf *Time-out* entscheiden. Dies geschieht im eigenen Ermessen.

Neben dem Time-out gibt es noch das sogenannte *Time-Time-out* (TTO), auch als *Auszeit* bekannt.

Jede Mannschaft kann während der regulären Spielzeit zwei bzw. drei Auszeiten nehmen (je nach Verband). Dies gilt aber erst seit der Saison 2012/13, davor hatte jedes Team nur zwei Auszeiten (eine pro Halbzeit, was einige Regionalverbände nach wie vor so handhaben). In Wettbewerben mit drei Auszeiten sind maximal zwei Auszeiten pro Halbzeit zulässig und in den letzten fünf Minuten einer Partie darf nur eine Auszeit pro Mannschaft genommen werden. Gibt es insgesamt nur zwei Auszeiten, gilt die Regel, dass nur eine pro Halbzeit genommen werden darf.

Auszeiten können nur von der ballbesitzenden Mannschaft in Anspruch genommen werden. Dazu muss der Trainer die Grüne Karte (mit einem „T" und im Profibereich zusätzlich mit den Zahlen „1" bis „3" versehen) beim Kampfgericht abgeben. Von hier aus wird die Auszeit signalisiert, sprich, wie beim Spielende, sind es nicht die Schiedsrichter, die zur Auszeit pfeifen. Zuletzt wurde auch mit sogenannten *Auszeit-Buttons* experimentiert, aber diese haben sich noch nicht durchgesetzt. Eine Auszeit dauert 60 Sekunden und die Spielzeit wird währenddessen logischerweise angehalten.

Eine Auszeit wird genommen, um der eigenen Mannschaft taktische Anweisungen zu geben oder aber auch um den Spielfluss des Gegners, wenn dieser beispielsweise gerade eine besonders gute Phase im Spiel hat, zu unterbrechen.

Auch wenn die Entstehung des modernen Handballs nicht endgültig zu klären ist (siehe Kap. 1), so steht fest: Der Däne Holger Louise Nielsen publizierte 1906 in dem Buch *Vejledning i håndbold* (*Gebrauchsanweisung Handball*) die ersten offiziellen Regeln des Handballs.

Nielsens Regeln sahen ein Spiel 11 gegen 11 auf einem Feld von 45 x 30 Meter vor. Es gab eine Art Abseitslinie, einen Straf- bzw. Torraum, der von den Spielern mit Ball nicht betreten werden durfte. Foulspiel wurde ähnlich sanktioniert wie heute und als Foul galt Beinstellen, Treten, Schlagen und Stoßen, Rempeln von hinten sowie das Ziehen an der Kleidung. Der Ballführende durfte jedoch umklammert und ihm der Ball aus den Händen geschlagen oder gerissen werden.

Gespielt, also geworfen wurde auf ein 2 x 3 Meter großes Tor – ebenfalls wie heute. Das absichtliche Spielen des Balls mit dem Fuß oder dem Bein war untersagt. Es gab Freiwürfe und Strafwürfe, die direkt auf das Tor ausgeführt wurden.

Beim *Hazena* wurde sieben gegen sieben gespielt. Die Spielzeit betrug zweimal 25 Minuten und das Feld war bei diesem Spiel 48 x 32 Meter groß. Zudem waren die Tore mit 2,4 Meter Höhe und 2 Meter Breite anders geschnitten. Es wurde wie beim Fußball eingeworfen und es gab bereits die Drei-Schritte-Regelung, sprich: Wer den Ball hatte, durfte nur drei Schritte gehen. Zudem hatte ein Spieler in Ballbesitz drei Sekunden lang Zeit, bevor der Ball abgespielt werden musste.

„Hazena, dessen Regeln 1905 von dem Smichower Reallehrer Vaclav Karas entscheidend weiterentwickelt und schließlich 1909 in Prag veröffentlicht wurden, gehörte in den 1920er-Jahren zu den beliebtesten Sportarten in der Tschechoslowakei" (Eggers, 2014, S. 18).

Nachdem Heiser (siehe Kap. 1) in Deutschland 1917 die Regeln für das Frauen-Handballspiel, damals noch als *Torball* bekannt, eingeführt hatte, nahm Schelenz in 1919 die ersten wesentlichen Änderungen vor.

> „Zunächst vergrößerte Schelenz das Spielfeld auf 100 x 60 Meter, was in etwa den Fußballfeldmaßen entsprach, und auch das Tor auf 2,10 x 5 Meter (wenig später noch einmal auf die Fußballtormaße 2,44 x 7,32 Meter). Der 16,5 Meter große Strafraum war wie die 11-Meter-Strafstoßmarke ebenso dem Fußball entnommen [...]. Auch der Einwurf wurde aus dem Fußball kopiert, genauso wie das Losen, welche Partei beginnen sollte. Schelenz führte eine feste Abseitslinie ein, die die Spieler nicht übertreten durften, bevor der Ball nicht in diese Zone gespielt worden war. Dauer des Spiels: zweimal 30 Minuten. Wurfgerät war ein Fußball. Vor allem aber übernahm Schelenz nun aus den älteren Torballspielen die Drei-Schritt-Regel, die das Spiel sehr viel dynamischer machte: [...] Das sorgte dafür, dass aus der weichen Heiser-Variante nun ein ‚Kampfspiel' wurde, das es in dieser Hinsicht mit dem Fußball aufnehmen konnte. Der Feldhandball, wie er danach über Jahrzehnte hinweg gespielt wurde, war geboren" (Eggers, 2014, S. 28/29).

1943 gab Schelenz seine Regeln letztmals heraus. Was den Hallenhandball angeht, so entwickelte er sich in den 1940er- und 1950er-Jahren in Deutschland im Schatten des Feldhandballs. In der Halle wurde zwar nur mit sieben Spielern auf einem kleineren Feld agiert, aber erst 1956 gab es die ersten Regeländerungen, die tatsächlich ein anderes Spiel in der Halle ermöglichten. Zunächst wurde die Dreiteilung des Feldes aufgehoben und zwei Jahre später durfte zwar durchgehend geprellt, aber nur noch drei Schritte mit dem Ball in der Hand gelaufen werden. 1965 wurde der Freiwurf ohne Anpfiff eingeführt und im selben Jahr war letztmalig von den „Internationalen Feld- und Hallenhandballregeln" die Rede.

Deutschland war in Sachen Weiterentwicklung des Hallenhandballs aber vor allem vom damaligen Branchenführer Schweden abgehängt worden. Durch diverse Neuerungen entwickelten die Skandinavier auch die Taktik des Spiels weiter und erfanden so den Kreisläufer.

Wenn heute über Handball gesprochen wird, ist selbstverständlich das Spiel in der Halle gemeint. Das ist seit Mitte der 1970er-Jahre so und wenn einmal auf Feldhandball verwiesen wird, so wird das explizit getan. Seit 1978 werden nur noch die Regeln für Hallenhandball erneuert bzw. überarbeitet.

Im Laufe der Jahre hat es etliche Regeländerungen im Handball gegeben. Diese sollen an dieser Stelle nicht allesamt erwähnt werden. Zum einen würde es den Rahmen sprengen und zum anderen tun sie nichts mehr zur Sache, da sie schließlich einst geändert wurden. Lediglich einige der wichtigsten Neuerungen seien hier vorgestellt, weil sie extreme Auswirkungen auf die Statik des gesamten Handballspiels hatten.

Ende der 1970er- und Anfang der 1980er-Jahre hatte Handball ein Problem: Der Sport war zu brutal. 1981 setzte der Weltverband IHF die umfassendsten Regeländerungen seit fast einem Jahrzehnt um. Spielverzögerungen wurden mit Freiwurf bestraft, Einwurf wurde fortan einhändig ausgeführt und das Festmachen des Gegners, sprich das Klammern bzw. Festhalten eines Kontrahenten, wurde von nun an progressiv bestraft. Nach der Ermahnung folgte die Gelbe Karte, schließlich die Hinausstellung. Außerdem konnten alle Frei- und Anwürfe direkt ins Tor geworfen werden. All das führte zu einem faireren und flüssigeren Spiel.

Knapp zwei Jahrzehnte später führte eine weitere Regeländerung zu der wohl wesentlichsten Veränderungen des modernen Handballs. Es entstand die *Schnelle Mitte*, die den Handball revolutionierte.

Die *Schnelle Mitte* fand ihren Ursprung in einer Regeländerung von 1997 sowie, noch entscheidender, in einer Überarbeitung von 2001. Hier die entsprechenden Punkte aus dem Regelwerk im Wortlaut.

Regelwerk vom 1. August 1997, Regel 10:

> „10:3 Der Anwurf ist nach Anpfiff in beliebiger Richtung, von der Mitte des Spielfeldes aus, innerhalb von drei Sekunden auszuführen. Der Anwurf-Ausführende muß mit einem Fuß auf der Mittellinie stehen, bis der Ball die Hand verlassen hat.
>
> Spieler der angreifenden Mannschaft dürfen die Mittellinie vor der Ausführung nicht überschreiten.
>
> Überschreitet ein Mitspieler nach dem Anpfiff die Mittellinie, bevor der Ball die Hand des Werfers verlassen hat, ist auf Freiwurf für die abwehrende Mannschaft zu entscheiden" (DHB, 2016).
>
> Die Regelerweiterung von 2001 besagt zu Regel 10:3 Folgendes:
>
> „10:3 Der Anwurf ist innerhalb drei Sekunden nach Anpfiff von der Mitte der Spielfläche aus (mit 1,5 m Toleranz nach beiden Seiten) in beliebiger Richtung auszuführen. Der Anwurfausführende muss mit einem Fuß die Mittellinie berühren, bis der Ball seine Hand verlassen hat.
>
> Die Mitspieler des Werfers dürfen die Mittellinie nicht vor dem Anpfiff überqueren."
>
> In den Erläuterungen heißt es dazu:
>
> „Als Leitsatz für die Auslegung von Regel 10:3 sollten die Schiedsrichter das Ziel berücksichtigen, die Mannschaften zur schnellen Ausführung des Anwurfs zu ermutigen. Dies bedeutet, dass die Schiedsrichter nicht übertrieben genau sein sollten und nicht nach Möglichkeiten suchen sollten, eine Mannschaft, die eine schnelle Wurfausführung versucht, zurückzupfeifen oder zu bestrafen. [...] Der Feldschiedsrichter sollte bereit sein, umgehend zu pfeifen, wenn der

Werfer die korrekte Position erreicht [...]. Die Schiedsrichter müssen zudem berücksichtigen, dass die Mitspieler des Werfers die Mittellinie überqueren dürfen, sobald der Pfiff erfolgt ist. (Dies ist eine Ausnahme von der Grundregel bei der Ausführung von formellen Würfen.)

Die Regeländerung von 2001 ermöglichte das Angriffsspiel nach einem Gegentor bereits mit hohem Tempo der beim Anpfiff vorstoßenden Spieler zu eröffnen. Zum einen sorgte die Einführung einer Toleranz beim Anwurfort dafür, das Zusammenspiel von Torwart und Anwurfausführendem zu beschleunigen. Zum anderen wurde das Stehen auf der Mittellinie durch das bloße Berühren selbiger ersetzt, was eine fließende Angriffsbewegung für den Ausführenden ermöglichte. Zusätzlich ist die Schnelle Mitte gegen Stören durch Blocken oder Abfangen geschützt. Das Stören des Anwurfs hat eine Zeitstrafe zur Folge" (Wikipedia, 2019).

Schnelle Mitte ist zu einem festen Begriff im Handball geworden und sie ist vor allem mit einem Namen verbunden: TBV Lemgo. In der Saison 2002/2003 perfektionierten die Lemgoer unter Trainer Volker Mudrow und mit Spielern wie Daniel Stephan, Markus Baur, Christian Schwarzer, Volker Zerbe, Christian Ramota und Florian Kehrmann die Schnelle Mitte und wurden deutscher Meister. Obwohl die Möglichkeit zur *Schnellen Mitte* bereits durch eine Regeländerung im Jahr 1997 möglich war, fand sie erst einige Jahre später ernsthaft Anwendung. Auch weil 2001 eine weitere Regelmodifizierung dazu beitrug, vor allem aber, weil es einige Zeit dauerte, sie auf höchstem Niveau in Perfektion umzusetzen.

Der THW Kiel, die SG Flensburg-Handewitt und der SC Magdeburg probierten sich daran, doch erst der TBV Lemgo, seinerzeit auch als TBV Deutschland bekannt (weil die halbe deutsche Nationalmannschaft dort auflief), konnte dieses rasante Tempospiel installieren. Danach ging die Entwicklung bei nahezu allen anderen Mannschaften jedoch genauso schnell, wie der TBV seine Angriffe vortrug.

Worum geht es: Bei der *Schnellen Mitte* geht es darum, nach einem Gegentor derart schnell in den eigenen Angriff und zum Torerfolg zu kom men, dass der Gegner völlig überrumpelt wird. Der Trick dabei ist es, den eigenen Angriff so schnell einzuleiten, dass die gegnerische Mannschaft noch nicht wieder ihre Abwehrformation eingenommen hat. Der TBV setzte das seinerzeit in aller Konsequenz um und überrannte die Gegner förmlich. Der Überraschungseffekt zu Saisonbeginn war bei allen anderen Teams enorm und hielt die gesamte Hinrunde. Lemgo legte einen Startrekord von 34:0 Punkten hin. Erst am 18. Spieltag, also zum Beginn der Rückserie, bezwang der SC Magdeburg den TBV mit 43:30. Am Saisonende wurde Lemgo mit nur drei Niederlagen und deutlichem Vorsprung Meister vor Flensburg und Magdeburg.

Das Spiel des TBV sah damals folgendermaßen aus: Während die Gegner aufs Tor der Lemgoer warfen, rannte Kreisläufer Schwarzer bereits mit aller Macht in Richtung Mittellinie. Hier bekam er den Ball der eigenen Torleute, eröffnete das Spiel im Bruchteil einer Sekunde und bediente die herangesprinteten Teamkollegen. Meist bekam Stephan den ersten Ball, ging selbst aufs Tor oder fand Baur bzw. Kehrmann, die meist frei und erfolgreich abschließen konnten. Durch dieses blitzartige Umschalten nahm der TBV vielen Kontrahenten auch die Möglichkeit, ihren (oder gar ihre) Abwehrspezialisten einzuwechseln. Für diesen Spezialistenwechsel blieb schlichtweg keine Zeit mehr.

Im Laufe der Jahre gehörte die *Schnelle Mitte* zum Standardprogramm eigentlich jeder Profimannschaft und irgendwann setzte die umgekehrte Wirkung ein. Da der ganz große Überraschungseffekt nicht mehr gegeben war, bestand auch kein Bedarf mehr, die *Schnelle Mitte* mit jener Konsequenz zu spielen, wie damals der TBV Lemgo. Der heutige moderne Handball ist in sich derart schnell und hier und da wird auch noch die *Schnelle Mitte* ausgeführt, aber mittlerweile ist selbst für Spezialistenwechsel wieder Zeit.

Die Prognose, dass es irgendwann nur noch die sogenannten *kompletten Handballer*, sprich Akteure, die gleich gut in der Abwehr und im Angriff sind, gibt, traf nicht ein. Spieler wie Andy Schmid oder Mikkel Hansen, reine Angriffskoryphäen oder Didier Dinart und Tobias Karlsson, reine

Defensivkünstler sind der gegenteilige Beweis. Eine der jüngsten Regeländerungen hat nochmal dazu geführt, dass das grundsätzliche Tempo im Handball wieder angezogen wurde.

Die jüngsten Regeländerungen im internationalen Handball traten am 1. Juli 2022 in Kraft und brachten folgende Änderungen mit sich: Einführung der neuen Anwurfzone, Kopftreffer gegen den Torwart und die Regeländerung zum passiven Spiel.

1. **Einführung der neuen Anwurfzone:** Der Anwurf wird nach einem Gegentor aus einem Kreis mit einem Durchmesser von 4 Metern ausgeführt, der sich in der Mitte der Mittellinie befindet (Regel 10:5). Die neue Anwurfzone ist für IHF-Veranstaltungen und professionelle Handballligen der Männer und Frauen verpflichtend und für Kontinentalföderationen und alle anderen von Nationalverbänden organisierten Veranstaltungen optional (Hinweis zu Regel 1:9). Ziel ist es unter anderem, den Spielfluss im Spiel zu fördern, Unterbrechungen im Spiel zu verringern und weiter das attraktive Tempospiel im Handball zu fördern.

2. **Kopftreffer gegen den Torwart:** Hart geworfene Bälle gegen den Kopf eines Torwarts aus kurzen Distanzen können die Gesundheit der Torwarte gefährden und sogar im Einzelfall zu langfristigen Gehirnverletzungen führen. Um Torwarte speziell in solchen Spielsituationen, in denen ein Werfer in einer freien Wurfsituation ohne Einfluss durch Mit- und Gegenspieler auf das Tor wirft, besser zu schützen, müssen Schiedsrichter einen Kopftreffer ab dem 1. Juli 2022 mit einer direkten 2-Minuten-Strafe ahnden (Regel 8:8). Es liegt in der Verantwortung des Werfers, nicht den Kopf des Torwarts zu treffen.

3. **Die Regeländerung zum passiven Spiel:** Nach der Anzeige des Vorwarnzeichens hat die vorgewarnte Mannschaft künftig nur noch maximal vier statt sechs Pässe zur Verfügung, um auf das Tor zu werfen. Wenn der angreifenden Mannschaft ein Freiwurf zugesprochen wurde, wird die Anzahl der Pässe nicht unterbrochen. Das Zählen der Pässe erfolgt durch den Schiedsrichter.

Eine weitere Regeländerung des Handball-Weltverbandes wurde in Deutschland nicht eingeführt. Das internationale Regelwerk erlaubt inzwischen abweichende Normen für harzfreie Bälle. Diese dürfen kleiner und leichter sein als es den aktuellen Ballgrößen entspricht.

Eingeführt wurde im deutschen Profihandball (Herren) zur Saison 2022/23 hingegen der sogenannte Buzzer. Dazu hieß es von Seiten der HBL (Handball Bundesliga): „Der Einsatz des Auszeit-Buzzers ersetzt die „Grüne Karte", mit der bis dato der Trainer, dessen Team im Angriff ist, ein Team-Timeout (Spielauszeit) von einer Minute Dauer einfordern konnte, in dem er die Karte auf den Tisch von Zeitnehmer und Sekretär legte. Die Buzzer werden auf einer etwa hüfthohen Säule rechts und links vom Zeitnehmertisch aufgestellt. Sie sind direkt mit dem Hallenanzeigensystem verbunden, wodurch die Spielzeit mit Betätigung der Auszeit durch den Zeitnehmer automatisch gestoppt wird. Durch das Anhalten der Spielzeit ertönt in den Hallen ein akustisches Signal. Während einer Auszeit werden gewöhnlich Spieltaktiken besprochen. Seit der Saison 2012/13 können in beiden Profiligen maximal zwei Auszeiten pro Halbzeit, insgesamt jedoch max. drei Auszeiten pro Spiel genommen werden."

Zur Saison 2023/24 wurde in der HBL zudem der Videobeweis eingeführt. Laut HBL „sind ausnahmslos die Schiedsrichterinnen und Schiedsrichter berechtigt, den Videobeweis anzufordern. Im Falle eines Videobeweises wird das Spiel durch ein Time Out unterbrochen, die Schiedsrichter zeigen in der Folge das Zeichen für den Videobeweis an, um bekannt zu machen, dass die Situation mittels Videobeweis durch sie überprüft wird.

Unterstützt werden die Schiedsrichter in der jeweiligen Halle durch einen Operator, der die zu überprüfende Situation am Bildschirm zur Verfügung stellt. Die Überprüfung erfolgt ausnahmslos durch die Unparteiischen vor Ort."

Der Videobeweis in der LIQUI MOLY HBL umfasst folgende Situationen:

- ★ Tor oder kein Tor: zur Bestimmung, ob die Spielzeit abgelaufen oder das Spiel unterbrochen wurde, bevor der Ball die Torlinie vollständig überquert hat.
- ★ Schwerwiegende und unfaire Aktionen: Situationen ohne Ball, die außerhalb des Blickfeldes der Schiedsrichter passieren.
- ★ Disqualifikation (rote Karte): zur genaueren Identifizierung der Rückennummer des fehlbaren Spielers durch die Schiedsrichter.
- ★ Konflikte auf dem Spielfeld: Konfrontationen zwischen zwei (oder mehr) Spielern und die Schiedsrichter haben Zweifel daran, welche(r) Spieler zu bestrafen ist.
- ★ Simulation: Wenn die Schiedsrichter ernsthafte Zweifel daran haben, ob ein Spieler progressiv bestraft werden sollte oder wenn ein Spieler versucht, die Schiedsrichter durch Simulation zu täuschen.
- ★ Wenn die Schiedsrichter ernsthafte Zweifel daran haben, ob eine 2-Minuten-Strafe oder eine Disqualifikation auszusprechen ist.
- ★ Den Spielausgang verändernde Situationen in den letzten 30 Sekunden (gilt auch für Verlängerung): Wenn die Schiedsrichter ernsthafte Zweifel an einer 7-m-Entscheidung oder einem technischen Fehler eines Spielers haben, der ein Tor erzielt.
- ★ Sonstiges: Im Falle einer Entscheidung, die einen Protest (Einspruch) nach sich ziehen kann.

Wird im Rahmen des Videobeweises festgestellt, dass die Sequenz nicht aussagekräftig ist, treffen die Schiedsrichter eine Entscheidung aufgrund der von ihnen beobachteten Tatsachen.

2.2 TECHNIK

Handball ist ein technisch anspruchsvoller Sport. Die Hand-Augen-Koordination gehört zu den herausforderndsten kognitiven Fähigkeiten überhaupt und auch deshalb ist in Handballkreisen der Spruch beliebt: Wenn Handball einfach wäre, würde er Fußball heißen.

Um Handball spielen zu können, gilt es, einige grundlegende technische Fähigkeiten zu beherrschen, die meisten davon haben mit dem Werfen, speziell dem Torwurf, zu tun. Schließlich geht es beim Handball darum, dass Spielgerät mit der Hand zu werfen und Tore durch Würfe zu erzielen.

Zum Werfen gehört ganz natürlich auch das Fangen. Beim Fangen gehen beide Hände dem Ball in einer Art Dreieckshaltung entgegen. Im Moment der Ballberührung federn die leicht gebeugten Arme den entgegenkommenden Pass ab, werden an den Körper herangezogen. Im Profibereich ist es eine Selbstverständlichkeit, dass Bälle auch mit einer Hand und in den unmöglichsten Situationen sowie unter Bedrängnis gefangen werden können.

Essenziell für das Handballspiel ist das Werfen des Balls. Der einfache Wurf bzw. Pass zu einem Mitspieler ist der *Schlagwurf*, der auch als Torwurf ausgeführt werden kann. Je nachdem, ob Links- oder Rechtshänder, ist der gegenüberliegende Fuß nach vorne gestellt. Der Wurfimpuls für den Ball kommt durch die leichte Drehung des Oberkörpers (Bogenspannung). Diese wird über die Schulter, den gehobenen Arm (Ellbogen auf Schulterhöhe, am besten nicht unter 90°) und bis hin zum Handgelenk fortgesetzt. Es sollte eine flüssige Bewegung sein, bei der der Ball aus der geraden Hand abgeworfen wird, indem die Hand unter dem Ball durchgezogen wird.

Der Blick bleibt in Wurfrichtung und der Schwung wird abgefangen, indem der andere Fuß nach vorne bewegt wird. Beim Wurf hat der Spieler stets Bodenkontakt mit beiden Füßen. Kurz vor Ende der Bewegung kann sowohl Richtung als auch Tempo des Wurfs bestimmt werden.

Kommen wir zum Torwurf und seinen diversen Varianten. Hier wird in der Regel zwischen *Schlagwurf (Kernwurf* oder auch *Stemmwurf), Sprungwurf, Laufwurf* und *Fallwurf* unterschieden.

Der *Schlagwurf* ist die Grundlage aller Würfe, wird sowohl für die Pässe als auch beim Torwurf angewandt. Dieser Wurf wird im Stand, sprich, mit beiden Füßen am Boden, ausgeführt. Es gibt diverse Varianten bzw. Abwandlungen, wie z. B. den *Hüftwurf* oder den *Knickwurf*, wenn es mit dem Schlagwurf in Richtung Tor geht. Beim *Hüftwurf* wird der Abwehrspieler auf der Wurfarmseite seitlich umgangen. Beim *Knickwurf* geschieht dies ähnlich, allerdings entgegengesetzt der Wurfarmseite.

Die zweite wesentliche Wurftechnik ist die des *Sprungwurfs*. Wie der Name schon sagt, liegt der Unterschied zum Schlagwurf darin, dass sich der Spieler im Sprung befindet. Diese Variante ist vor allem für die Außenspieler, die Rückraumakteure, aber auch für die Kreisläufer von Bedeutung. Ein Außenspieler führt eigentlich immer einen Sprungwurf aus. Im Rückraum ist dies von Bedarf, um über eine Abwehrreihe hinwegzuwerfen und beim Kreisläufer ist dies stets abhängig von der jeweiligen Situation, in der er angespielt wird.

Der Sprungwurf lässt sich in drei Phasen einteilen, wobei die erste Phase aus dem Anlaufen, dem Absprung und dem Zurückführen des Arms besteht. Es wird zunächst mit drei Schritten Anlauf genommen, danach erfolgt der Absprung und im Luftstand, der zweiten Phase, ähnelt alles dem Schlagwurf am Boden. Einzig der Arm wird weiter abgewinkelt. Je nachdem, mit welchem Arm geworfen wird, stabilisiert das gegenüberliegende Bein in der Luft, indem es eine Gegenbewegung ausführt. Zum Abschluss von Phase zwei, idealerweise am höchsten Punkt, wird der Wurf ausgeführt. Die dritte und letzte Phase ist die Landung. Diese erfolgt beidbeinig oder auf einem Bein (auf dem Absprungbein).

Der Sprungwurf kann auch mit einem beidbeinigen Absprung erfolgen. Dies kann ein Überraschungsmoment sein und es kann dadurch meist noch mehr Höhe entwickelt werden. Dazu wird zunächst das zweite Bein neben das Absprungbein gezogen, beidbeinig abgesetzt und einige Spieler ziehen den ballführenden Arm bzw. die Hand erst während des Absprungs nach oben, um mehr Schwung für den Sprung holen zu können.

Weiterhin gibt es den *Laufwurf*. Dieser ähnelt dem Schlagwurf, wie der Name erahnen lässt, wird allerdings dynamischer ausgeführt und zwar, indem das Bein von dem Arm vorne ist, mit dem geworfen wird (Rechtshänder, rechtes Bein, Linkshänder, linkes Bein). Dieser Wurf eignet sich gut für einen Überraschungsmoment.

Außerdem gibt es noch den sogenannten *Fallwurf*, eine Wurfvariante, die vor allem Kreisläufer beherrschen müssen. Sie wird aus der Drehung heraus oder frontal zum Tor ausgeführt. Es ist quasi ein Schlagwurf im Fallen. Dies kann zur Seite oder mit einem kräftigen Absprung auch nach vorne geschehen. Der Ball wird in der Regel vor dem Körper gefangen, in der Fallbewegung wird gleichzeitig ausgeholt und dann geworfen.

Die verschiedenen Wurftechniken lassen sich mit diversen Variationen versehen, insbesondere, was den Wurf im Detail angeht. So kann beispielsweise im Fallwurf ein *Heber* oder *Dreher* (ein Wurf mit viel Effet im Ball, sodass dieser beim Aufsetzen seine Richtung ändert und um den Torwart herumgedreht wird) ausgeführt werden. Als Erfinder des Drehers gilt ein gewisser Aljaksandr Karschakewitsch. Der einstige Linksaußen stammt aus Belarus und spielte dort für den ruhmreichen SKA Minsk (1979-1990), mit dem er viele nationale und internationale Titel errang. Bis heute zählt der Verein zu den erfolgreichsten im europäischen Handball. Karschakewitsch gewann außerdem mit der Sowjetunion sowohl die Weltmeisterschaft als auch die olympische Goldmedaille.

Beim Stemmwurf kann auch die sogenannte *Unterarmwurfvariante* eingesetzt werden. Hierbei wirft der Spieler den Ball auf Hüfthöhe ab.

Es ist zudem explizit erlaubt, den Ball quasi zu schlagen bzw. mit einer Faust zu spielen. Dies kann nötig sein, wenn ein Kreisläufer mit einem Sprung versucht, einen Ball im Torraum in Richtung Tor zu befördern, den er aus dem Stand nicht mehr erreichen kann.

Neben dem Fangen und Werfen (Torwurf und Passen) gehört auch das *Dribbeln* (auch *Prellen* genannt) zur Handballgrundschule. Zunächst sei gesagt, dass beim Handball drei Schritte erlaubt sind, wenn ein Spieler den Ball in der Hand hält. Danach muss ein Abspiel oder Torwurf erfolgen, ansonsten wird Schrittfehler gepfiffen und der Gegner bekommt den Ball.

Durch das Prellen wird es dem Spieler ermöglicht, den Ball über eine größere Distanz auf dem Feld zu führen (z. B. beim Tempogegenstoß), ohne dabei den Ball abzuspielen. Dazu wird der Ball mit der offenen Hand auf den Boden geprellt. Der Spieler kann sich dabei in alle Richtung bewegen. Es ist darauf zu achten, das sogenannte *Führen* des Balls zu vermeiden. Der Ball darf nicht mit der Hand geführt und schon gar nicht gegriffen werden, in dem Fall wäre vom *Doppel-Dribbling* die Rede und dies wird abgepfiffen, sprich, der Gegner kommt in Ballbesitz.

Für den Torwart gibt es im Handball noch einige besondere Techniken. Diese würden hier den Rahmen sprengen und daher werden sie hier außer Acht gelassen. Eines sei aber erwähnt: Der Torwart ist im Handball der einzige Spieler, der den Ball zur Abwehr bzw. zur Verhinderung eines Gegentreffers mit dem Fuß spielen darf.

2.3 TAKTIK

Wie in jeder anderen Sportart entscheidet auch im Handball u. a. die Taktik über Sieg oder Niederlage. Es gibt natürlich etliche taktische Varianten, um erfolgreich zu sein. An dieser Stelle soll es um einige Grundlagen gehen. Dabei werden zunächst die verschiedenen Positionen auf dem Feld erklärt und anschließend einige grundsätzliche Verhaltensmuster sowohl in der Abwehr als auch im Angriff erläutert. Auf einzelne Spielzüge wird aufgrund der Menge bewusst nicht eingegangen.

Im Handball gibt es sieben unterschiedliche Positionen auf dem Spielfeld. Es gibt einen Torwart, der logischerweise im Tor steht und sechs Feldspieler, die sich auf sechs Positionen verteilen. Diese unterscheiden sich in ihrer Bezeichnung zwischen Abwehr, Angriff und je nach taktischer Ausrichtung (in der Defensive). In der Offensive ist vom Linksaußen, linker Rückraum, Rückraum Mitte, rechter Rückraum, Rechtsaußen und Kreis die Rede. In der Defensive gibt es – in der klassischen Abwehrvariante, der sogenannten *6-0-Formation*, bei der alle Abwehrspieler an der eigenen Torraumgrenze verteidigen: außen rechts, halb rechts, innen rechts, innen links, halb links und außen links. Einer der Innenblockspieler (beide zusammengefasst, werden auch als *Mittelblock* bezeichnet) ist meistens der in der Offensive als Kreisläufer agierende Spieler.

Torwart: Der Torwart, auch *Keeper, Torhüter* oder *Goali* genannt, steht im Tor. Seine primäre Aufgabe: Tore des Gegners verhindern. Dies tut er, indem er dessen Würfe hält. Er ist zudem so etwas wie der erste Aufbauspieler, da er – nach einem Gegentor oder auch nach einer Parade – den Angriff der eigenen Mannschaft einleitet. Der Torwart unterscheidet sich deutlich in seiner Bekleidung von seinen Mitspielern (die meisten Torhüter spielen in langen Trikots und Hosen) und es ist der einzige Spieler, der den Torraum betreten sowie den Ball mit sämtlichen Körperteilen spielen darf. Im Torraum darf er nicht angegangen werden und beliebig viele Schritte mit dem Ball machen.

Außerhalb des Torraums unterliegt er denselben Regeln wie die Feldspieler. Eine besondere Verantwortung hat der Torwart beim Herauslaufen, um einen weiten Pass auf einen heranstürmenden Gegner abzufangen. Um Kollisionen (der Angreifer schaut meist nach hinten auf den Ball), die zu schweren Verletzungen führen können, zu vermeiden, wurde das Regelwerk dahin gehend geändert, dass Torhüter mit der Roten Karte belegt werden, wenn sie den Gegner berühren („gefährden"). Dies gilt auch, wenn sie den Ball zuerst spielen.

Was Torhüter gar nicht mögen, sind Kopftreffer, einerlei, ob absichtlich oder aus Versehen. Wirft ein Spieler einem Torwart den Ball direkt am

Kopf vorbei, bekommt er durchaus böse Blicke und Worte hinterhergeworfen. Wird ein Torwart am Kopf getroffen, fallen die Reaktionen unter Umständen heftiger aus. Kopftreffer sind im Handball ein rotes Tuch und werden laut einem ungeschriebenem Gesetz nicht gezielt ausgeführt. Dennoch kommt es immer wieder dazu. Sie sind allerdings schwer gesundheitsgefährdend (vor allem Gehirnerschütterungen und deren Spätfolgen sind ein Risiko) und in einigen Ländern spielen Torhüter deshalb mit einem Kopfschutz.

Außen: Der Links- und der Rechtsaußen werden gemeinsam als die *Außen* oder *Flügelzange* bezeichnet. Der Linksaußen ist (idealerweise) ein Rechtshänder und umgekehrt. Diese Spieler bekleiden in der Abwehr und im Angriff dieselbe Position, wobei manche Außen in manchen taktischen Abwehrvarianten auch auf anderen Positionen (halb oder vorgezogen in offensiven Varianten) zum Einsatz kommen können.

Bei den Außen handelt es sich meistens um kleinere Spieler, wobei der Begriff klein im Handball relativ ist und stets im Vergleich zu den oftmals extrem großen Rückraum- oder Mittelblockakteuren zu sehen ist. Ein Außen kann durchaus auch 1,90 Meter Körpergröße vorweisen. Außen sind typischerweise extrem schnell, trickreich und mit diversen Wurftechniken ausgestattet. Viele Außen sind zudem gute Siebenmeterschützen.

Sie gelten auch als die besonders gefühlvollen Werfer, da ihre Position im Angriff es mit sich bringt, dass sie oftmals aus schwierigen Winkeln aufs Tor werfen müssen und dafür Lösungen benötigen, um dennoch erfolgreich zu sein. Diese beinhalten meist etwas Spielerisches, technische Raffinesse und weniger Kraft.

Rückraum: Genau wie bei den Außen wird auch im Rückraum zwischen der linken und rechten Seite unterschieden. Es gibt den Spieler im linken Rückraum, auf der sogenannten *Königsposition*, der ein Rechtshänder ist, und den im rechten Rückraum, der ein Linkshänder ist. Beide Spieler decken in der Abwehr meist auf ihren jeweiligen Halbpositionen.

Diese Akteure gehören oft zu den längsten Spielern auf dem Feld, die mit die meiste Wurfkraft haben. Von ihnen werden die sogenannten *leichten Tore* erwartet. Dies sind Treffer, die ohne viel Anstrengung mit einem Wurf aus der Entfernung über die Abwehr hinweg erzielt werden. Die Halben sind jedoch auch Spieler, die versuchen, sich im Zweikampf, dem Eins-gegen-eins, durchzusetzen. Gute Anspiele an den Kreis und auf die Außen zählen auch zu ihren Aufgaben.

Zusätzlich gibt es noch den Spieler auf der Rückraum-Mitte-Position, den *Spielmacher*. Er ist der Ideengeber und Initiator der Angriffe der eigenen Mannschaft. Als solcher ist er auf dem Spielfeld der verlängerte Arm des Trainers, der versucht, die vorgegebene Taktik umzusetzen. Spielmacher sind idealerweise gute Vorlagengeber, vor allem im Zusammenspiel mit dem Kreis, aber gleichzeitig auch selbst torgefährliche Akteure. In dieser Kombination sind sie für den Gegner besonders schwer auszurechnen. In der Abwehr decken sie oftmals nicht in der Mitte, sondern eher auf halb oder außen.

Einige Spielmacher (meist im Profibereich) gehören inzwischen zu den sogenannten *Spezialisten*. Dies sind Spieler, die sich nur noch auf eine bestimmte Aufgabe im Spiel konzentrieren: entweder in der Offensive oder der Defensive (dann ist vom Abwehrspezialisten die Rede). Diese Akteure wechseln mit einem reinen Defensivakteur zwischen Abwehr und Angriff und führen dabei die sogenannten *Spezialistenwechsel* durch. Durch das hohe Tempo im modernen Handball ist meist nur einer dieser Wechsel zur Zeit sinnvoll.

Da es nachweislich mehr Rechtshänder als Linkshänder gibt, sind im Handball die Spielmacher und Kreisspieler meistens Rechtshänder. Die Linkshänder werden in frühen Jahren meist schon für den rechten Rückraum oder als Rechtsaußen eingesetzt.

Kreis: Der *Kreisläufer* oder auch *Kreisspieler* genannt, hält sich im Angriff zwischen den gegnerischen Abwehrspielern auf. Dabei steht er zunächst mit dem Rücken (oder seitlich) zum gegnerischen Tor, um den eigenen Spielaufbau verfolgen zu können. Erst wenn er angespielt wird, versucht er, sich zu drehen und zum Torwurf zu kommen. Er ist somit der Spieler, der am dichtesten am gegnerischen Tor positioniert ist. Wenn er freigespielt wird, hat er in der Regel bis auf den Torwart keinen Gegner mehr vor sich und kommt somit meistens in aussichtsreicher Situation zum Abschluss. Bis es jedoch so weit ist, ist er ohne Zweifel der Spieler auf dem Feld, der den meisten und heftigsten Körperkontakt mit dem Gegner verspürt.

Kreisläufer sind daher körperlich extrem robuste Spieler, da sie es oft mit mehreren Gegenspielern gleichzeitig aufnehmen müssen. In der eigenen Abwehr agieren sie zudem oftmals im eigenen Mittelblock, sprich, sie spielen meist im direkten Duell gegen den Kreis des Gegners. In einigen taktischen Varianten spielen manche Mannschaften mit zwei Kreisläufern gleichzeitig.

Eine wichtige Aufgabe des Kreisläufers in der Offensive ist das *Sperren* und *Absetzen*, wodurch er versucht, sich und seine Mitspieler in aussichtsreiche Torwurfpositionen zu bringen. In der Abwehr im Innenblock ist es das Zusammenspiel mit dem eigenen Torwart und das Stellen eines Blocks bei Rückraumwürfen des Gegners.

Die Position des heutigen Kreisläufers wurde erst in den 1950er-Jahren in Schweden entwickelt und ist somit die jüngste Position im modernen Handball.

Werfen wir jetzt einen Blick auf die Taktik im Handball, die in *Abwehr-* und *Angriffsvarianten* unterschieden werden kann. Wie so oft im Sport gibt es auch beim Handball verschiedenste Wege, um ans Ziel, sprich, zum Erfolg zu kommen. Jedes kleinste Detail lässt sich hier nicht aufschlüsseln, aber einige wesentliche Grundlagen.

So ist zur *Abwehr* zunächst zu sagen, dass sich die Arbeit in der Deckung in einer eher defensiven oder einer mehr offensiven Form beschreiben lässt. Die defensivere Variante ist die klassische *6-0-Deckung*, bei der alle sechs Abwehrspieler am eigenen Kreis verteidigen (wobei sich auch diese Form etwas offensiver interpretieren lässt). Diese Abwehr gilt als kompakt, stabil und der Torwart kann dahinter eng mit dem Mittelblock zusammenarbeiten. Wie bei einer Freistoßmauer im Fußball sollten die Abwehrspieler bei gegnerischen Würfen die eine Seite des Tors abdecken, sodass sich der Keeper auf die andere konzentrieren kann – in der Theorie.

Beim Handball kommt es zum einen auf das eigene Spielermaterial an, mit welcher Taktik gespielt wird, viel hängt jedoch auch vom Gegner ab. Ist die gegnerische Mannschaft eher spielstark oder wurfgewaltig? – Je nachdem, richtet ein Trainer sein Defensivkonzept dahin gehend aus, um die Angreifer vor möglichst schwierige Aufgaben beim Torwurf zu stellen.

Als offensiveres Abwehrkonzept gilt die sogenannte *5-1-Deckung*, bei der ein Spieler (entweder mittig oder auf einer Halbposition) vorgezogen agiert und versucht, den Spielaufbau des Gegners zu stören. Es gibt weitere Formen wie eine *3-2-1-Deckung*, eine *4-2-Deckung* oder sogar eine *3-3-Variante*.

Ebenso gibt es die *Manndeckung*, bei der ein (oder auch mal zwei) Spieler der gegnerischen Mannschaft ganz gezielt aus dem Angriffsspiel herausgenommen werden, indem sich ein Abwehrspieler direkt vor ihnen positioniert und dem Gegner auf Schritt und Tritt folgt.

Die *offene Manndeckung* kommt in der Regel nur in der Schlussphase (und im Jugendbereich, hier setzt der DHB in bestimmten Jugendklassen durch Vorgaben auf ganz bestimmte Abwehrsysteme, um die individuellen Fähigkeiten des Nachwuchses zu fördern und zu fordern) eines Spiels vor, wenn ein Team innerhalb kürzester Zeit noch einen Rückstand aufholen muss und auf schnelle Ballgewinne angewiesen ist. Hierbei wird Mann-gegen-Mann auf dem gesamten Spielfeld gedeckt.

Offensive Deckungen eignen sich gut, um den Gegner in stressige Situationen zu bringen und somit zu Fehlern zu zwingen. Am extremsten ist dies wohl in der *3-2-1-Variante* der Fall. Nur die beiden Außen und in der Mitte ein Spieler verteidigen am eigenen Kreis. Zwei Halbspieler stören die gegnerischen Halbakteure vorgezogen und noch weiter vorne agiert eine sogenannte *Spitze* den Aufbau des Gegners.

Ein Nachteil für diese besonders offensive Verteidigung ist es, dass die Abwehrvarianten auch Lücken in der eigenen Defensive bieten. Gegner mit hoher spielerischer Intelligenz und gutem 1-gegen-1-Verhalten wissen dies geschickt auszunutzen. Zudem ist die eigene Abwehrarbeit nochmals laufintensiver und konditionell fordernder, als es im Handball ohnehin schon der Fall ist.

Apropos Eins-gegen-eins - ein gutes Zweikampfverhalten ist für einen Handballer - offensiv wie defensiv - unabdingbar. Im Gegensatz zum Fußball gerät die Abwehr beim Handball (abgesehen vom Unterzahlspiel bei Hinausstellungen) nur selten in numerische Unterzahl. Das Spielfeld, der abzudeckende Bereich, ist viel kleiner und somit hat jeder Abwehrspieler eigentlich immer einen direkten Gegner. Dies führt dazu, dass jeder Abwehrspieler Verantwortung im Zweikampf übernehmen, seine Nebenleute aber trotzdem auch unterstützen muss.

Grundsätzlich gilt für Abwehrspieler, dass sie stets Ball und Gegner im Auge haben sollten, gut antizipieren müssen, was als Nächstes passiert bzw. passieren kann. Dabei sollten sie stets mit einer guten Beinarbeit darauf achten, in eine für sie günstige Defensivposition zu kommen, beispielsweise einem Rückraumschützen nie völlig frontal gegenübertreten, da dies auch die Situation für den Torwart dahinter erschwert. Der Keeper ist immer auf ein gutes Zusammenspiel mit seinen Vorderleuten angewiesen.

Je nach eigenen Stärken und Schwächen sowie denjenigen der gegnerischen Werfer werden bestimmte Situationen nach Möglichkeit erarbeitet bzw. zugelassen. Dies kann sogar so weit führen, dass in der Not eine sogenannte *Wurffalle* eingebaut wird. Dabei lässt ein Abwehrspieler einen Angreifer absichtlich zum Wurf kommen, weil er mit dem Torwart eine bestimmte Absprache getroffen hat und der Keeper im Idealfall den Wurf des Angreifers hält, weil er besonders darauf vorbereitet ist. Wie bei allen Dingen im Sport gibt es jedoch auch hierfür nie eine Erfolgsgarantie.

Festzuhalten ist, dass im Handball aufgrund der Enge des Raums und der ständigen Veränderungen der Situationen eine ständige, gute und intensive Kommunikation zwischen Torwart und Abwehr, innerhalb der Defensivreihe, aber natürlich auch im Angriff unabdingbar ist.

Womit wir zur *Offensive* kommen. Neben der angesprochenen verbalen Kommunikation kann auch die nonverbale wichtig sein. Durch Handzeichen können Spielzüge angezeigt werden, wenn es beispielsweise in einer Halle besonders laut ist. Die unterschiedlichsten Spielzüge, von denen es unzählige gibt, haben oftmals Namen (z. B. von gegnerischen Teams) und lassen sich mit vorher festgelegten Handzeichen idealerweise auch ohne lautstarke Ansagen durchspielen.

Da hier nicht alle Spielzüge im Handball aufgelistet werden können, auch zum Angriff die wichtigsten Aspekte.

Zunächst wäre da das sogenannte *Positionsspiel*. Dies findet in dem Augenblick statt, wenn der Gegner seine Abwehrformation eingenommen hat, sprich, die eigene Mannschaft mit der Angriffsreihe auf die gegnerische Defensive trifft (entweder in einer 6-0-, 5-1- oder in einer sonstigen Variante). Beim Positionsspiel kann ein Team mit unterschiedlichsten Möglichkeiten zum Torabschluss kommen. Entweder durch eine Einzelaktion eines Spielers, durch das Zusammenspiel von zwei oder drei Spielern (Kleingruppenspiel) oder indem alle Akteure mit einbezogen werden.

Dabei kann der Ball bis auf eine Außenposition oder an den Kreis durchgespielt werden, es kann aber am Ende ebenso gut ein Rückraumspieler zum Abschluss kommen. Einerlei, was und wie gespielt wird, Absprache und vor allem das richtige Timing sind ganz entscheidende Faktoren. In manchen Situationen ist eher Kraft, in anderen viel Gefühl erforderlich.

Die unzähligen Möglichkeiten und sich in Sekundenbruchteilen verändernden Aufgabenstellungen machen Handball sowohl körperlich, aber auch mental zu einem gleichermaßen herausfordernden wie faszinierenden Spiel. Es gibt nie *die* eine richtige Lösung, sondern immer verschiedene Möglichkeiten.

Neben dem Positionsspiel gibt es auch den sogenannten *Gegenstoß* (auch *Tempogegenstoß* oder *Konter* genannt). Dieser erfolgt, wenn in der Abwehr der Ball gewonnen wird, der Torwart den Ball hält oder aber auch der Gegner den Ball neben das Tor oder ins Aus wirft bzw. anderweitig verliert. Beim Gegenstoß geht es darum, blitzschnell in den eigenen Angriff umzuschalten. Oftmals passiert dies, indem die Außenspieler eine der besagten Situationen erkennen und lossprinten. Vom Torwart oder einem anderen Mitspieler kommt nicht selten ein langer Pass in den Lauf, der Eins-gegen-eins gegen den gegnerischen Torwart mit einem Abschluss vollendet wird. In diesem Fall oder auch wenn ein Spieler in der Abwehr einen Ball selbst erobert und ihn durch Prellen bis zum eigenen Abschluss nach vorne befördert, wird von der *ersten Welle* gesprochen.

Bei der sogenannten *zweiten Welle* fängt beispielsweise der Torwart den Ball und dieser wird durch mehrere Pässe bis nach vorne zum Torabschluss befördert. Gelingt dies nicht, kann sich der Gegner in der Abwehr formieren, ist danach wieder vom Positionsspiel die Rede.

Die bereits erwähnte *Schnelle Mitte* fällt irgendwo auch unter die Kategorie *Gegenstoß*, natürlich mit dem Unterschied, dass die eigene Mannschaft zuvor ein Gegentor kassiert hat. Dadurch, dass die Regeln einst dahin gehend geändert wurden, dass nicht mehr beide Teams in ihren jeweiligen Spielfeldhälften versammelt sein müssen, bevor der Anwurf erfolgen darf, kann die *Schnelle Mitte* bei entsprechender Ausführung quasi wie ein Gegenstoß aussehen. In diesem Fall ist das angreifende Team einfach schneller in seiner Vorwärtsbewegung, als der Gegner in seinem Rückzugsverhalten.

Nach einem Gegentreffer kann der Wiederanpfiff sofort erfolgen, wenn ein Spieler der jetzt angreifenden Mannschaft an der Mittellinie (maximal 1,5 Meter rechts oder links vom Mittelpunkt) in Ballbesitz ist. Dieser Spieler kann den Ball einem heraneilenden Mitspieler direkt in die Vorwärtsbewegung mitgeben. Gegenspieler müssen die Anwurfzone sowie den Passweg dorthin freihalten, werden bei Behinderung ansonsten mit Strafen belegt.

Ohne im Detail auf bestimmte Spielzüge einzugehen, seien zum Abschluss noch einige wenige grundlegende taktische Aspekte angesprochen.

Zum einen gibt es das *Kreuzen*. Hierbei wechseln zwei Angreifer ihre ursprüngliche Position. Der Gegner soll nach Möglichkeit verwirrt und für einen selbst eine gute Wurfposition geschaffen werden. Bei einem Übergang ist das Ziel ähnlich und wird dadurch erreicht, dass z. B. der Linksaußen einläuft, sich für den Moment als ein zweiter Kreisläufer eine Position am Kreis sucht und dort möglicherweise unbeachtet im Rücken der Abwehr angespielt werden kann.

Es gibt auch das *Sperren* und *Absetzen*, welches typischerweise vom Kreisläufer in Absprache mit einem Rückraumspieler gemacht wird. Der Kreisspieler sperrt dabei einen Gegenspieler weg, um sich eine vorteilhafte Position zu verschaffen. Im Idealfall kann er sich absetzen, bekommt ein Anspiel und kann aus der freigesperrten Position ein Tor erzielen oder einfach nur Platz für einen anderen Mitspieler schaffen, der wiederum zum Abschluss kommt.

Als ein letzter Begriff sei hier das *Stoßen* (und *Gegenstoßen*) angeführt. Das Grundprinzip besteht darin, durch ein schnelles Anlaufen mit dem Ball auf eine Lücke in der gegnerischen Abwehr, diese in Bewegung zu bringen und idealerweise zwei Gegenspieler zu binden. Dadurch entstehen Räume für die Teamkollegen, die den Ball nach Möglichkeit bekommen, bis irgendwann die ideale Wurfposition gefunden ist. Wird beispielsweise von rechts nach links gestoßen und anschließend wieder zurück, ist vom Gegenstoßen die Rede.

★ 3 ★

DEUTSCHLAND: GROSSE NAMEN

Auf den folgenden Seiten geht es um große Namen im deutschen Handball. Männer, Frauen, eine ganze Handballfamilie und Vereine.

Mit der Auswahl von Namen ist es so eine Sache. Wer gehört dazu, wieso und wer, warum nicht? Neben allen Fakten spielt auch immer ein subjektives Empfinden eine Rolle für eine Auswahl wie diese hier. Wenn es um die größten Namen in Deutschland jemals geht, kann sich die Handballfamilie sicherlich auf einige einigen, bei anderen gehen die Meinungen weit auseinander und wiederum andere fehlen dem einen oder anderen.

Hier sind nur einige wenige der unzähligen großen Namen aus dem deutschen Handball dabei. Ganz bewusst ist daher von großen und nicht etwa den größten Namen die Rede. Beginnen möchte ich mit dem einen Namen, bei dem sich wahrscheinlich ganz Handball-Deutschland einig ist, dass er dazugehört: Heiner Brand.

Niemand anderes hat es geschafft, als Spieler und Trainer Weltmeister mit Deutschland zu werden. Heiner Brand ist also das handballerische Pendant zu Franz Beckenbauer. Ohnehin ist Heiner Brand in einer Riege mit Größen wie dem „Kaiser", Boris Becker, Steffi Graf, Michael Schumacher, Markus Wasmeier oder Dirk Nowitzki zu nennen. Er ist eine deutsche Sportlegende und neben Stefan Kretzschmar wohl immer noch der bekannteste Handballer hierzulande.

3.1 HEINER BRAND

Der Mann mit dem Schnauzbart war und ist über Jahrzehnte hinweg das Gesicht einer ganzen Sportart gewesen. Wenn auch viele Schulkinder nicht die aktuellen Nationalspieler oder den deutschen Meister im Handball aufsagen können, wer Heiner Brand ist und was er macht, weiß in Deutschland wohl jeder. Das hat auch etwas mit seinem Markenzeichen zu tun: dem unverkennbaren Schnauzer. Heiner Brand ohne Bart, das gibt es nicht. Stopp. Gibt bzw. gab es doch.

Nach dem Halbfinalaus der deutschen Nationalmannschaft bei der EM 2008 in Norwegen schrieb der geschätzte Kollege Mike Glindmeier: „Der Bart ist ab" (Spiegel Online, 2008). Dies war natürlich nur im übertragenen Sinne gemeint. Tatsächlich ab war der Bart 2004 nach dem Gewinn der Europameisterschaft 2004. Nach EM- und WM-Silber in 2002 und 2003 war es der erste Titel für Bundestrainer Brand. Für den DHB war es überhaupt der erste EM-Sieg. Brand ließ sich den Schnauzer abrasieren und löste damit eine Wette ein. Im Falle seines ersten Titels musste sein Markenzeichen weichen.

Es wuchs natürlich schnell wieder nach und in einem Interview sagte er 2019: „Ich denke, jetzt bleibt der Bart für immer dran" (Thüringer Allgemeine, 2019). 2007, nach dem WM-Titel, war der Bart hingegen dran, und zwar bei allen im Team. Zu Ehren ihres Trainers und seinem Walrossbart verkleideten sich alle Spieler mit Schnauzern. Brand wurde mit dem WM-Sieg zur Legende. Er war nach Peter Kretzschmar plötzlich der erste Handballer, der sowohl als Spieler (1978) als auch als Trainer WM-Gold holte. Dies haben ihm seither nur die beiden Franzosen Didier Dinart und Guillaume Gille nachgemacht.

Brand ist zudem einer der wenigen Handballer, zumindest in Deutschland, über die ganze Bücher geschrieben worden sind. An dieser Stelle ist also nur ein Bruchteil von dem erwähnt, was man über Heiner Brand wissen muss.

Persönlich erstmals erlebt habe ich Heiner Brand während der EM 2008. Damals war es meine Premiere als Berichterstatter bei einem großen internationalen Turnier und ich war beeindruckt, mit welcher Engelsruhe sich Brand nach dem offiziellen Teil einer jeden Pressekonferenz auf einen Stuhl vor dem Podium setzte, sich von der gesamten deutschen Journalistenschar umzingeln ließ und jede einzelne Frage bis ins kleinste Detail beantwortete. Bei der WM 2009 war es genauso.

Von dort, vom Turnier in Kroatien, hat sich ein zweites Erlebnis mit Brand eingeprägt. Seine legendäre erhobene Faust, mit der er auf zwei Unparteiische losging. Es war Sonntag, der 25. Januar: Deutschland unterlag in der Hauptrunde mit 24:25 gegen Norwegen und stand dadurch vor dem Aus (im letzten Gruppenspiel hätte ein Sieg gegen die starken Dänen hergemusst). 10 Sekunden vor Ende pfiffen die Slowenen Nenad Krstic und Peter Ljubic die Deutschen in Ballbesitz zweimal zurück. Die Zeit rannte davon und das DHB-Team verlor. Brand verstand die Welt nicht mehr, fühlte sich ungerecht behandelt, erhob die Faust und stand mit weit aufgerissenen Augen in drohender Pose vor den Referees.

Tags darauf, beim Betrachten der Fernsehbilder, erschrak er vor sich selbst. Es steckte seinerzeit mehr dahinter. „Ich verspüre seit unserem WM-Erfolg vor zwei Jahren eine gewissen Tendenz gegen uns", sagte Brand damals (Frankfurter Rundschau, 2009).

Doch trotz oder vielleicht auch gerade wegen solcher Erlebnisse gehört Heiner Brand ohne Zweifel zu den deutschen Sportlern, bei denen man noch genau sagen kann, was man am Tag ihrer größten Erfolge getan hat. So, wie wohl jeder noch weiß, was er am 7. Juli 1985 machte, als Boris Becker zum ersten Mal Wimbledon gewann oder am 13. Juli 2014, als Deutschland Fußball-Weltmeister wurde, so weiß auch noch jeder, was er am 5. Februar 1978 tat.

Es war jener Tag, an dem Brand mit Deutschland in Kopenhagen mit einem 20:19-Sieg über die UdSSR Weltmeister wurde. Oder am 4. Februar 2007, als Brand dieses Kunststück als Trainer wiederholte. Vor 19.000 Zuschauern in der Halle in Köln sowie 16,7 Millionen Menschen am TV (bis heute ist diese Zahl die höchste Einschaltquote bei einer Handballpartie in Deutschland jemals) gewann die DHB-Auswahl mit 29:24 gegen Polen.

Vier Jahre später, bei der WM 2011 in Schweden, habe ich Heiner Brand bei seinem letzten großen Turnier als Bundestrainer begleiten dürfen. Die sportlichen Erfolge waren nach 2007 weniger geworden. In Schweden hatte Brand erstmals den jungen Flensburger Kreisläufer Jacob Heinl mit zu einer Endrunde beordert. Als Journalist aus Flensburg war das mein Aufhänger für das erste Vier-Augen-Interview mit Brand.

Er wird sich sicherlich nicht mehr erinnern, aber ich weiß noch, dass er zum Einstieg sagte: „Aus Flensburg? Dann bist du wegen Jacob hier. Das ist ein Guter." Deutschland wurde am Ende nur 11., die schlechteste Platzierung in der WM-Geschichte. Brand ging im Sommer 2011 als Bundestrainer und wurde danach Manager beim DHB in den Bereichen Nachwuchsförderung und Sponsoren. Außerdem hielt er Vorträge und begann als TV-Experte.

Im Laufe der Jahre gab es ein Zerwürfnis mit Brand und dem DHB. Im Jahr 2018 wurden die Probleme ausgeräumt und Brand sowie der Verband näherten sich einander wieder an. Ein Amt bekleidet er im DHB allerdings nicht mehr.

Ebenso wenig bei seinem VfL Gummersbach, dem er in seiner aktiven Karriere über ewige Jahre treu war. Als Siebenjähriger trat er dem Verein bei, in dem sei Großvater einst Vorsitzender war. Heiner Brands Vater Erwin sowie die älteren Brüder Jochen und Klaus waren ebenfalls VfL-Urgesteine und wurden Nationalspieler.

Die beeindruckendste Karriere legte aber Heiner Brand hin. Mit Gummersbach holte er als Spieler sechs deutsche Meisterschaften, vier DHB-

Pokalsiege und gewann zweimal den Europapokal der Landesmeister, den Vorgängerwettbewerb der Champions League. Später wurde er Trainer des VfL und holte zwei weitere Meisterschaften ins Oberbergische. Von 1992 bis 1994 wagte er einen kurzen Abstecher und trainierte die SG Wallau/Massenheim, mit der er 1993 das Double aus Meisterschaft und Pokalsieg holte.

Brand, Mittelmann und zu seiner aktiven Zeit als der beste Abwehrspieler weltweit geadelt, spielte 131-mal für Deutschland und erzielte dabei 231 Treffer. Heiner Brand wurde in die *Hall of Fame des deutschen Sports* aufgenommen, 2007 wurde ihm das *Bundesverdienstkreuz am Bande* verliehen, ebenso die *Goldene Sportpyramide* und das *Silberne Lorbeerblatt*.

Heiner Brand ist mit Christel verheiratet und gemeinsam haben sie zwei Kinder.

Ohne Zweifel ist Heiner Brand die größte Persönlichkeit, die der deutsche Handball je hervorgebracht hat.

Steckbrief Heiner Brand

Geburtsdatum/-ort: 26. Juli 1952 in Gummersbach

Beruf: Diplom-Kaufmann

Familienstand: verheiratet, zwei Kinder

Karriere in Zahlen:

1959-1986: VfL Gummersbach

1984-1987: Co-Trainer Männer-Nationalmannschaft

1987-1991: Trainer VfL Gummersbach

1992-1994: Trainer SG Wallau-Massenheim

1994-1996: Trainer VfL Gummersbach

1997-30.6.2011: Bundestrainer Männer-Nationalmannschaft

1.7.2011 bis zum 30. Juni 2015 Manager beim Deutschen Handballbund für die Bereiche Nachwuchsförderung und Sponsoren

---

Erfolge als Spieler:

131 Länderspiele

231 Länderspieltore

Weltmeister 1978

Deutscher Meister 1973, 1974, 1975, 1976, 1982, 1983

DHB-Pokalsieger 1977, 1978, 1982, 1983

Europapokalsieger der Pokalsieger 1978, 1979

Europapokalsieger der Landesmeister 1974, 1983

Supercupgewinner 1979, 1983

IHF-Pokalsieger 1982

Erfolge als Trainer:

Deutscher Meister 1988 und 1991 VfL Gummersbach

Deutscher Meister 1993 und DHB-Pokalsieger 1993 SG Wallau-Massenheim

---

Erfolge als Bundestrainer seit Januar 1997:

Bronzemedaille Europameisterschaft 1998

5. Platz Weltmeisterschaft 1999

5. Platz Olympische Spiele in Sydney 2000

Silbermedaille/Europameisterschaft 2002

Silbermedaille/Vizeweltmeister 2003

Goldmedaille/Europameister 2004

Silbermedaille/Olympiade Athen 2004

Goldmedaille/Weltmeister 2007

Ehrungen:

u. a. Dezember 2005: Sonderpreis des Landessportbundes Nordrhein-Westfalen (LSB) für sein „Lebenswerk im Sport" im Rahmen der Veranstaltung „NRW-Sportler des Jahres 2005" im Olympia und Sportmuseum Köln

Mai 2007: Aufnahme in die *Hall of Fame des deutschen Sports*

2007: Verdienstorden des Landes Nordrhein-Westfalen

Verleihung des Ehrentitels „Bart des Jahres 2007"

18. April 2007 Ehrenring der Stadt Gummersbach

15. Mai 2007: Bundesverdienstkreuz am Bande

2007: Die Goldene Sportpyramide

2007: Mannschaft des Jahres (Trainer der Nationalmannschaft)

2007: Trainer des Jahres (DOSB)

2007: Silbernes Lorbeerblatt

2011: Joachim-Deckarm-Preis

2013: Benennung des Vorplatzes der Schwalbe-Arena als Heiner-Brand-Platz

3.2 BERNHARD KEMPA

Der Name Kempa ist gleich mit mehreren Dingen zu verbinden. Mit einem der erfolgreichsten deutschen Handballer und Trainer, einem ganz besonderen Trick, der diesen Namen trägt und einer Sportmarke, die sich auf Handballartikel spezialisiert hat.

Bernhard Kempa wurde am 19. November 1920 in Oppeln in Oberschlesien geboren. Er starb am 20. Juli 2017 in Bad Boll im Alter von 96 Jahren. „Er ist zu Hause friedlich eingeschlafen" (Südwest Presse, 2017), berichtete sein Sohn, Dr. Bernhard Michael Kempa, der ihn bis zuletzt pflegte. Sechs Jahre zuvor war Kempa kurz nach seinem 90. Geburtstag gestürzt und die Spätfolgen machten ihm zu schaffen. Zudem war *Monsieur Handball*, so sein Spitzname, Dialysepatient. Dennoch besuchte er noch im hohen Alter von 94 Jahren die Bundesliga-Heimspiele von Frisch Auf Göppingen, jenem Verein, mit dem er seine größten Handballerfolge feierte.

Zwei Jahre nach dem Ende des Zweiten Weltkriegs, der auch Kempa viele seiner besten Jahre beraubt hatte, kam er von München nach Göppingen. Hier schloss er sich Frisch Auf an und wurde 1954 erstmals mit dem Verein Hallenhandballmeister. Damals agierte Kempa als Spielertrainer einer Mannschaft, die den Beinamen *Kempa-Buben* trug. Im Sommer wurde Rückraumakteur Kempa mit Göppingen auch Feldhandballmeister und holte so eine andere Form des Doubles.

1955 wurde er erneut Meister in der Halle und zwei Jahre später auf dem Feld. Insgesamt war Kempa, in den 1950er-Jahren der wohl beste Handballer der Welt, bei neun von 11 nationalen FA-Titeln dabei. Als Trainer gewann er fünfmal die Hallenmeisterschaft mit Göppingen (1958-1961 und 1970). Außerdem schrieb er sich mit Frisch Auf 1960 in die Geschichtsbücher des europäischen Handballs. Mit dem Sieg im Europapokal der Landesmeister holte erstmals ein deutsches Team den Europacup.

Apropos Geschichtsbücher. In diesen steht sein Name auf der ganzen Welt. Nicht aufgrund eines bestimmten Erfolgs, nein, weil nach ihm ein ganz bestimmter Trick im Handball benannt wurde. Wie dieser funktionierte, erklärte Kempa in seinem eigenen Buch so: „Ein Anspieler hebt den Ball über die Abwehr, sein Mitspieler springt möglichst hoch in den Wurfkreis, fängt den Ball noch im Flug und wirft ein Tor" (Kempa, 2002, S. 191).

Meistens bedient ein Rückraumspieler dabei einen Außenspieler, doch es gibt auch die Variante, in der ein Rückraumspieler einen anderen Rückraumspieler in Szene setzt. In diesem - eher seltenen - Fall ist vom *Kempa-Trick aus der zweiten Reihe* die Rede.

Heutzutage beherrscht die insgesamt äußerst anspruchsvolle Torwurfvariante Kempa-Trick jedes Profiteam und auch viele Amateur- oder Jugendhandballer. Den inoffiziellen Rekord in Sachen Kempa-Trick, bevor ein Abschluss erfolgte, soll eine norwegische Vereinsmannschaft mit fünf Stück halten. Beim Beachhandball zählen die Tore, die nach einem Kempa-Trick erzielt werden, doppelt, teilweise sogar dreifach.

Doch wie kam es zu dieser Variante? Der Erfinder erklärte es wie folgt:

> „Ich freue mich noch heute, wenn ich erzähle, wie der Trick zur Welt kam. Wir haben, bei Frisch Auf in Göppingen, im Training immer viel ausprobiert. Mal dies, mal das. Auch das Training sollte Spaß machen. Und bei solchen spaßigen Übungen erfand ich den Trick" (Kempa, 2002, S. 191).

Dem ehemaligen Handballer Volker Schneller soll Kempa einst verraten haben, dass es sich so zugetragen habe: „Ich hatte wegen der meist riesigen Abwehrmauer der Gegner Probleme, unseren Fritz Jarosch (gerade mal 1,70 m groß) am Kreis anzuspielen, und so machten wir aus einem Zufallsprodukt im Training eine erfolgreiche Abschlussvariante" (Handball World, 2017).

Schneller erinnerte sich weiter wie folgt an das, was Kempa ihm einst erzählte:

„Ein Pass von Kempa war im Training bei einem Gegner hängen geblieben und auf den Boden im Kreis aufgesprungen. Jarosch sprang hinterher, fing den prellenden Ball und warf aufs Tor. Diese Variante wurde im Nachgang verfeinert, indem der Ballkontakt des Gegners einfach ausgespart wurde. Das soll der tatsächliche Ursprung des Kempa-Tricks gewesen sein, auch wenn noch andere Versionen kursieren" (Handball World, 2017).

Wie auch immer der Trick tatsächlich zustande kam, erstmals angewandt wurde er am 24. Februar 1954 in Karlsruhe. Deutschland traf im Hallenhandball auf die damals führende Nation: Schweden. Der erste Versuch ging noch schief, doch später funktionierte der Kempa-Trick und führte zu mehreren Toren. Selbst der Gegner war beeindruckt und fragte beim Erfinder nach. Rückraumspieler (Mittelmann) Kempa gehörte damals selbstredend zum deutschen Team, seine größten Erfolge mit der Nationalmannschaft feierte er allerdings auf dem Feld: 1952 und 1955 wurde er Weltmeister. Er absolvierte 31 Länderspiele für Deutschland. Siebenmal davon in der Halle (10 Tore) und 24-mal im Feldhandball (113 Treffer).

Kempa war mehr als ein guter Handballer, er war ein Sporttalent. *Spiegel Online* bezeichnete ihn in einem Nachruf als „Der Alleskönner" (Spiegel Online, 2017). Zu seinen Hobbys zählten Skifahren und Tischtennis. Er nahm hierbei ebenso an Meisterschaften teil (Münchener Stadtmeister), wie beim Basketball. Mehrfach wurde er württembergischer Basketballmeister.

Während seiner Zeit in München wollten ihn die Fußballer vom TSV 1860 für die Oberliga verpflichten. Die Handballabteilung legte ihr Veto ein. Ein besonderes zweites Talent hatte er im Tennis, was er erst mit weit über 40 Jahren erlernte, es aber noch zu drei Weltmeister-, drei Vizeweltmeister-, 41 Europameister- und 50 deutsche Meistertiteln bei den Senioren brachte. Erst mit 90 Jahren hörte er mit dem Tennisspielen auf.

Im Jahre 2011 wurde Kempa in die *Hall of Fame des deutschen Sports* aufgenommen. Er wurde zudem zweimal mit dem *Silbernen Lorbeerblatt* ausgezeichnet und war Träger des *Bundesverdienstkreuzes am Bande*.

Seit 2008 vergibt der Handballverband in Württemberg den Bernhard-Kempa-Preis, mit dem besondere Verdienste um den Handballsport in Württemberg gewürdigt werden. Erster Preisträger war Heiner Brand. Im Jahr 2014 wurde Joachim Deckarm ausgezeichnet.

Steckbrief Bernhard Kempa

Geboren: 19. November 1920 in Oppeln, Oberschlesien

Verstorben: 20. Juli 2017 in Bad Boll

Position: Mittelmann

Größte Erfolge im Handball:

Feldhandballweltmeister 1952 und 1955

Deutscher Meister mit Göppingen 1954 (Feld und Halle), 1955 (Halle), 1957 (Feld), 1958-61 und 1970 (als Trainer, Halle), Europapokal der Landesmeister 1960 (als Trainer, Halle)

Erfinder des Kempa-Tricks

Sonstige Erfolge:

Dreimal württembergischer Basketballmeister, Münchener Stadtmeister im Tischtennis, dreimal Weltmeister-, dreimal Vizeweltmeister-, 41-mal Europameister- und 50-mal deutscher Meister im Tennis (Senioren)

3.3 JOACHIM „JO“ DECKARM

Bei Joachim Deckarm denkt wahrscheinlich jeder Handballfan zunächst an den schlimmen Sportunfall, den „Jo" am 30. März 1979 erlitt. Wer über Deckarm schreibt, kommt daran nicht vorbei. Zu Beginn soll es diesmal jedoch um seine großen sportlichen Erfolge und sein außergewöhnliches Talent gehen.

Für seine Mitspieler und vor allem für Vlado Stenzel, DHB-Bundestrainer in den 1970er-Jahren, galt Deckarm als bester Handballer der Welt, als Jahrhunderttalent. Der WM-Triumph von 1978 ist zweifelsohne der größte sportliche Erfolg Deckarms. Der Mann, der auf der sogenannten *Königsposition* im linken Rückraum zu Hause war, führte gemeinsam mit seinem Freund Heiner Brand die DHB-Auswahl zu Gold. Dies galt als Sensation, weil Deutschlands Amateure die hochfavorisierten Mannen aus der UdSSR, die für damalige Verhältnisse als Profis angesehen werden durften, bezwangen.

> „Ohne ihn, sagt Heiner Brand, wären die großen Erfolge am Ende der siebziger Jahre undenkbar gewesen. ‚Joachim Deckarm war damals der einzige Spieler, der aus dem Rückraum mit individuellen Aktionen Tore machen konnte'", so der ehemalige Handball-Bundestrainer über seinen damaligen Mannschaftskameraden. „In wichtigen Spielen hat er immer seine Klasse bewiesen" (Eggers, 2018, S. 90).

Eines dieser Spiele war das WM-Qualifikations-Hinspiel 1975 gegen die DDR. Am 20. Dezember beim 17:14-Sieg der westdeutschen Auswahl erzielte Deckarm neun der 17 Treffer. Er war es also selbst, der das DHB-Team auf den Weg in Richtung Goldmedaille drei Jahre später brachte.

Zu dieser Zeit war der Mann mit der Rückennummer 11 bereits in Gummersbach. 1973 nach dem Abitur ging er aus seiner Geburtsstadt Saarbrücken vom ortsansässigen 1. FC zum VfL. Genau wie im Nationalteam bildete er im Verein fortan mit Brand ein kongeniales Duo.

Wie viele andere Handballer seinerzeit, war auch Deckarm ein Talent in anderen Sportarten, speziell in der Leichtathletik. Als Jugendlicher wurde er deutscher Meister im Fünfkampf und ihm wurde eine große Zukunft im Zehnkampf vorausgesagt. Deckarm entschied sich jedoch für Handball, nahm seine Athletik und die ungemeine Sprungkraft mit in diese Sportart.

Gepaart mit seinem unglaublichen Talent für den Ball, katapultierte sich Deckarm zu unzähligen Erfolgen. Von 1974 bis 1976 gewann er drei deutsche Meisterschaften mit dem VfL, holte 1977 und 1978 den DHB-Pokal, 1974 den Europapokal der Landesmeister und 1978 den Europapokal der Pokalsieger. Diesen gewann Gummersbach auch 1979, doch in den Endspielen gegen den SC Magdeburg stand Deckarm nicht auf dem Spielfeld.

Zu der Zeit lag er im Koma und befand sich quasi in der Schwebe zu seinem zweiten Leben. Es war der 30. März 1979 in Tatabánya in Ungarn, als Deckarm mit nur 25 Jahren aus seinem ersten Leben gerissen wurde.

Die Fernsehbilder von damals zeigen, wie Brand einen Abwurf des ungarischen Torhüters vor der Mittellinie abgefangen und den Ball nach links zu Deckarm passte. Deckarm, für seine Leichtigkeit im Spiel bekannt, stieß mit Lajos Panovic zusammen. Der Ungar hatte den Laufweg des Deutschen unabsichtlich - auch das beweisen die Bilder - gekreuzt und beide stießen mit den Köpfen zusammen. Deckarm wurde am rechten Jochbein getroffen, muss sofort bewusstlos gewesen sein, schlug mit dem Kopf auf dem Betonboden auf. Dieser war nur mit einer dünnen PVC-Schicht überzogen, in heutigen modernen Hallen undenkbar, damals aber keine Seltenheit.

> „Joachim lag regungslos da wie ein Stein. Sein Gesicht schwoll sofort an. Aus seiner Nase lief Blut. Ich rief sofort nach unserem Masseur, dann nach dem Mannschaftsarzt. Es war auch gleich die Erste Hilfe da, die ihn dann in die Kabine brachte", so erinnerte sich Panovic in einem Zeitungsinterview anlässlich Deckarms 60. Geburtstag (Welt.de, 2014).

Heute sind die beiden Freunde, dennoch sagt der Ungar: „Ich werde die Situation ein Leben lang nicht vergessen. Ich nehme das Deckarm-Trauma mit ins Grab" (Welt.de, 2014).

Deckarm selbst hat keine Erinnerungen mehr an das schicksalhafte Ereignis, das aus einem Ausnahmesportler, der zudem ein hochbegabter

Mathematikstudent war, einen Pflegefall auf Lebenszeit machte. Durch den Zusammenprall bzw. den Sturz auf den Hallenboden erlitt Deckarm einen doppelten Schädelbasisbruch, einen Hirnhautriss, Quetschungen und ein schweres Schädel-Hirn-Trauma. Er lag 131 Tage lang im Koma und erst viel später wurde ihm erzählt, was passiert war.

Dass ihm überhaupt noch einmal davon berichtet werden konnte, verdankt Deckarm seinem unglaublichen Lebensgeist, seiner Kämpfernatur, harter Arbeit und sehr viel Unterstützung. Er musste sowohl das Sprechen als auch seine motorischen Fähigkeiten komplett neu erlernen und hat das auf beeindruckende Weise getan. Nach wie vor ist er ein Pflegefall, jedoch kann er sich verständigen, bewegen und ist im Rahmen seiner Möglichkeiten sportlich aktiv.

Vor allem seine ehemaligen Handballweggefährten, allen voran Heiner Brand, aber auch Panovic, haben ihm stets geholfen. Zum einen finanziell für seine aufwendigen und teuren Rehamaßnahmen, aber auch einfach als gute Freunde.

Die Deutsche Sporthilfe hat den Deckarm-Fonds eingerichtet. Auf der Internetseite (www.sporthilfe.de/deckarm-fonds) heißt es: „Bald nach dem Beginn der umfangreichen Rehabilitation wird unter dem Dach der Stiftung Deutsche Sporthilfe der Joachim-Deckarm-Fonds gegründet, aus dem die aufwändigen Behandlungen, Medikationen, Therapien, Rehamaßnahmen und Kuren finanziert werden. Das Fonds-Kapital nährt sich seither aus Spenden und den Erlösen zahlreicher Benefizspiele – vor allem von und mit seinen Mannschaftskameraden aus dem WM-Team von 1978."

Einerlei, wann und wo Joachim Deckarm bei einem Handballspiel auftaucht – die Szenerie ist beeindruckend. Die Menschen erheben sich und zollen ihm mit stehenden Ovationen ihren Respekt. Deckarm freut es sichtlich. Bei der WM 2019 in Deutschland sangen ihm am 19. Januar bei der Partie des Gastgebers gegen Island in Köln 20.000 Besucher ein Ständchen zu seinem 65. Geburtstag.

Die handballerische Karriere von Deckarm war viel zu kurz, doch vergessen hat ihn niemand. Natürlich spielt sein Unfall in den Erinnerungen der Menschen eine Rolle, doch auch seine Triumphe und sein Können auf dem Feld. Deckarm war zweifelsfrei einer der besten Handballer Deutschlands und seine größte Leistung war die Rückkehr aus dem Koma ins Leben.

Steckbrief Joachim Deckarm

Spitzname: Jo

Geboren: 19. Januar 1954 in Saarbrücken

Position: Rückraum links

Rückennummer: 11

Verein: VfL Gummersbach

Erfolge:

Weltmeister 1978, deutscher Meister (1974, 1975, 1976) Europacupsieger der Landesmeister 1974, Europacupsieger der Pokalsieger 1978; sonstiges: deutscher Meister Fünfkampf (Jugend, Leichtathletik)

Nationalmannschaft: 104 Länderspiele/381 Tore.

Auszeichnungen/Ehrungen:

In Saarbrücken ist die Joachim-Deckarm-Sporthalle nach ihm benannt.

Am 30. September 2009 erhielt Deckarm den Preis der Deutschen Zipfel, der mit 4.000 € dotiert ist, als Würdigung seines „unbändigen Lebenswillens". Das Preisgeld kam dem Deckarm-Fonds der Stiftung Deutsche Sporthilfe zugute.

Am 31. Mai 2013 wurde Deckarm in die *Hall of Fame des deutschen Sports* aufgenommen.

3.4 HENNING FRITZ

Deutschland ist ein Land der guten Torhüter. Das ist nicht nur im Fußball so, nein, auch im Handball. Manfred Hofmann, Wieland Schmidt, Andreas Thiel, Jan Holpert, Andreas Wolff, Johannes Bitter, Carsten Lichtlein und natürlich Henning Fritz - die Liste ist lang und dies nur ein kleiner Auszug. Doch warum taucht der Name Fritz nun an dieser Stelle auf, warum fiel die Wahl bei den großen Namen im deutschen Handball auf ihn? Daniel Stephan war 1998 der erste deutsche Welthandballer und Fritz 2004 der zweite. Der große Unterschied: Fritz war der erste Torwart, der jemals zum Welthandballer gewählt wurde. Auf ihn folgten mit Arpad Šterbik, Thierry Omeyer und Slawomir Szmal weitere Keeper, aber Fritz war der erste.

Im Jahr 2004 wurde Fritz von der IHF als bester Handballer der Welt ausgezeichnet. In dem Jahr gewann er nach EM- und WM-Silber in den beiden Jahren zuvor seinen ersten internationalen Titel mit der Nationalmannschaft. In Slowenien wurde Deutschland Europameister. Ein halbes Jahr später folgte in Athen in Griechenland die olympische Silbermedaille. Fritz hielt übermenschlich, wurde jeweils zum besten Keeper und ins All-Star-Team der beiden Turniere gewählt. In Deutschland wurde er zudem Handballer des Jahres.

Ein noch besseres Jahr erlebte Fritz 2007. Bei der Heim-WM holte er mit Deutschland den Titel und mit seinem damaligen Verein, dem THW Kiel, wurde er Meister, Pokalsieger und holte die Champions League. Es waren seine letzten Titel mit dem THW. Nach der Saison wechselte er zu den Rhein-Neckar Löwen, für die er noch bis 2012 spielte. Mit den Mannheimern gewann er keine weiteren Trophäen. Dennoch ist die Vitrine im Hause Fritz rappelvoll. Mit dem SC Magdeburg hatte er bereits eine Meisterschaft, einen Pokalsieg und zwei Europacup-Titel errungen.

IHF-Welthandballer des Jahres, Männer			
Jahr	**Name**	**Nation**	**Verein**
1988	Veselin Vujović	Jugoslawien	Metaloplastika Šabac
1989	Jae-won Kang	Südkorea	Pfadi Winterthur
1990	Magnus Wislander	Schweden	Redbergslids IK, THW Kiel
1994	Talant Dujshebaev	Russland	CB Santander
1995	Jackson Richardson	Frankreich	OM Vitrolles
1996	Talant Dujshebaev (2)	Spanien	CB Santander
1997	Stéphane Stoecklin	Frankreich	GWD Minden
1998	Daniel Stephan	Deutschland	TBV Lemgo
1999	Rafael Guijosa	Spanien	FC Barcelona
2000	Dragan Škrbić	Jugoslawien	RK Celje, HSG Nordhorn
2001	Kyung-shin Yoon	Südkorea	VfL Gummersbach
2002	Bertrand Gille	Frankreich	Chambéry Savoie HB, HSV Hamburg
2003	Ivano Balić	Kroatien	RK Metković
2004	Henning Fritz	Deutschland	THW Kiel
2005	Arpad Šterbik	Serbien und Montenegro	BM Ciudad Real
2006	Ivano Balić (2)	Kroatien	Portland San Antonio
2007	Nikola Karabatić	Frankreich	THW Kiel
2008	Thierry Omeyer	Frankreich	THW Kiel
2009	Sławomir Szmal	Polen	Rhein-Neckar Löwen
2010	Filip Jícha	Tschechien	THW Kiel
2011	Mikkel Hansen	Dänemark	AG København
2012	Daniel Narcisse	Frankreich	THW Kiel
2013	Domagoj Duvnjak	Kroatien	HSV Hamburg
2014	Nikola Karabatić (2)	Frankreich	FC Barcelona
2015	Mikkel Hansen (2)	Dänemark	Paris Saint-Germain
2016	Nikola Karabatić (3)	Frankreich	Paris Saint-Germain
2018	Mikkel Hansen (3)	Dänemark	Paris Saint-Germain
2019	Niklas Landin	Dänemark	THW Kiel
2021	Niklas Landin (2)	Dänemark	THW Kiel

(In den Jahren 1991, 1992, 1993, 2017 und 2020 gab es keine Wahl. Die Zahl in Klammern ist die Anzahl der Titel).

In seiner Geburtsstadt – Fritz kam am 21. September 1974 zur Welt – hatte der Torwart bei Dynamo Magdeburg mit dem Handball begonnen. Sein zweiter Jugendverein von 1984 bis 1988 hieß TuS Magdeburg. Mit knapp 14 Jahren ging es zum SC Magdeburg, wo er zum Profi reifte. Hier spielte er unter dem Trainer Alfreð Gíslason und an der Seite von u. a. Stefan Kretzschmar und Maik Machulla. Der heutige Trainer der SG Flensburg-Handewitt wurde ein enger Freund und war der Trauzeuge von Fritz bei dessen Hochzeit. Neben seinem Job als Fernsehexperte ist Fritz auch als Motivationscoach tätig.

Auf seiner Internetseite beschreibt sich Fritz wie folgt: „Handballer haben einen besonderen Charakter: hart und herzlich, direkt und ehrlich, liebenswert und lustig. All das macht mich als Person aus und genau deswegen habe ich nie die Bodenhaftung verloren" (Henningfritz.de, 2019).

Die Bodenhaftung verloren hatte Fritz ausgerechnet zwischen seinen größten sportlichen Erfolgen. Nicht etwa, weil ihm das extrem erfolgreiche Jahr 2004 zu Kopfe gestiegen und er abgehoben war, nein, er fiel in eine leistungsmäßige und zugleich mentale Krise. Später verriet er, dass er kurz vorm Burn-out war und seine Karriere auf dem Spiel stand.

Nach vielen Jahren war seine Leistungskurve in der Saison 2004/05 erstmals nicht mehr ansteigend und das war eine ungewohnte Situation für *Fritze*, so sein Spitzname. Seine Konzentrationsfähigkeit kam ihm abhanden. In der Vorbereitung auf die Serie 2005/2006 nahmen die physischen Probleme zu.

> „Ich bin zwei Runden gelaufen und konnte nicht mehr", [...] „Ich war nie der beste Läufer, aber das war ein Warnsignal." [...] „Beim Unser Norden-Cup, in der Vorbereitung auf die Saison 2005/06, konnte ich auf einmal den Ball nicht mehr fokussieren. Damit nimmt man sich die Stärke. Damit ging alles verloren" (Henningfritz.de, 2019).

Es wurde immer schlimmer und in der Saison 2006/2007 waren sie beim THW plötzlich drei Torhüter. Die Kieler hatten Thierry Omeyer verpflichtet, jenen Torwart, der mit Frankreich zwei Olympiasiege, fünf WM- und drei EM-Titel feierte. Fritz hingegen saß vor der Heim-WM plötzlich oftmals nur noch auf der Tribüne, war in Kiel unten durch und galt als Wackelkandidat im Nationalteam. Doch Bundestrainer Heiner Brand hielt an ihm fest und Fritz stabilisierte sich, auch dank der Therapiemethode audiovisuelle Wahrnehmungsförderung (AVWF).

Auf seiner Internetseite erklärt er es folgendermaßen: „Es ist ein Verfahren, ‚das über modulierte Schallwellen das autonome Nervensystem positiv beeinflusst und in Balance bringt'. AVWF wirke Reizüberflutung und krank machendem Stress in Beruf und Alltag entgegen" (Henningfritz.de, 2019). Inzwischen hat Fritz daraus ein Geschäftsmodell entwickelt.

Damals brachte es ihn wieder in die Spur und machte ihn so am Ende zum Weltmeister. Im Finale gegen Polen verletzte er sich beim Spielstand von 20:14 (35.) und musste ausgewechselt werden. Beinahe wäre er zum tragischen Helden geworden, doch am Ende hielt Ersatzmann Johannes Bitter, was gehalten werden musste. Wie gesagt: Die Liste der guten deutschen Torhüter ist lang und sie geben ihre Erfahrungen weiter. Im September 2019 gab der DHB bekannt, dass Fritz unter der Federführung von Mattias Andersson und gemeinsam mit Clara Woltering, Christine Lindemann, Katja Kramarczyk und Carsten Lichtlein sowie Johannes Bitter das neue Torwart-Trainer-Kompetenz-Team der Nationalteams bilden wird.

Im Mai 2021 gab Henning Fritz ein in vielerlei Hinsicht überraschendes Comeback. Zum einen, weil er zu dem Zeitpunkt 46 Jahre alt war, zum anderen, weil er für einige Spiele bei der SG Flensburg-Handewitt, dem Erzrivalen des THW Kiel, aushalf. Er avancierte als Kurzarbeiter in Flensburg zum ältesten Bundesliga-Spieler der Bundesliga-Geschichte. Eingefädelt hatte den Deal der damalige SG-Trainer Maik Machulla, Schwager von Henning Fritz.

Im Januar 2024 gab er mit 49 Jahren ein weiteres Comeback und stand beim SSV Bozen Handball in Südtirol noch einmal für ein Spiel im Tor.

Steckbrief Henning Fritz

Spitzname: Fritze

Position: Tor

Nummer: 12

Geburtstag: 21.09.1974

Geburtsort: Magdeburg

Beruf: Groß- und Außenhandelskaufmann

Vereine:

Dynamo Magdeburg

1984 TuS Magdeburg

1988 SC Magdeburg

2001 THW Kiel

2007 Rhein-Neckar-Löwen

2012 Karrierende

2021 SG Flensburg-Handewitt

2024 SSV Bozen Handball

Vereine als Trainer:

2012 Torwarttrainer im Juniorenbereich des DHB

2012 Torwarttrainer SG Leutershausen

Erfolge:

Mit der Nationalmannschaft:

Vize-Europameister 2002

Vize-Weltmeister 2003

Olympische Silbermedaille 2004

Europameister 2004

Weltmeister 2007

Vereinstitel:

DHB-Pokal-Sieger 1996, 2007

DHB-Supercup-Sieger 1996, 2005

EHF-Champions-League-Sieger 2007

EHF-Pokal-Sieger 1999, 2001, 2002, 2004

Deutscher Meister 2001 (SC Magdeburg), 2002, 2005, 2006 und 2007 (THW Kiel)

Auszeichnungen:

Bester Torhüter WM 2003 und WM 2007

Welthandballer des Jahres 2004

Deutscher Handballer des Jahres 2004

Bester Torhüter und All-Star-Team Olympia 2004

Bester Torhüter und All-Star-Team EM 2004

All-Star-Team der WM 2003 und 2007

Sportplakette des Landes Schleswig-Holstein

Silbernes Lorbeerblatt

3.5 FAMILIE KRETZSCHMAR

Wenn über die besten, größten, bekanntesten, populärsten und erfolgreichsten deutschen Handballer geschrieben wird, darf der Name Kretzschmar nicht fehlen. An dieser Stelle werden die meisten den Namen Stefan Kretzschmar erwarten. Keine Frage, der einstige Handballpunk, der erste Popstar des Handballs, ist sicherlich der Bekannteste unter den Kretzschmars, doch nicht der einzige großartige Handballer dieser Familie. Daher soll es an dieser Stelle nicht um ihn alleine gehen.

Stefan Kretzschmar ist der Sohn von Waltraud und Peter Kretzschmar. Seine Mutter Waltraud starb am 7. Februar 2018. Ihr Mann Peter am 9. September 2018.

Waltraud Kretzschmar galt in den 1970er-Jahren als beste Handballerin der Welt. Mit der damaligen DDR gewann sie 1971, 1975 und 1978 die Weltmeisterschaft. Nachdem sie 1971 geheiratet hatte, konnte bzw. durfte Peter Kretzschmar Nationaltrainer der DDR werden und war bei den letzten beiden WM-Titeln dabei. Unter seiner Leitung und mit seiner Frau auf dem Feld gewann die DDR bei den Olympischen Spielen 1976 in Montreal die Silber- und bei den Olympischen Spielen 1980 in Moskau die Bronzemedaille. Als Spieler wurde Peter Kretzschmar 1958 mit der gesamtdeutschen Mannschaft Dritter der Hallen-Handball-Weltmeisterschaft und im Feldhandball gewann er 1963 sogar die WM mit der DDR.

Doch nicht nur im Nationalteam, auch im Verein war das Ehepaar Kretzschmar ein ungemein erfolgreiches Duo. Mit dem SC Leipzig wurden sie mehrfach DDR-Meister.

„Peter Kretzschmar war einer der ganz Großen des Handballsports – sowohl als Aktiver als auch als Trainer. Er hat den Frauenhandball der 1970er- und 1980er-Jahre geprägt und zahlreiche Spielerinnen in die Weltklasse geführt. Unser Mitgefühl gilt der Familie", sagte Andreas Michelmann, Präsident des Deutschen Handballbundes, anlässliches des Todes von Peter Kretzschmar.

Als Waltraud Kretzschmar rund ein halbes Jahr zuvor verstorben war, hatte Michelmann gesagt: „Der Name Kretzschmar steht beispielhaft für große Zeiten im deutschen Frauen-Handball. Waltraud Kretzschmar war als dreimalige Weltmeisterin ein Idol unseres Sports. Wir trauern um eine großartige Spielerin. Unsere Gedanken sind bei ihrer Familie."

Waltraud Kretzschmar wurde am 1. Februar 1948 in Lehnin als Waltraud Hermann geboren. Mit Handball begann sie beim BSG Traktor Damsdorf (Brandenburg). 1964 zog es sie nach Leipzig, für den SC spielte sie bis 1980. Sie wurde mit den Leipzigerinnen 10-mal DDR-Meister und holte 1966 sowie 1974 den Europapokal der Landesmeister. In den Jahren 1967, 1970, 1972 und 1977 stand sie mit ihrem Team im Pokalfinale sowie 1978 im Finale des Europapokals der Pokalsieger.

Im Nationalteam erzielte sie in 217 Länderspielen insgesamt 727 Tore. Sie spielte 15 Jahre lang für die DDR.

Zweimal, 1976 und 1979, wurde sie mit dem *Vaterländischen Verdienstorden in Bronze* sowie 1980 in *Silber* ausgezeichnet.

Sowohl zu sicher selbst als auch zu ihrem Sohn war sie stets streng. So beschreibt es zumindest Stefan Kretzschmar in seinem Buch *Hölleluja*.

> „Es war ein Schock für mich, als meine Mama im Februar 2018 starb, nur sechs Tage nach ihrem 70. Geburtstag, und ich hatte lange damit zu kämpfen. [...] Meine Mutter und ich hatten immer ein schwieriges Verhältnis, aber in den letzten zweieinhalb Jahren vor ihrem Tod hatte es sich enorm verbessert. Die meiste Zeit meines Lebens hatte ich das Gefühl, ihren hohen Ansprüchen, die sie auch an sich selbst stellte, nicht zu genügen. [...] Als meine Mutter das erste Mal zu mir sagte, dass sie stolz auf mich sei, war ich 34 und hatte gerade meine Karriere beendet" (Kretzschmar, 2018, S. 303).

Während das Verhältnis zu seiner Mutter viele Jahre kompliziert war, sah Stefan Kretzschmar in seinem Vater Peter immer seinen „ ... wichtigsten Ratgeber, meine Bezugsperson und der Mensch, der mich am meisten geprägt hat. Er war mein großer Held" (Kretzschmar, 2018, S. 307).

Peter Kretzschmar kam am 17. September 1932 in Leipzig zur Welt. Von 1954 bis 1963 spielte er in seiner Heimatstadt für den SC Lokomotive, mit dem er 1955 in die Feldhandball-Oberliga aufstieg. Dreimal stand er im Meisterschaftsendspiel mit seinem Verein, konnte aber nie den Titel gewinnen. Er lief 66-mal im Nationaltrikot auf, bevor er seine Spielerkarriere beendete und ein erfolgreicher Trainer wurde. Auf sein Konto gehen sieben Meistertitel und 1974 der Europapokalsieg. Nachdem er 1987 als DDR-Nationaltrainer abgelöst worden war, coachte er den TSC Berlin. Ab 1990 war er drei Jahre Sportdirektor im Verein. Aus der Ehe mit Waltraud ist neben Sohn Stefan noch die Tochter Katharina hervorgegangen.

Stefan Kretzschmar begann als Sechsjähriger mit Handball. In Berlin spielte er als Kind bzw. Jugendlicher zunächst beim SC Dynamo Berlin. Er wurde Jugendmeister und Jugendnationalspieler – Ende der 1980er-Jahre bereits des DHB. Beim SV Blau-Weiß Spandau wurde er zum Bundesligaspieler, 1993 wechselte er zum legendären VfL Gummersbach. Sein Trainer dort war Heiner Brand. Im Oktober desselben Jahres debütierte er im Nationalteam gegen die Schweiz. Am Ende seiner Karriere standen 218 Länderspiele zu Buche. Er erzielte dabei 821 Tore. Die meisten davon als Spieler des SC Magdeburg, für den er von 1996 bis 2007 spielte. Dort gewann der Linksaußen auch seine ersten Titel: u. a. die Meisterschaft 2001, die Champions League 2002 und dreimal den EHF-Cup.

Mit dem Nationalteam wurde er Dritter bei der EM 1998 und Zweiter 2002. Rang zwei gab es auch bei der WM 2003 und bei den Olympischen Spielen 2004. Beim EM-Sieg 2004 war er verletzt und beim WM-Titel 2007 längst aus der Nationalmannschaft zurückgetreten.

Von 2007 bis 2009 war er Sportdirektor beim SC Magdeburg und danach 10 Jahre lang ehrenamtlich im Aufsichtsrat der SC DHfK Leipzig Handball tätig. Im Mai 2013 war er außerdem gemeinsam mit Michael Biegler als Trainer beim SC aktiv. Seit Anfang 2020 ist Kretzschmar als Vorstand Sport bei den Füchsen Berlin tätig.

Im Jahr 2023 wurde er von der Europäischen Handballföderation in die Hall of Fame aufgenommen.

Genau wie Stefan Kretzschmar lange darunter leiden musste, dass er als „der-Sohn-von" bezeichnet wurde, weiß er um diese Problematik bei seinen eigenen Kindern. Er sagt:

„So sehr es mich freut, dass Lucie und Elvis den Namen Kretzschmar in die dritte Handballer-Generation tragen, so schwierig ist es für sie, unbeschwert aufzuspielen und unbelastet ihren Weg im Sport zu gehen" (Kretzschmar, 2018, S. 301).

Er ist der Vater von Lucie-Marie und Elvis Ernesto. Seine Tochter, die am 7. August 2000 in Magdeburg zur Welt kam, läuft seit dem Sommer 2019 für die Neckarsulmer Sport-Union in der Bundesliga auf. Außerdem gehört sie zum Kader der deutschen Beachhandball-Nationalmannschaft, mit der sie 2019 an der Europameisterschaft teilnahm. Mit der U18 gewann sie ein Jahr zuvor die EM-Bronzemedaille im Sand.

Kretzschmars Sohn geht auf ein Sportgymnasium in Magdeburg und ist laut seinem Vater „ ... ein echtes Bewegungstalent, er ist total ballverliebt und hat Sachen drauf, die andere in seinem Alter noch nicht können" (Kretzschmar, 2018, S. 299).

Die Geschichte der Kretzschmars geht also weiter und steht hier auch stellvertretend für die vielen großartigen Handballfamilien, die der deutsche Handball hervorgebracht hat.

Er ist der Vater von Lucie-Marie und Elvis Ernesto. Seine Tochter, die am 7. August 2000 in Magdeburg zur Welt kam, läuft aktuell für die HSG Bensheim/Auerbach in der Bundesliga auf. Außerdem gehört sie zum Kader der deutschen Beachhandball-Nationalmannschaft, mit der sie WM-Gold (2022), die World Games (2022) und zwei Mal den EM-Titel (2021 und 2023) gewann. Im Jahr des WM-Sieges wurde sie zudem mit dem *Silbernen Lorbeerblatt*, der höchsten Sportauszeichnung in Deutschland, geehrt.

Kretzschmars Sohn geht auf ein Sportgymnasium in Magdeburg und spielt für den SC Magdeburg in der B-Jugend. Eine Einladung zum DHB-Nachwuchs gab es auch schon. Laut seinem Vater Stefan ist Elvis „ ... ein echtes Bewegungstalent, er ist total ballverliebt und hat Sachen drauf, die andere in seinem Alter noch nicht können" (Kretzschmar, 2018, S. 299).

Steckbrief Familie Kretzschmar

Waltraud Kretzschmar (geboren 1. Februar 1948 als Waltraud Hermann in Lehnin; verstorben 7. Februar 2018); 10-fache DDR-Meisterin, Weltmeisterin 1971, 1975, 1978), Europapokal der Landesmeister 1966 und 1974, olympische Silbermedaille 1976, olympische Bronzemedaille 1980, 217 Länderspiele (727 Tore)

Peter Kretzschmar (geboren 17. September 1932 in Leipzig; verstorben 9. September 2018); 1958 WM-Bronze gesamtdeutsche Mannschaft, 1963 Feldhandballweltmeister, 66 Länderspiele; als Trainer siebenfacher DDR-Meister; Europapokal der Landesmeister 1974, Weltmeister 1975 und 1978; olympische Silbermedaille 1976, olympische Bronzemedaille 1980

Stefan Kretzschmar (geboren 17. Februar 1973 in Leipzig)

Erfolge:

Handballer des Jahres: 1994 und 1995

EHF-Cup 1999, 2001 und 2007

Bronzemedaille bei der Europameisterschaft 1998 in Italien

Deutscher Meister 2001

Champions League 2002

Silbermedaille bei der Europameisterschaft 2002 Schweden

Silbermedaille bei der Weltmeisterschaft 2003

Silbermedaille bei den Olympischen Spielen in Athen 2004

DHB-Supercup 2007

218 Länderspiele (821 Tore)

3.6 GRIT JURACK

Im gesamten deutschen Handball hat niemand mehr Tore für die Nationalmannschaft erzielt als Grit Jurack. Nicht bei den Frauen und auch nicht bei den Männern. Die 1.581 Treffer der Linkshänderin scheinen ein Rekord für die Ewigkeit. Frank-Michael Wahl ist mit seinen 1.412 Toren zwar dicht rangekommen, ansonsten sind alle anderen in der DHB-Torstatistik weit weg. Die zweitbeste Frau, Dagmar Stelberg, brachte es auf 832 Treffer und überhaupt gibt es neben Wahl und Jurack keine weiteren Akteure, die im vierstelligen Bereich liegen. Uwe Gensheimer, weil noch aktiv, könnte diese Schallmauer möglicherweise knacken. Doch an die Zahl von Jurack, die mit 306 Einsätzen bei den Frauen auch Rekord-Nationalspielerin ist, wird auch er nicht herankommen.

Bei so vielen Treffern ist es auch kein Wunder, dass Jurack die einzige Deutsche ist, die bei zwei Weltmeisterschaften Torschützenkönigin wurde. 1999 mit 67 Treffern und 2007 sogar mit 85 Toren.

Tore zu erzielen, liegt ihr einfach im Blut. Nach ihrer aktiven Handballkarriere hat sie eine Zeit lang im Amateurbereich in Flensburg Fußball gespielt. Ihre Position: natürlich im Angriff und auch mit dem Ball am Fuß zeigte sie sich extrem torgefährlich.

Im hohen Norden lebt und arbeitet Jurack, die in Leipzig geboren ist, mittlerweile seit einigen Jahren. Mit ihrem Mann, Michael Döring (Athletiktrainer des Bundesligisten SG Flensburg-Handewitt) und den beiden gemeinsamen Söhnen, wohnt sie vor den Toren der Fördestadt. Beruflich ist sie inzwischen in der Medienbranche für das Verlagshaus Flensborg Avis tätig.

Der Weg dorthin führte sie über Dänemark, wo sie viele Jahre ihrer ruhmreichen Karriere verbracht hat. Von 2001 bis 2003 spielte sie zunächst bei Ikast-Bording. 2002 gewann sie dort den dänischen Pokal und den EHF-Cup. Für ihr Studium kehrte sie nochmals eine Saison in ihre Geburtsstadt Leipzig zurück, um dann endgültig ins Königreich Dänemark überzusiedeln, zu Viborg HK. Bereits damals war sie mit Döring liiert.

Er war der Leiter der Nachwuchsakademie in Viborg. Kennengelernt haben sie sich in Leipzig. Jurack suchte 2001 einen Dänischlehrer, weil ihr Wechsel nach Dänemark bevorstand. Döring war einst Austauschschüler in Dänemark, konnte ihr die Sprache ein wenig beibringen und seither gehen die beiden gemeinsam durchs Leben.

Und weshalb Dänemark? Die dänische Liga galt zu ihrer aktiven Zeit als das Nonplusultra im Frauen-Handball. Sie selbst sagte einst im Interview:

> „Weil die Dänen wissen, dass Frauen-Handball genauso gut ist wie Männer-Handball. Mir gefällt die Gemütlichkeit, die Freundlichkeit und die Lockerheit der Dänen. Natürlich war es wichtig, zu gewinnen. Aber bei einer Niederlage wurden die Fehler dann einfach analysiert und anschließend abgehakt und auf diese Weise haben wir auch drei Champions-League-Titel gewonnen" (Handball im Norden, 2014, S. 43).

Angefangen mit Handball hat Jurack beim BSV Schönau Leipzig, wo sie von 1989 bis 1993 spielte. Danach ging es zum HC Leipzig, wo sich die ersten von etlichen Erfolgen einstellten. Viermal dänische (2006 als erste Deutsche jemals) und zweimal deutsche Meisterin, dreimal dänische, zweimal deutsche Pokalsiegerin, dreifache Champions-League-Gewinnerin (auch als erste Deutsche) sowie 2006 Vereins-Europameisterin. In der Champions League war sie 2009 Torschützenkönigin und für Viborg erzielte sie genau wie im DHB-Trikot über 1.000 Tore – 1.027, um genau zu sein. Die Liste der Triumphe ist lang. Einzig im Nationalteam blieb ihr ein großer Titel verwehrt. Aber sie gehörte sowohl 1997 als auch 2007 zu jenen Teams, die WM-Bronze holten.

Im März 2012 gab sie ihren Rücktritt aus der Nationalmannschaft bekannt. Im Sommer dann musste sie ihre Karriere komplett einstellen. „Im ersten Moment ist da natürlich eine Welt zusammengebrochen und es sind Tränen geflossen" (Handball im Norden, 2014, S. 43), so Jurack. Bei einer Operation wurde ein schwerer Knorpelschaden in der linken Schulter festgestellt. An Handball auf Weltklasseniveau war nicht mehr zu denken. Am 7. Oktober 2012 bestritt Jurack gegen Tschechien ihr Abschiedsspiel im DHB-Trikot. Für die Nationalmannschaft war sie von 2015 bis 2016 für einen kurzen Zeitraum noch einmal als Teammanagerin tätig.

Im Sommer 2023 wurde sie von der Europäischen Handballföderation in die Hall of Fame aufgenommen.

Steckbrief Grit Jurack

Geburtstag: 22. Oktober 1977

Geburtsort: Leipzig

Spielposition: Rückraum rechts

Vereine:

1989-1993: BSV Schönau Leipzig

1993-2004: Deutschland HC Leipzig

2001-2003: Dänemark Ikast-Bording Elite Håndbold (Leihe)

2004-2012: Dänemark Viborg HK

Nationalmannschaft:

Debüt am 23. Januar 1996 gegen die USA

306 Spiele (1.581 Tore), beides Rekord

Sportliche Erfolge:

Viborg HK:

Gewinn der Champions League 2006, 2009 und 2010

Vereins-Europameisterin 2006

Dänische Meisterin 2006, 2008, 2009 und 2010

Dänische Pokalsiegerin 2006, 2007, 2008

Ikast Bording:

EHF-Cup-Siegerin 2002

Dänische Pokalsiegerin 2002

HC Leipzig:

Deutsche Meisterin 1998 und 1999

Deutsche Pokalsiegerin 1996 und 2000

Deutsche Nationalmannschaft:

3. Platz bei den Weltmeisterschaften 1997 und 2007

Auszeichnungen

Handballerin des Jahres 1999, 2000, 2001, 2007 und 2008

Torschützenkönigin bei der Weltmeisterschaft 1999 und 2007

Wahl in das All-Star-Team der Weltmeisterschaft 2005 und 2007

3.7 BIANCA URBANKE-RÖSICKE

Sie gehört zum letzten und einzigen deutschen Nationalteam, das einen großen Titel gewonnen hat: die Weltmeisterschaft 1993. In der ehemaligen DDR geboren, bestritt sie kein großes Turnier für die dortige Nationalmannschaft, für die sie von 1987 bis 1990 nominiert wurde. Für Deutschland wurden es am Ende 207 Länderspiele und 775 Tore. Damit ist sie die drittbeste Torschützin in der DHB-Historie. Und es wären sicherlich noch viel mehr Tore geworden, wenn sie nicht einige Jahre außen vor gewesen wäre.

Doch nach EM-Silber 1994, einer Babypause und Rang fünf bei der WM 1995 geriet sie bei den Olympischen Spielen 1996 in Atlanta mit dem damaligen Nationaltrainer Ekke Hoffmann aneinander. Er ließ sie im Auftaktspiel auf der Bank und auch im weiteren Turnierverlauf gab es wenige Einsatzzeiten. „Ich will nie mehr unter diesem Trainer spielen. Ich betone aber ausdrücklich, dies ist kein Rücktritt. Unter einem anderen Coach würde ich weitermachen" (Wikipedia, 2019), sagte sie damals. Es dauerte bis 1999, bevor sie wieder für das DHB-Team auflief. An frühere Erfolge konnte jedoch nicht mehr angeknüpft werden.

Als Bianca Urbanke am 17. September 1967 in Ludwigsfelde geboren, begann die Linkshänderin mit sechs Jahren bei der BSG Lok Rangsdorf mit Handball. 1980 wurde sie nach Frankfurt/Oder und dort zu ASK Vorwärts delegiert. Zur Saison 1985/86 bekam sie einen Platz im Frauenteam und wurde bis zu ihrem Wechsel 1990 zu Bayer Leverkusen dreimal DDR-Meisterin. Die nächste Station hieß Lützellinden, bevor es 1994 zurück nach Frankfurt/Oder ging. Dort spielte sie fünf Jahre und baute den erfolgreichen Frankfurter HC mit auf.

Mit ihrem Mann Dietmar, ebenfalls Handballer, ging es für zwei Jahre nach Spanien und von 2001 bis 2004 erneut nach Frankfurt/Oder. Es folgten die erfolgreichsten Jahre mit dem Bundesligaaufstieg 2002, dem Pokalsieg 2003 und dem Gewinn der Meisterschaft 2004. Danach stellte Urbanke-Rösicke ihre Karriere ein, gab jedoch 2005 ein Comeback. Mit dem Thüringer HC stieg sie in die Bundesliga auf und legte somit mit den Grundstein für die größte Erfolgsgeschichte im deutschen Frauen-Handball in der jüngsten Vergangenheit (siehe Thüringer HC).

Steckbrief Bianca Urbanke-Rösicke

Erfolge:

DDR-Meister 1986, 1987, 1990 (ASK Vorwärts Frankfurt)

Deutscher Meister 2004 (Frankfurter HC)

DHB-Pokalsieger 1991 (Bayer 04 Leverkusen), 2003 (Frankfurter HC)

IHF-Pokalsieger 1990 (ASK Vorwärts Frankfurt)

EHF-Pokalsieger 2000 (El Ferrobus Mislata)

Weltmeister 1993

Vizeeuropameister 1994

Bundesligaaufstieg

2002 mit dem Frankfurter HC

2005 mit dem Thüringer HC

1994: Sportlerin des Jahres von Brandenburg

1997/98 Bundesliga-Torschützenkönigin 194 Tore (Frankfurter HC)

3.8 NADINE KRAUSE

Sie war 2006 die erste deutsche Welthandballerin und ist bis heute die Einzige geblieben: Nadine Krause. Sie war 2007 dabei, als Deutschland bei der WM Dritter wurde und gewann somit die bislang letzte Medaille, die ein Frauenteam bei einem großen Turnier geholt hat. Bronze holte sie auch mit den DHB-Nachwuchsteams bei der Juniorinnen-WM 2001 und 2003 bei der EM (Jugend).

Mit ihrem Heimatverein, dem VfL Waiblingen, wurde sie 1998 und 1999 deutsche Jugendmeisterin. Ansonsten darf sie als *Miss Pokalsieg* bezeichnet werden. Während sie mit Bayer Leverkusen (2006 und 2007) als Vizemeister zweimal an der Meisterschaft vorbeischrammte, gab es etliche Pokaltitel: deutscher Pokalsieger mit Leverkusen 2002, Challenge Cup 2005, Europapokal der Pokalsieger 2009 mit dem dänischen Verein FCK Håndbold und ein Jahr später dänischer Pokalsieger.

Dazu heimste Krause neben der Auszeichnung zur Welthandballerin etliche weitere persönliche Auszeichnungen ein und war Torschützenkönigin bei der WM 2005, der EM 2006 sowie in der deutschen als auch in der dänischen Liga.

Welthandballerinnen des Jahres			
Jahr	**Name**	**Nation**	**Verein**
1988	Svetlana Dašić-Kitić	SFR Jugoslawien	RK Radnički Belgrad
1989	Hyun-mee Kim	Südkorea	Pfadi Winterthur
1990	Jasna Kolar-Merdan	Österreich	Hypo Niederösterreich
1994	Mia Hermansson-Högdahl	Schweden	Hypo Niederösterreich
1995	Erzsébet Kocsis	Ungarn	Dunaferr SE
1996	O-kyeong Lim	Südkorea	CB Santander
1997	Anja Andersen	Dänemark	Bækkelagets SK
1998	Trine Haltvik	Norwegen	Byåsen IL
1999	Ausra Fridrikas	Österreich	Hypo Niederösterreich
2000	Bojana Radulovics	Ungarn	Dunaferr SE
2001	Cecilie Leganger	Norwegen	Tertnes IL, Bækkelagets SK
2002	Chao Zhai	China	Randers HK
2003	Bojana Radulovics (2)	Ungarn	Dunaferr SE
2004	Anita Kulcsár	Ungarn	Dunaferr SE, Cornexi Alcoa
2005	Anita Görbicz	Ungarn	Győri ETO KC
2006	Nadine Krause	Deutschland	Bayer 04 Leverkusen
2007	Gro Hammerseng-Edin	Norwegen	Ikast-Bording Elite Håndbold
2008	Linn-Kristin Riegelhuth Koren	Norwegen	Larvik HK
2009	Allison Pineau	Frankreich	Metz Handball, Issy-les-Moulineaux
2010	Cristina Neagu	Rumänien	CS Oltchim Râmnicu Vâlcea
2011	Heidi Løke	Norwegen	Győri ETO KC, Larvik HK
2012	Alexandra do Nascimento	Brasilien	Hypo Niederösterreich
2013	Andrea Lekić	Serbien	ŽRK Vardar SCBT, Győri ETO KC
2014	Eduarda Amorim	Brasilien	Győri ETO KC
2015	Cristina Neagu (2)	Rumänien	ŽRK Budućnost Podgorica
2016	Cristina Neagu (3)	Rumänien	ŽRK Budućnost Podgorica
2018	Cristina Neagu (4)	Rumänien	CSM Bukarest
2019	Stine Bredal Oftedal	Norwegen	Győri ETO KC
2021	Sandra Toft	Dänemark	Brest Bretagne Handball

In den Jahren 1991, 1992, 1993, 2017 und 2020 fanden keine Wahlen statt. In Klammern steht die Anzahl der Wahlen.

„Sie ist der Jo Deckarm des Frauen-Handballs" (Mitteldeutsche Zeitung, 2006), sagte Armin Emrich, der 2007 Krauses Nationaltrainer beim DHB war. „Sie ist eine komplette Spielerin in Angriff, Abwehr, Gegenstoß und Rückzugsphase. Und sie ist eine echte Mannschaftsspielerin. So, wie ich sie in den letzten zwei Jahren kennengelernt habe, so war Jo Deckarm" (Mitteldeutsche Zeitung, 2006).

Krause, am 25. März 1982 in Waiblingen geboren, begann dort beim VfL mit dem Handballspielen. Als Mini spielte sie zunächst mit links, schulte dann aber erfolgreich um und warf später als linke Rückraumspielerin mit der rechten Hand. Bis 1999 spielte sie in Waiblingen, wo sie zuletzt von ihrem Vater Jürgen trainiert wurde. Über die HSG Bloomberg-Lippe ging es zu Bayer Leverkusen wo sie den Großteil ihrer Karriere verbrachte. Drei Jahre spielte sie in Dänemark, bevor es für je ein Jahr zurück nach Bloomberg und Leverkusen ging. Im Sommer 2012 beendete sie mit nur 30 Jahren ihre Karriere.

Ein halbes Jahr zuvor war sie bereits aus dem Nationalteam zurückgetreten. Seit einer Schulter-OP 2009, die sie 12 Monate zur Pause zwang, hatte sie immer wieder Beschwerden und führte diese als Grund an, nicht mehr im DHB-Team zu spielen. Insgesamt absolvierte sie 188 Länderspiele und erzielte dabei 741 Tore. Damit belegt sie Rang fünf in der ewigen Bestenliste des DHB.

Steckbrief Nadine Krause

Geburtstag: 25. März 1982

Geburtsort: Waiblingen

Position: Rückraum links

Vereine:

1999 VfL Waiblingen

1999-2001 HSG Blomberg-Lippe

2001-2007 Bayer Leverkusen

2007-2010 FCK Håndbold (Dänemark)

2010-2011 HSG Blomberg-Lippe

2011-2012 Bayer Leverkusen

Erfolge/Auszeichnungen:

Deutsche Nationalmannschaft:

3. Platz Juniorinnen-WM 2001

3. Platz Jugend-EM 2003

3. Platz WM 2007

Deutsche Jugend Meisterin 1998 und 1999 (Waiblingen)

Deutscher Pokalsieger 2002 (Leverkusen)

Challenge-Cup-Siegerin 2005 (Leverkusen)

Europapokal der Pokalsieger 2009 (FCK)

Dänischer Pokalsieger 2010 (FCK)

Wahl zur „Handballerin der Saison" 2004/05, 2005/06 und 2006/07

Wahl zur „Handballerin des Jahres" 2005 und 2006

Wahl zur „Welthandballerin des Jahres" 2006

Torschützenkönigin der WM 2005

Torschützenkönigin der EM 2006

Torschützenkönigin der Bundesliga 2005 und 2006

Torschützenkönigin der dänischen Liga: Saison 2007/08

Nationalmannschaft:

Debüt am 23. November 1999 gegen Rumänien

Spiele: 188 (741 Tore)

3.9 HC LEIPZIG (FRAUEN)

Ob die Präsentation des HC Leipzig an dieser Stelle richtig ist, darüber lässt sich vielleicht streiten. Der aktuelle Klub spielte in der Saison 2019/2020 nach der Insolvenz von 2017 nur in der zweiten Liga und den Titel Rekordmeister sowie Rekordpokalsieger trägt er richtigerweise *nur* wegen diverser Vorgängervereine und Titel in der ehemaligen DDR. Bayer Leverkusen beansprucht mit 12 Meisterschaften und neun Pokaltriumphen beide Rekordtitel ebenfalls für sich. Die Wahl fiel dennoch auf die Leipziger, weil auch die Ergebnisse in der DDR nicht außer Acht gelassen werden sollen. Dies wiederum soll die Leistungen der *Elfen*, so der Spitzname von Leverkusens Handball-Frauen, keineswegs schmälern.

Doch beginnen wir in Leipzig ganz von vorne. Die erste von insgesamt 23 Meisterschaften gab es 1953 in der Halle. Im Feldhandball folgten zwei Titel 1956 und ein Jahr später. Insgesamt hat Leipzig 38 nationale und internationale Titel errungen und ist damit der erfolgreichste deutsche Verein im Frauen-Handball jemals.

1963 fusionierten der SC Lokomotive Leipzig und BSG Rotation-Mitte Leipzig zum SC Leipzig. Bis 1992 wurden 13 DDR-Meisterschaften, zwei Pokalsiege und vier Europacup-Titel geholt. Der SC wurde danach aufgelöst und die Handball-Frauen gingen zum VfB Leipzig. 1999 schließlich wurde der HC Leipzig gegründet, weil der Gesamtverein des VfB in Finanzproblemen steckte. Die Handballabteilung nicht.

Dieses Schicksal ereilte den HC allerdings knapp 20 Jahre später und der Zwangsabstieg in die dritte Liga war unvermeidlich. Dazwischen wurden aber u. a. die deutschen Meisterschaften 1998, 1999, 2002, 2006, 2009 und 2010 sowie der DHB-Pokal 2000, 2006, 2007, 2008, 2014 und 2016 gewonnen.

Inzwischen hat sich der Handball in Leipzig wieder stabilisiert, seine einstige Vormachtstellung aber längst an den Thüringer HC verloren.

Die größten Erfolge:

Europapokal der Landesmeister: 1966, 1974

EHF-Pokal: 1986, 1992

DDR-Meister (Hallenhandball): 1953, 1957, 1965, 1968, 1969, 1970, 1971, 1972, 1973, 1975, 1976, 1978, 1984, 1988, 1991

DDR-Meister (Feldhandball): 1956, 1967

Deutscher Meister: 1998, 1999, 2002, 2006, 2009, 2010

FDGB-Pokal (DDR): 1971, 1983, 1987

DHB-Pokal: 1996, 2000, 2006, 2007, 2008, 2014, 2016

DHB-Supercup: 2008

3.10 THÜRINGER HC (FRAUEN)

In den Jahren 2017 bis 2019 wurde der Thüringer HC nur einmal deutscher Meister und musste gleich zweimal der SG BBM Bietigheim den Vortritt lassen. Betrachtet man jedoch das letzte Jahrzehnt im deutschen Frauen-Handball – der THC ist das Maß der Dinge. Von 2010/11 an wurde das Team sechsmal in Serie Meister. Dazu feierte man drei DHB-Pokalsiege, zuletzt 2019 und drei Supercup-Titel. Und das, obwohl erst 2005 der Aufstieg in die Bundesliga gelang. Unter dem jetzigen Namen ist die Erfolgsgeschichte also ebenso kurz wie beeindruckend.

Die Wurzeln gehen allerdings deutlich weiter zurück, denn der THC ist ein Zusammenschluss aus dem HC Erfurt und der Handballabteilung des SV Empor Bad Langensalza. Am 9. Juni 2000 wurde der Name Thüringer Handball-Club Erfurt-Bad Langensalza auf der Mitgliederversammlung angenommen.

Einziger Titel aus früheren Jahren ist der Sieg im FDGB-Pokal (DDR-Pokal) aus dem Jahr 1975, damals noch als BSG Umformtechnik Erfurt (UT Erfurt). Dieses Team war aus der Betriebssportgemeinschaft Motor-Nord-Erfurt hervorgegangen und wurde später zum HC Erfurt.

Während die Thüringerinnen national bereits alle wichtigen Titel mehrfach abgeräumt haben, warten sie international noch auf den großen Durchbruch. 2009 erreichten sie das Endspiel im EHF Challenge Cup, doch in der Champions League gab es bis auf die Halbfinal-Teilnahme 2012/13 bislang nichts zu holen. Dies liegt allerdings auch daran, dass die deutschen Vereinsteams den europäischen Spitzenklubs seit vielen Jahren hinterherhinken.

Die größten Erfolge:

Deutscher Meister 2011, 2012, 2013, 2014, 2015, 2016 und 2018

DHB-Pokalsieger 2011, 2013 und 2019

als BSG Umformtechnik Erfurt Sieg im FDGB-Pokal 1975

DHB-Supercup 2015, 2016 und 2018

Finalist im EHF Challenge Cup 2009

3.11 THW KIEL

Allein mit der Aufzählung der Titelsammlung des THW Kiel ließe sich ein ganzes Buch füllen. Und die gibt es bereits. *Schwarz und weiß: Die Geschichte des Rekordmeisters THW Kiel* (Eggers, 2008) sowie *THW Kiel: Die Zebras* (Eggers & Paarmann, 2014). An dieser Stelle kann es also nur einen kleinen Auszug aus der ruhmreichen Geschichte, die der erfolgreichste deutsche Handballverein aller Zeiten zu bieten hat, geben.

Fangen wir mit der Titelsammlung an. Der Turnverein Hassee-Winterbek e. V. von 1904 hat im Laufe der Jahre insgesamt 60 bedeutende Titel gewonnen - Rekord in Deutschland. 50 Titel wurden auf nationaler Ebene errungen - ebenfalls Rekord (der VfL Gummersbach und der HC Empor Rostock folgen auf einem geteilten zweiten Rang mit jeweils 17).

Überhaupt ist beim THW Kiel alles ein Rekord oder mindestens rekordverdächtig. Die Kieler sind mit 25 Titeln (zwei davon im Feldhandball) Rekordmeister, mit 12 Siegen im DHB-Pokal Rekordpokalsieger und mit 13 Supercup-Titeln auch in diesem Wettbewerb Rekordhalter. Sie führen die ewige Tabelle der Bundesliga an und sie haben das Kunststück fertig gebracht, die Saison 2011/12 mit 68:0 Punkten zu beenden. Sie haben damals also alle 34 Bundesligaspiele gewonnen und somit die perfekte Spielzeit hingelegt. Kein anderes Team hat das jemals geschafft. Der THW holte in der Saison - genau wie 2007 - zudem das Triple, gewann auch den Pokal, die Champions League und im Sommer 2012, in der neuen Spielzeit, auch noch den Supercup.

Diese Saison fiel in die Ära von Trainer Alfreð Gíslason, der von 2008 bis 2019 an der Seitenlinie aktiv war. Es ist bemerkenswert, dass der Isländer derart erfolgreich war, schließlich trat er ein Erbe an, das kaum zu toppen schien. Die Erfolgsbilanz seines Vorgängers Zvonimir Serdarušić (1993-2008) war gigantisch. 11 deutsche Meisterschaften, fünf Pokalsiege, ebenso viele Supercup-Triumphe und auch fünf Europacup-Titel, darunter 2007 der erste Champions-League-Sieg des THW überhaupt.

Noka, wie Serdarušić in der Kurzform genannt wurde, machte gemeinsam mit Manager Uwe Schwenker aus dem THW den erfolgreichsten Verein in ganz Deutschland sowie eine wirtschaftliche Marke. Der THW wurde gerne als der „FC Bayern des Handballs" bezeichnet.

Doch das Ende der Ära Serdarušić beim THW verlief nicht ohne Nebengeräusche. Im Sommer 2008 trennten sich beide Seiten - „einvernehmlich", wie es damals offiziell hieß. Die Trennung erfolgte ein Jahr, bevor der Vertrag von Serdarušić auslief. Dieser wollte danach zur Saison 2009/2010 die Rhein-Neckar Löwen übernehmen. Es kam jedoch anders. Anfang März wurde öffentlich bekannt, dass Serdarušić und Schwenker Schiedsrichter bestochen haben sollen. Von 10 Spielen war die Rede, darunter das Champions-League-Finale 2007 gegen die SG Flensburg-Handewitt. Die Löwen kündigten den Vertrag von Serdarušić auf und Schwenker legte im April beim THW sein Amt nieder. Beide mussten sich in den folgenden Jahren vor Gericht verantworten.

2012 wurden zwar beide vom Vorwurf des Betrugs und der Untreue freigesprochen, Restzweifel blieben jedoch immer bestehen.

„Die Kammer ist nicht von der Schuld der Angeklagten überzeugt. Sie ist aber auch nicht von ihrer Unschuld überzeugt", hieß es in der Begründung der Richter vor dem Kieler Landgericht damals.

Ihr Ruf war jedoch maximal beschädigt und der Makel des größten Manipulations-Skandals im europäischen Handball wird immer mit ihnen und dem THW Kiel in Verbindung stehen.

Alfreð Gíslason übernahm im Sommer 2008 als Trainer beim THW und an der Vormachtstellung der Kieler in Deutschland änderte sich zunächst nichts. In seiner Ära gewannen die „Zebras", so der Spitzname des Vereins wegen der schwarz-weiß gestreiften Spielkleidung, 22 Titel – nur drei weniger als unter Serdarušić und das in kürzerer Zeit. Erst zum Ende seiner Amtszeit wurden die Erfolge weniger. Im Jahr 2016 gewann der THW erstmals seit 2003 keinen Titel. Gíslason verabschiedete sich im Sommer 2019 aber standesgemäß mit Pokalen. Sein Team wurde Pokalsieger und gewann den EHF-Cup. Im Juli 2019 wurde er mit einem großen Abschiedsspiel beim THW verabschiedet. Im Februar 2020 wurde er neuer deutscher Nationaltrainer.

Mit dabei waren viele der großen Namen, die die Geschichte der Kieler mitgeprägt haben. Zu den Allergrößten der Vereinsgeschichte gehören Akteure wie Magnus Wislander, Staffan Olsson, Stefan Lövgren, Henning Fritz, Nikolaj Jacobsen, Filip Jícha (der 2019 das Traineramt übernommen hat), Daniel Narcisse, Thierry Omeyer, Nikola Karabatić und Heinrich „Hein" Dahlinger.

Letzterer trug den Spitznamen *Hein Daddel* und ist somit Namensgeber für das Vereinsmaskottchen. Dahlinger (geboren am 30. Oktober 1922 in Kiel; verstorben am 2. Februar 2008 in Rendsburg) war es auch, der die ersten Erfolge mit dem THW feierte. 1948 und 1950 wurde Dahlinger mit den Kielern deutscher Feldhandballmeister, 1957, 1962 und 1963 deutscher Hallenhandballmeister. Er spielte insgesamt 30 Jahre für den THW und in seinen 1.871 Spielen für die Kieler erzielte er 5.423 Tore. Später trainierte er den Verein, der seit 1923 eine Handballabteilung hat.

Die Historie des THW Kiel und die Geschichten über den größten deutschen Verein aller Zeiten lassen sich endlos fortsetzen, doch abschließend soll es an dieser Stelle um ein ganz besonderes Spiel gehen: das Nordderby. Warum? Weil ein Teil des Mythos THW auf einer ganz besonderen Rivalität fußt. Auf der zur SG Flensburg-Handewitt. Und weil der THW somit die eine Hälfte an dem wohl faszinierendsten Spiel im Vereins-Handball weltweit ausmacht.

Nordderby zwischen dem THW und der SG, das ist quasi das handballerische Pendant zum Fußball-Revierklassiker FC Schalke 04 gegen Borussia Dortmund oder dem spanischen El Clásico zwischen Barcelona und Real Madrid. Nur hat dieses Spiel etwas, was es so wohl in keiner anderen Sportart, auf jeden Fall nicht im Handball, gibt. Hier spielen zwei Vereine nicht nur gegeneinander, nein, sie kämpfen national und international um alle wichtigen Titel, die es gibt und standen sich dabei schon in etlichen Finalspielen bzw. direkten Duellen gegenüber. Diese beiden Vereine liegen nur 90 km Luftlinie voneinander entfernt im Norden Deutschlands, in Schleswig-Holstein, einer Region, die oft mit dem Wort Randlage zu kämpfen hat. Nicht jedoch im Handball.

Im September 2023 fand in der Bundesliga das 109. Nordderby zwischen beiden Teams statt. Der Sieg ging an die Flensburger (28:27). Insgesamt hat der THW aber die Nase vorne, führt die Gesamtbilanz an: 64 Siege, 39 Niederlagen, sechs Unentschieden (Stand: September 2023).

Die größten Erfolge:

Deutscher Rekordmeister 1957, 1962, 1963, 1994, 1995, 1996, 1998, 1999, 2000, 2002, 2005, 2006, 2007, 2008, 2009, 2010, 2012, 2013, 2014, 2015, 2020, 2021, 2023

Deutscher Feldhandballmeister 1948, 1950

DHB-Rekordpokalsieger 1998, 1999, 2000, 2007, 2008, 2009, 2011, 2012, 2013, 2017, 2019, 2022

Supercup-Rekordsieger 1995, 1998, 2005, 2007, 2008, 2011, 2012, 2014, 2015, 2020, 2021, 2022, 2023

Champions-League-Sieger 2007, 2010, 2012, 2020

EHF-Rekordpokalsieger 1998, 2002, 2004, 2019

Vereinseuropameister 2007

Vereinsweltmeister 2011

3.12 SG FLENSBURG-HANDEWITT

Von dem Namen Carl Schelenz war in Verbindung mit Flensburg bereits die Rede. Dass die traditionsreiche Sportart Handball auch in der Fördestadt eine lange Historie hat, ist kaum verwunderlich. Flensburg und Umgebung ist und war schon seit jeher eine Handballhochburg. Seit 30 Jahren gibt es mittlerweile die SG Flensburg-Handewitt, ohne Zweifel der Stolz in Flensburgs Handballlandschaft.

Am 1. Juli 1990 wurde die SG aus der Taufe gehoben. Die Vorgängervereine TSB Flensburg und SG Weiche-Handewitt (eine Spielgemeinschaft aus dem Handewitter SV und dem ETSV Weiche) fusionierten und legten somit den Grundstein für die Geburt eines der erfolgreichsten Handballvereine national und international in den vergangenen drei Jahrzehnten. Der sportliche Aufstieg der SG war rasant.

Nur zwei Spielzeiten benötigten die Norddeutschen, um in die Bundesliga aufzusteigen. In der Aufstiegssaison 1991/92 gelang der SG das große Kunststück, ohne Punktverlust durch die reguläre Saison zu gehen (52:0 Zähler).

Bemerkenswert: Seit 1994 platzierten sich die Nordlichter nie schlechter als Rang sechs und sogar nur zweimal schlechter als Platz vier. Das bedeutet auch, dass die Flensburger seit 1995 ununterbrochen erfolgreich im Europapokal spielen. Von ihren 30 Jahren als SG spielen die Nordlichter 25 in Serie auf der internationalen Bühne und haben dabei inzwischen fünf Europapokal-Titel geholt. Als einziger deutscher Verein alle wichtigen europäischen Pokale, darunter 2014 auch die Champions League.

An der sogenannten *Königsklasse* nahm Flensburg erstmals 2003/04 teil und erreichte direkt das Finale. Dies gelang ebenfalls 2007, doch beide Male unterlag die SG. Mit Ausnahme der Spielzeiten 2009/10 (EHF-Cup, Halbfinale) und 2011/12 (Sieg im Europapokal der Pokalsieger) ist die SG seither Dauergast in der Champions League und hat bis auf die Saison 2007/08 (Aus in der Hauptrunde) immer die K.-o.-Phase erreicht.

Zurück zu den nationalen Ergebnissen: Bevor im Jahr 2004 die erste und 2018 die zweite deutsche Meisterschaft gefeiert werden konnte, hatte die SG unfreiwillig den Beinamen ewiger Zweiter kassiert. Von 1996 an gab es insgesamt 12 Vizemeisterschaften sowie einige Pokalniederlagen auf nationaler als auch internationaler Ebene. Doch spätestens mit dem dritten Meistertitel 2019 ist diese lästige Bezeichnung der Konkurrenz für immer abgelegt worden. Mit mittlerweile 15 Titeln in der Vereinsvitrine müssen sich die Nordlichter vor niemandem mehr verstecken und die vielen zweiten Plätze sind mittlerweile eher als ein Zeichen von großer Kons-tanz anzusehen.

Geprägt wird die SG seit jeher von der Nähe vor allem zu Dänemark, aber mittlerweile zu ganz Skandinavien. Im Laufe der Jahre haben etliche Akteure aus den nördlichen Nachbarländern bei der SG gespielt oder sie trainiert. Darunter Legenden wie Lars Christiansen, Thomas Mogensen, Lasse Svan, Anders Eggert oder Tobias Karlsson. Sie alle sind mit den deutschen Vereinsidolen Holger Glandorf, Jacob Heinl und Jan Holpert Mitglieder in der *Hall of Fame* des Vereins.

Zu den großen Trainern zählen die Meistermacher Kent-Harry Andersson (2004) und Maik Machulla (2018 und 2019) sowie Ljubomir Vranjes (Champions League 2014). Auf Funktionärsebene haben sich Manfred Werner und Dierk Schmäschke weit über die Grenzen des Vereins für den gesamten Handball verdient gemacht.

Die größten Erfolge:

Deutscher Meister 2004, 2018 und 2019

Champions-League-Sieger 2014

DHB-Pokalsieger 2003, 2004, 2005 und 2015

DHB-Supercupgewinner 2000, 2013 und 2019

Europapokal der Pokalsieger 2001, 2012

City-Cupsieger 1999

EHF-Cupsieger 1997

3.13 SC MAGDEBURG

Handball war in der DDR eine große Nummer. Es gab viele gute Vereine, wie etwa den ThSV Eisenach, SC Empor Rostock, SC DHfK Leipzig, Fortschritt Weißenfels, Vorwärts Frankfurt oder den SC Magdeburg. Im Gegensatz zum Fußball gelang es im Handball einigen DDR-Klubs, auch nach der deutschen Wiedervereinigung erfolgreich zu spielen, allen voran dem SCM.

Am 1. März 1955 gegründet, schaffte der DDR-Rekordmeister (gemeinsam mit Rostock, je 10 Titel), 2002 etwas Einmaliges. Als erster gesamtdeutscher Verein überhaupt gewann der SC Magdeburg die Champions League. Zuvor hatte das Team aus der Magdeburger Börde bereits zweimal den Vorgängerwettbewerb, den Europapokal der Landesmeister, geholt. Das war 1978 und 1981 und seinerzeit waren die Magdeburger das Gegenstück zu den in Westdeutschland erfolgreichen Teams aus Gummersbach und vom TV Großwallstadt.

Die Magdeburger haben aber noch mehr erwähnenswerte Leistungen vollbracht. Der SCM ist bis heute der einzige Verein aus der ehemaligen DDR, der in der gesamtdeutschen Eliteliga den Titel gewinnen konnte. Das war 2001, wodurch überhaupt erst der Triumph in der Königsklasse ein Jahr später möglich wurde. Bei beiden Siegen stand Alfreð Gíslason als Coach an der Seitenlinie und ein gewisser Stefan Kretzschmar auf dem Feld. Gar keine Frage, auch in Magdeburg gab und gibt es viele große Namen, die das grün-rote Trikot des SC getragen haben. Der Name Kretzschmar überstrahlt sie aber bis heute alle.

Doch wer lief noch für Magdeburg auf? Insgesamt 14 Namen stehen in der *Hall of Fame des Vereins*. Neben Kretzschmar sind das u. a. die von Wolfgang Lakenmacher, Wieland Schmidt, Ingolf und Bennet Wiegert, Joël Abati oder Ólafur Stefánsson. Besonderheit: Mit Bennet ist der Sohn von Ingolf Wiegert gleich doppelt in die Fußstapfen des Vaters getreten. Beide waren sowohl Spieler als auch Trainer beim SCM – Bennet Wiegert ist ganz aktuell noch der Chefcoach des SCM.

Doch in Magdeburg hatten nicht nur die Männer Titel zu feiern, auch die Damen spielten erfolgreich. 1976 holten sie den Pokaltitel in der DDR und fünf Jahre später die Meisterschaft. Es gibt nur wenige Vereine in Deutschland, die so etwas vorweisen können. Im Jahr 2000 fusionierten die Damen mit der Handballabteilung des SV Fortuna Magdeburg zum HSC 2000 Magdeburg. Mittlerweile wurde daraus der HSV Magdeburg.

Doch wer lief noch für Magdeburg auf? Insgesamt 14 Namen stehen in der Hall of Fame des Vereins. Neben Kretzschmar sind das u. a. die von Wolfgang Lakenmacher, Wieland Schmidt, Ingolf und Bennet Wiegert,

Joël Abati oder Ólafur Stefánsson. Besonderheit: Mit Bennet ist der Sohn von Ingolf Wiegert gleich doppelt in die Fußstapfen des Vaters getreten. Beide waren sowohl Spieler als auch Trainer beim SCM – Bennet Wiegert ist ganz aktuell noch der Chefcoach des SCM.

Er ist derjenige, der Magdeburg zu neuen Höhen verholfen hat. Unter ihm gab es 2022 die zweite Deutsche Meisterschaft und ein Jahr später wurde das Kunststück wiederholt, auch die Champions League erneut zu erringen. Außerdem coachte Wiegert den SCM zu zwei Siegen bei der Klub-WM (2021 und 2022) und dem Sieg in der neugegründeten European League (ehemals EHF-Pokal, 2021).

Trotz einiger Jahre in der zweiten Liga konnte nie an die DDR-Erfolge angeknüpft werden, einerlei, unter welchem Namen.

Insgesamt hat der SCM 37 Trophäen in seiner Vitrine stehen. 35 Stück davon gehen auf das Konto der Männer und damit ist der SCM in dieser Kategorie hinter Kiel und Gummersbach die Nummer drei in Deutschland. Würden die diversen Titel aus der Jugend noch mitgezählt werden, der SCM wäre wohl einsame Spitze. Allein die A-Junioren und -Juniorinnen haben es seit 1961 auf insgesamt 20 deutsche Meisterschaften gebracht. Doch das ist eine andere Geschichte.

Die größten Erfolge:

DDR-Feldhandballmeister 1967

DDR-Meister 1970, 1977, 1980, 1981, 1982, 1983, 1984, 1985, 1988, 1991

Deutscher Meister 2001, 2022

DDR-Meister (Damen) 1981

Turniermeisterschaft 1970

FDGB-Pokal 1977, 1978, 1984, 1990

DHB-Pokal 1996, 2016

DHV-Pokal (Damen) 1976

Supercup 1996, 2001

Europapokal der Landesmeister/Champions-League-Sieger 1978, 1981, 2002, 2023

IHF Super Globe (Klub-WM): 2021, 2022

EHF-Pokal/European League 1999, 2001, 2007, 2021

Vereins-EM 1981, 2001, 2002

3.14 VFL GUMMERSBACH

Den wichtigsten oder schönsten Tag in der Vereinsgeschichte des VfL Gummersbach kann wohl niemand ausmachen. Es gab zu viele davon. In den 1960er-, 1970er- und 1980er-Jahren sowie kurzzeitig 2009 bis 2011 gewann der Klub aus dem Bergischen Land alles, was es zu gewinnen gab. 12 Meisterschaften, fünf Pokalsiege sowie 13 Europacup-Titel – Gummersbach zählt auf dem Papier nach wie vor zu den erfolgreichsten deutschen Vereinen überhaupt.

Der bitterste, der schlimmste Tag in der Historie des Vereins lässt sich hingegen leicht benennen, er ist gar nicht lange her. Es ist Sonntag, der 9. Juni 2019 gewesen. Zum ersten Mal stieg der VfL aus der Bundesliga ab. An Dramatik war der Abstieg des letzten Gründungsmitglieds der Bundesliga nicht zu überbieten. Es fehlte nur ein Tor gegenüber den Eulen Ludwigshafen, um die Klasse zu halten. Beide Teams beendeten die Saison mit 14:54 Punkten. Ludwigshafen hatte eine Tordifferenz von -153, Gummersbach lag bei -154 Treffern. In 34 Spielen hätte der VfL nur einen Treffer mehr erzielen müssen und wäre aufgrund der insgesamt mehr erzielten Tore dringeblieben. Wäre das Tor im letzten Saisonspiel beim 25:25 beim direkten Konkurrenten SG BBM Bietigheim gefallen, Gummersbach hätte gewonnen und wäre sogar mit einem Punkt mehr als Ludwigshafen in der deutschen Eliteklasse geblieben. So aber musste der Verein gemeinsam mit Bietigheim absteigen.

„Man muss die ganze Saison sehen, der VfL ist nicht heute abgestiegen", sagte die Vereinslegende Heiner Brand hinterher im TV am *Sky*-Mikrofon. Brand hatte als Spieler und Trainer maßgeblichen Anteil an der ruhmreichen Zeit des einstigen Rekordmeisters.

Der Abstieg war aber nichts anderes als eine logische Konsequenz aus einer Entwicklung, die sich über Jahrzehnte angebahnt hatte. So dominant wie der VfL, der von dem ehemaligen Spieler (Feldhandball) Eugen Haas etabliert worden war, einst agierte, so weit hängte die Konkurrenz ihn zuletzt ab.

„Es ist das eingetreten, was zu befürchten war und es ist ein großer Verlust für die Handball-Bundesliga", so Brand, der 1991 als Trainer die erste gesamtdeutsche Meisterschaft, gleichzeitig die letzte des Vereins, holte.

In den folgenden Jahren geriet der Verein, bei dem außer Brand große Namen wie Hansi Schmidt, Andreas Thiel, Joachim Deckarm oder Erhard Wunderlich aktiv waren, in finanzielle Schwierigkeiten. Mehrfach drohte das Aus. Selbst Spielernamen wie Stefan Kretzschmar oder Kyung-shin Yoon konnten keine neue, glänzende Ära einleiten.

Zu Beginn des neuen Jahrtausends wurde es mit dem zwischenzeitlichen Umzug in die große Arena in Köln kurzzeitig besser. Die Rahmenbedingungen stimmten wieder und der sportliche Erfolg kehrte zurück. EHF-Pokalsieger 2009 und Sieger im Europapokal der Pokalsieger 2010 sowie 2011, der VfL schien auf einem guten Weg. Doch danach ging es endgültig bergab. 2011 wurde zum vierten Mal seit 1996 das finanzielle Aus des Klubs verhindert. 2017 und 2018 gelang es sportlich, den Abstieg zu vermeiden, doch 2019 war der einst ruhmreiche VfL Gummersbach nicht mehr zu halten. Die Entwicklung des Vereins erinnerte dabei stark an die des Fußballklubs Hamburger SV. Als Bundesliga-Dino einst national und international die Nummer eins, wurde zu lange in der glorreichen Vergangenheit gelebt. Die moderne Entwicklung wurde dabei verpasst.

„In der Handballwelt wird immer noch über den VfL Gummersbach geredet. Aber davon muss man sich lösen für einen Neuanfang", so Brand.

Und es scheint gelungen. Der VfL ist seit dem Sommer 2022 zurück in der Bundesliga und überzeugt dort.

Die größten Erfolge:

Deutscher Meister 1966, 1967, 1969, 1973, 1974, 1975, 1976, 1982, 1983, 1985, 1988, 1991

DHB-Pokalsieger 1977,1978, 1982, 1983, 1985

Europapokalsieger der Landesmeister 1967, 1970, 1971, 1974, 1983

Europapokalsieger der Pokalsieger 1978, 1979, 2010, 2011

IHF/EHF-Pokalsieger 1982, 2009

Vereinseuropameister 1979, 1983

Wie eingangs dieses Kapitels erwähnt, gibt es noch viel mehr große Namen im deutschen Handball. Dass gilt sowohl für die SpielerInnen als auch die Vereine. Der Grund: Handball genießt hierzulande eine unglaubliche Tradition und wurde stets äußerst erfolgreich betrieben. Frisch Auf Göppingen, Rhein-Neckar Löwen, Empor Rostock, Bietigheim, Bayer Leverkusen, TUSEM Essen oder TV Großwallstadt – die Liste ist nahezu unendlich. Dennoch wird sie an dieser Stelle beendet und weiter geht es mit großen internationalen Namen, denn auch davon gibt es unzählige.[1]

1 Sämtliche Daten wie Ergebnisse, Tore, Resultate und Statistiken sind im September 2023 erfasst worden. Aktualisiert wurden diese lediglich mit den Zahlen der Frauen-Europameisterschaft im Dezember 2023 sowie der Männer-Europameisterschaft im Januar 2024.

★ 4 ★

INTERNATIONAL: GROSSE NAMEN

Was auf nationaler Ebene gilt, zählt international sowieso. Hier ist die Auswahl an großen Namen noch einmal viel größer und deshalb war es nochmals schwieriger, einige wenige herauszufiltern. Hier dennoch ein Versuch, die größten Spieler-, Trainer- und Vereinsnamen des internationalen Handballs aufzulisten.

4.1 CRISTINA NEAGU

Ladies first, beginnen wir also mit den Frauen. Es gibt genau zwei Spielerinnen, die mehr als einmal zur Welthandballerin gewählt wurden. Da wäre zunächst Bojana Radulovics. Die Ungarin erhielt den Titel erstmals im Jahr 2000 und erneut 2003. Und dann ist da Cristina Neagu. Die Rumänin ist bereits viermal als beste Spielerin der Welt ausgezeichnet worden und somit sogar einmal mehr, als die Rekordhalter bei den Männern, Mikkel Hansen und Nikola Karabatić, die jeweils dreimal Welthandballer waren.

Bemerkenswert ist, dass sie erstmals 2010 ausgezeichnet wurde und danach eine Pause von vier Jahren vor dem zweiten Titel hatte. Dies hatte jedoch Gründe. Zunächst setzte sie eine Schulterverletzung über 600 Tage außer Gefecht und danach folgte ein Kreuzbandriss im Knie. Doch seit 2014 läuft es wieder und seit 2015 hat sie gleich dreimal in Serie die Wahl zur Besten der Welt gewonnen. Bemerkenswert ist dabei der Umstand, dass Neagu mit Rumänien bisher nie einen großen Titel gewinnen konnte, ihre großen Siege allesamt auf Vereinsebene errang und vor allem durch persönliche Auszeichnungen auffiel.

Die am 26. August 1988 in Bukarest geborene Neagu ist fünffache rumänische und vierfache montenegrinische Meisterin. Sie hat ebenso viele Pokaltitel in ihrer Zeit bei Budućnost Podgorica (2013-17) in Montenegro gesammelt und inzwischen drei Pokalsiege in ihrem Heimatland errungen. Den ersten Sieg mit Oltchim Râmnicu Vâlcea (2009-13) und die weiteren mit CSM Bukarest, wo sie seit 2017 aktiv ist. Dreimal stand sie im Endspiel der Champions League und konnte diese 2015 mit Budućnost Podgorica gewinnen.

Ihre Position ist Rückraum links und von dort strahlt sie eine unglaubliche Torgefahr aus. Sie war sowohl Torschützenkönigin der EM 2010 und der WM 2015 sowie in der Champions League: 2015 und 2018.

Ihre größten Erfolge:

3. Platz EM 2010

3. Platz WM 2015

Rumänische Meisterin: 2010, 2011, 2012, 2013, 2018, 2021, 2023

Rumänische Pokalsiegerin: 2011, 2018, 2019, 2022, 2023

Montenegrinische Meisterin: 2014, 2015, 2016, 2017

Montenegrinische Pokalsiegerin: 2014, 2015, 2016, 2017

Champions-League-Siegerin: 2015

Torschützenkönigin der EM 2010 und WM 2015

Torschützenkönigin der ChampionsLeague: 2015, 2018

Welthandballerin des Jahres 2010, 2015, 2016, 2018

4.2 KATRINE LUNDE

Eine Norwegerin darf in dieser Auflistung auf gar keinen Fall fehlen. Norwegen ist im Frauen-Handball die erfolgreichste Nation aller Zeiten. Es gibt etliche Welt- und Europameisterinnen sowie Olympiasiegerinnen aus dem skandinavischen Land. Vielen sind Namen wie Gro Hammerseng-Edin, Heidi Løke oder Nora Mørk am geläufigsten, doch es gab da auch eine gewisse Katrine Lunde, die hier stellvertretend für alle norwegischen Seriensiegerinnen steht.

Als Torhüterin lief die am 30. März 1980 geborene Lunde stets etwas unter dem Radar, doch ihre Karriere ist beeindruckend. In rund 343 Länderspielen für Norwegen brachte sie es auf sechs EM-Titel, zwei Siege bei Weltmeisterschaften sowie zwei olympische Goldmedaillen. Hinzu kamen drei Mal Bronze und vier Mal Silber bei internationalen Endrunden.

Außerdem spielte sie in ihren 13 Jahren im Ausland irgendwie stets beim richtigen Verein. Sowohl in Dänemark (Viborg), in Ungarn (Győri) und in Russland (Rostow am Don) holte sie mindestens einmal die nationale Meisterschaft. Nach ihrer Rückkehr nach Norwegen selbstverständlich auch dort in ihrer Geburtsstadt Kristiansand, wo sie immer noch aktiv ist. Sie sammelte im Ausland auch zahlreiche Pokale, allen voran vier Siege in der Champions League (je zwei mit Viborg und zwei mit Győri). Mit Rostow am Don gewann sie außerdem den EHF-Pokal. Mit den Vipers in Norwegen wurde sie seit 2017 u. a. noch fünfmal Meister und holte dreimal die europäische Königsklasse.

Ihre größten Erfolge:

EM-Gold: 2004, 2006, 2008, 2010, 2020 und 2022; Silber: 2002, 2012

WM-Gold Gold: 2011, 2021; Silber: 2007, 2017; Bronze: 2009

Olympisches Gold: 2008 und 2012; Bronze: 2016, 2020

Champions-League-Sieg: 2009, 2010 (beide mit Viborg HK), 2013, 2014 (mit Győri ETO KC), 2021, 2022, 2023 (Vipers Kristiansand)

EHF-Pokal-Sieg: 2017 (mit GK Rostow am Don)

Norwegische Meisterschaft 5 x (Vipers Kristiansand)

Dänische Meisterschaft 2008, 2009 und 2010 (Viborg HK)

Dänischer Pokal: 2007 und 2008 (Viborg HK)

Ungarische Meisterschaft: 2011, 2012, 2013 und 2014 (Győri ETO KC)

Ungarischer Pokal: 2011, 2012, 2013 und 2014 (Győri ETO KC)

Russische Meisterschaft: 2017 (GK Rostow am Don)

4.3 ANITA GÖRBICZ

Die ungarische Spielmacherin zählt zweifelsohne zu den erfolgreichsten Spielerinnen der vergangenen Jahre – zumindest auf Vereinsebene. Mit dem Nationalteam blieb ihr ein großer Titel verwehrt (2003 Vizeweltmeister, 2005 WM-Bronze und 2004 EM-Bronze), doch mit Győri ETO KC, ihrem ersten und einzigen Klub, hat sie alles abgeräumt, was geht. 13 nationale Meisterschaften, 15 Pokalsiege und vor allem fünf Siege in der Champions League hat sie von 2005 bis zu ihrem Karriereende im Sommer 2021 errungen.

Görbicz wurde am 13. Mai 1983 in Veszprém geboren. Sie trug stets die Rückennummer 13 auf dem Trikot.

Ihre größten Erfolge:

WM-Silber 2003, WM-Bronze 2005, EM-Bronze 2004

13-mal Meister in Ungarn

15-mal Pokalsieg in Ungarn

fünfmal Champions-League-Sieg

4.4 ULRIK WILBEK

Es gibt wohl kaum einen Namen, der sich besser für einen Übergang vom Frauen- zum Männer-Handball eignet, als der von Ulrik Wilbek. Der Däne, der am 13. April 1958 in Tunis/Tunesien zur Welt kam, trainierte von 1991 bis 1998 die dänische Frauen-Nationalmannschaft und von 2005 bis 2014 die Herren des Landes. Anschließend war er zwei Jahre lang Sportchef. Seit Anfang 2018 ist er als Bürgermeister in der dänischen Stadt Viborg zurück in der Politik. Bereits von 1997 bis 2001 saß er in seinem Wohnort im Stadtrat.

In seiner Jugend war er ein guter Leichtathlet (Dreisprung) und spielte auch Handball. Eine Verletzung verhinderte jedoch eine Spielerkarriere und er wurde mit Ende 20 früh Trainer. Sein sportliches Talent kam nicht von ungefähr, sondern wurde ihm in die Wiege gelegt. Seine Mutter Birgitte war sowohl Basket- als auch Handballnationalspielerin, ja sogar eine seiner Vorgängerinnen als Trainerin des dänischen Frauen-Nationalteams. Vater Erik war ebenfalls dänischer Basketballnationalspieler.

Von 1985 bis 1988 trainierte Ulrik Wilbek die Herren von Virum Sorgenfri, wo er auch selbst spielte, in der ersten dänischen Liga. Danach wechselte er in den Frauenbereich und wurde Coach von Viborg HK. Mit der legendären Anja Andersen und seiner späteren Ehefrau, Susanne Munk Lauritsen, im Team, gab es die ersten Erfolge. 1991 warb ihn der dänische Verband ab und Wilbek erlebte in der Folge den Anfang des erfolgreichsten Jahrzehnts des dänischen Frauen-Nationalteams. Nach WM-Silber 1993 wurde ein Jahr später bei der EM der erste Titel gefeiert. Ein weiterer EM-Sieg, der WM-Titel 1997 und vor allem die olympische Goldmedaille 1996 sollten folgen.

Wilbek zog es zurück in die Vereinsarbeit und mit Viborg gewann er vier dänische Meisterschaften. Danach folgte die Rückkehr in den Männer-Handball. Mit Viborg blieben hier allerdings große Erfolge aus. Die stellten sich wieder ein, als er 2005 die dänische Nationalmannschaft übernahm. Während der Glanz bei den Frauen in Dänemark nach zwei weiteren Goldmedaillen bei Olympia (2000 und 2004 mit Trainer Jan Pytlick) langsam verblasste, waren die Männer seinerzeit eine der aufstrebendsten Mannschaften im internationalen Handball. Wilbek etablierte sie in der Weltspitze.

In seine Ära fielen die EM-Siege 2008 und 2012. Zwei WM-Finalteilnahmen (2011 und 2013) sowie Bronze bei der EM 2006 und der WM 2007. Im Januar 2014 verabschiedete er sich mit der Silbermedaille bei der Heim-Europameisterschaft und übernahm danach den Posten des Sportdirektors im Verband. Als Dänemark 2016 die olympische Goldmedaille holte, war Wilbek als solcher noch dabei. Während des Turniers gab es jedoch Kompetenzgerangel mit seinem Nachfolger Guðmundur Guðmundsson. Wilbek und die Mannschaft hielten ein geheimes Treffen ab, von dem der Isländer nichts wusste. Nach den Olympischen Spielen trat Wilbek deshalb zurück.

Trotz dieser unschönen Episode wird Wilbek wohl für immer als einer der erfolgreichsten dänische Nationaltrainer aller Zeiten in den Geschichtsbüchern stehen bleiben. Mit inzwischen drei WM-Titeln in Serie (2019, 2021 und 2023) macht ihm ein gewisser Nikolaj Jacobsen inzwischen Konkurrenz und gehört auch in diese Riege.

4.5 VLADO STENZEL

Der Magier würde sowohl zu den großen Namen in Deutschland als auch international passen. Da er in Zagreb, im damaligen Jugoslawien, geboren ist, und mit seinem Heimatland 1972 auch die olympische Goldmedaille gewann, ist er hier bei den internationalen Schwergewichten des Handballs aufgeführt.

Hierzulande ist er den meisten Handballern unter seinem Spitznamen *der Magier* bekannt. Der am 23. Juli 1934 geborene Stenzel hatte als Spieler nur eine kurze Karriere. Ein Länderspiel für das ehemalige Jugoslawien und mit nur 20 Jahren wechselte der einstige Torwart auf die Trainerbank. Schnell gab es erste Erfolge im Verein, doch seine großen Triumphe errang er als Nationaltrainer. 1972 gewann er mit Jugoslawien die olympische Goldmedaille und 1978 wurde er mit Deutschland Weltmeister. Der Mythos des Magiers Stenzel war geboren und hält bis heute, wobei er seinen Spitznamen bereits viel früher von dem späteren Milbertshofener Bundesligaprofi Zdravko Miljak bekommen hatte.

Als seinen größten Triumph bezeichnete Stenzel weder Olympia-Gold, bei dem Jugoslawien den wohl schönsten Handball jemals spielte, noch den WM-Sieg 1978 mit Deutschland, sondern eine 8:11-Niederlage der BRD am 5. März 1976 gegen die DDR. In dieser Pleite wurde jene Mannschaft geboren, die zwei Jahre später die Weltmeisterschaft in Kopenhagen gewann, ihrem Trainer danach eine goldene Pappkrone aufsetzte und ihn auf den Schultern durch die Halle trug. Aus dem Magier war in dem Augenblick der Handballkönig von Deutschland geworden.

Neben seinen sportlichen Erfolgen gehörte auch zu seiner Geschichte, dass er in Deutschland neue taktische Elemente, wie die auf dem Balkan praktizierte 3-2-1-Deckung, einführte. Außerdem war es Stenzel, der die reinen Amateure mit deutlich höherem Trainingsaufwand in Richtung heutiges Vollprofitum schubste. Zudem war er der erste Entertainer im Handball, der auch abseits des Spielfeldes für Schlagzeilen sorgte. Seine forsche Art, sein Selbstbewusstsein, sein Charisma, all das nutzte er auch, um sich und seine Sache in den Medien und in der Wirtschaft zu platzieren.

Stenzel eckte jedoch auch an und war nicht nur beliebt. Nach einem enttäuschenden siebten Platz bei der Heim-WM 1982 wurde er vom DHB zwei Jahre vor Vertragsende entlassen. Danach trainierte er diverse, meist unterklassige Vereine. Bis auf den DHB-Pokalsieg 1990 mit Milbertshofen und den Bundesligaaufstieg mit dem VfL Bad Schwartau 1988 jedoch ohne vorzeigbare Erfolge.

Schlimmer noch. Meist trennte er sich von den Vereinen im Klinsch, sein Ruf als Magier verblasste. Sein einstiger Musterschüler Heiner Brand sagte in Erinnerung an 1978 zwar oft über Stenzel: „Er war seiner Zeit voraus." Doch 2007 vor der Weltmeisterschaft, die Brand als Trainer nach Deutschland holte, meinte er auch über Stenzel: „Seine Zeit ist vorbei. Die jungen Spieler heute würden gar nicht verstehen, was er sagt" (Kieler Nachrichten, 6. Januar 2007).

So passt es auch ins Bild, dass der mittlerweile wieder in Kroatien lebende Stenzel, im Sommer 2019, kurz nach seinem 85. Geburtstag, noch einmal von sich reden machte, ohne jedoch ernsthaft Beachtung zu finden. In einem Interview kritisierte er die Trainingsarbeit im deutschen Handball scharf und forderte ein Umdenken der Bundesligaklubs.

> „Das Training in den Vereinen ist sehr schwach, vormittags sind die meisten Bundesligisten nur im Fitnessraum. Die deutschen Vereine meinen, dass sie nur über die Kraft besser werden. Das ist total falsch. Wir haben in Deutschland im Moment zum Beispiel keinen Spielmacher von Weltklasse-Format. Auch das ist ein Zeichen dafür, dass das Training falsch ist. Aber dafür müssen die Trainer auch richtig ausgebildet werden. Die meisten wissen nicht mal, wie man 1 gegen 1 trainiert. Es muss wieder besser trainiert werden, dann wird Deutschland auch wieder die Nummer eins in der Welt sein. Deutschland muss im Handball so gut wie die USA im Basketball sein", so Stenzel (Sport.de, 2019), der dem DHB gerne mit Ratschlägen zur

> Seite stehen würde. „Ich kann meine Ansichten gerne erklären, wenn man mich fragt" (Sport.de, 2019).

Stenzel ist jedoch nicht mehr gefragt, sondern ein Teil der Handballgeschichte. Sowohl international als auch in Deutschland und zwar ein bedeutender.

Steckbrief Vlado Stenzel

Geburtsdatum: 23. Juli 1934

Geburtsort: Zagreb

Stationen: Medvescak Zagreb (als Spieler und Trainer), RK Crvenka, RK Krivaja Zavidovici, RK Kvarner Rijeka, Nationalmannschaft Jugoslawien, Nationalmannschaft Deutschland, OSC Thier Dortmund, TuS Bergkamen, VfL Bad Schwartau, Medvescak Zagreb, TSV Milbertshofen, TV Großwallstadt, MTV Ingolstadt, SG Bruchköbel, SV Anhalt Bernburg, HSG Wetzlar, FSV Mainz 05 Frauen (als Trainer)

Größte Erfolge:

Olympiasieger als Trainer mit Jugoslawien 1972

Weltmeister als Trainer mit Deutschland 1978

WM-Dritter mit Jugoslawien 1970

Europapokal-Finalist mit Medvescak Zagreb 1965

1964 und 1966 jugoslawischer Meister mit RK Agram Medveščak Zagreb

1969 jugoslawischer Meister mit RK Crvenka

Bundesligaaufstieg mit dem VfL Bad Schwartau 1988

1990 DHB-Pokalsieger mit TSV Milbertshofen

4.6 CLAUDE ONESTA

Heiner Brand und Claude Onesta waren keine Freunde in ihrer Zeit als Trainer. Nachdem Deutschland die Franzosen bei der WM 2007 im Halbfinale besiegt hatte, erhob Onesta – mit einigen anderen Trainerkollegen – Betrugsvorwürfe gegen Gastgeber Deutschland. Brand und der Rest von Handball-Deutschland fanden das unverschämt, unfair und respektlos.

Im Nachhinein betrachtet, hätte ein Trainer vom Format eines Claude Onesta dies sicherlich nicht nötig gehabt. Der Franzose ist schließlich der erfolgreichste Nationaltrainer der Welt und das aller Zeiten. Innerhalb von nur neun seiner 15 Jahre als französischer Nationalcoach gewann er acht Goldmedaillen bei EM, WM und Olympia. Gleich zweimal hielt er alle drei Titel gleichzeitig – einzigartig. Doch 2007, bei der WM in Deutschland, stand er noch ganz am Anfang seiner Siegesserie, da war er noch nicht vom Erfolg verwöhnt und vielleicht auch deswegen noch ein wenig grimmiger drauf, als er ohnehin meist daherkam.

Dennoch kein Grund, Onesta hier nicht zu erwähnen. Ganz im Gegenteil, wenn einer hier genannt werden muss, dann er.

Europameister 2006, 2010 und 2014, Weltmeister 2009, 2011 und 2015 sowie Olympiasieger 2008 und 2012 – unerreicht. Dazu gab es noch olympisches Silber 2016 sowie dreimal Bronze (EM 2008 und WM 2003, 2005).

Von 2001 bis 2016 coachte Onesta das Nationalteam in seinem Heimatland. Zuvor war er Trainer von Toulouse Handball und holte 1998 den Pokal mit dem Verein, wo er in den 1980er-Jahren als Spieler aktiv war. Seit 2016 ist er Manager des französischen Verbandes und hat seinen Posten an seine ehemaligen Schützlinge Didier Dinart (der von 2013 bis 2016 sein Assistent war) und Guillaume Gille weitergegeben. Das Duo hat sein Erbe erfolgreich weitergeführt und 2017 die Heim-WM gewonnen.

Als Onesta zwischen 2008 und 2010 mit dem Olympiasieg, dem Gewinn der Weltmeisterschaft und Europameisterschaft ein historisches Triple schaffte, war er nach dem Russen Wladimir Maximow erst der zweite Trainer, dem dies gelang. Dieses Kunststück wiederholte er zwischen 2012 und 2015 noch einmal.

4.7 NIKOLA KARABATIĆ

Immer an der Seite von Claude Onesta war Nikola Karabatić. Es ist schwer zu sagen, woran der Begriff bester Handballer aller Zeiten aufgehängt werden sollte. Am Geld? An Erfolgen? Karabatić war zweimal der teuerste Spieler überhaupt, der erfolgreichste ist er ohnehin und sein Können – auch das ist einmalig. Für viele Experten gilt er als der Beste aller Zeiten, weil er der kompletteste ist. Er vereint alles, was es im modernen Handball braucht.

Der Modellathlet hat eine unglaubliche Physis, dazu eine herausragende Siegermentalität, er ist Torschütze, Stratege und Defensivkönner zugleich. Dazu ist er eine Führungspersönlichkeit sondergleichen – doch perfekt ist auch Karabatić nicht. Im Jahre 2012 war er in einen Wettskandal verwickelt. Er bekam eine Geldstrafe und nach einer Berufung auch eine Haftstrafe auf Bewährung aufgebrummt. Seine Erfolge sind und bleiben jedoch unbestritten.

Handball bekam er von seinem mittlerweile verstorbenen Vater Branko, der auch Profi war, in die Wiege gelegt. Seine Weltkarriere startete „Niko" mit nur 17 Jahren bei Montpellier HB. Nach vier Meisterschaften und seinem ersten (2003) von inzwischen drei Champions-League-Titeln (mit drei verschiedenen Vereinen) zog es Karabatić in die Bundesliga, natürlich zum THW Kiel. Wieder vier Meisterschaften, drei Pokalsiege und einen Königsklassen-Triumph später ging er zurück nach Montpellier. Damals für eine Ablösesumme von über einer Million Euro. Noch nie zuvor war im Handball ein siebenstelliger Betrag für einen einzelnen Spieler gezahlt worden.

Doch jeder Verein konnte sich sicher sein: Mit Karabatić kam auch stets der Erfolg. Wieder wurden es drei Meisterschaften mit Montpellier, bevor der Wettskandal einen kurzzeitigen Absturz bedeutete. Er musste für eine halbe Saison zum No-Name-Klub Pays d'Aix UC wechseln, um aus der Schusslinie zu geraten. Dort traf er auf seinen jüngeren Bruder Luka, mit dem er auch schon bei Montpellier zusammengespielt hatte. Heute sind beide wieder in Paris und in der Nationalmannschaft vereint.

Bevor Nikola Karabatić jedoch in der Hauptstadt seines Landes landete, machte er von 2013 bis 2015 einen Abstecher nach Barcelona. Bei seinem Wechsel zurück nach Frankreich war er der erste Handballer, für den mehr als zwei Millionen Euro Ablöse gezahlt wurden. Im Gepäck hatte er acht nationale Titel in Spanien sowie seinen dritten Sieg in der Champions League. Dieser fehlt ihm mit Paris bislang noch und darüber können auch die vielen weiteren französischen Meisterschaften (2016 bis 2023) nicht hinwegtäuschen. Eine Chance hat er noch, in der Saison 2023/24. Danach wird er seine Karriere beenden. Dies hat er im Sommer 2023 angekündigt.

Karabatić hat bislang 63 Titel auf Vereinsebene geholt. Darunter waren von 2002 bis 2019 mit Ausnahme des Jahres 2013 insgesamt 21 nationale Meistertitel in Serie. Mit dem Nationalteam ist er viermal Weltmeister, viermal Europameister und dreimal Olympiasieger geworden. Macht 74 Trophäen insgesamt.

Beeindruckende Zahlen, mit denen Karabatić stellvertretend für eine ganze Generation französischer Weltklassespieler steht. Sie alle ausführlich zu beschreiben, dazu bedarf es eines weiteren Buches. Doch namentlich erwähnt seien an dieser Stelle auch Thiery Omeyer, Jérôme Fernandez, Bertrand und Guillaume Gille, Daniel Narcisse, Luc Abalo, Michaël Guigou sowie Didier Dinart. Sie alle haben als Spieler Olympiasiege mit Karabatić gefeiert, wurden mindestens zweimal mit ihm Europa- und Weltmeister. Omeyer und Dinart haben insgesamt sogar fünf WM-Titel geholt, Dinart den letzten als Trainer von Karabatić.

Neben den vier Franzosen Karabatić, Narcisse, Omeyer und Joël Abati gibt es übrigens nur noch zwei Spieler weltweit, die mindestens einmal die EM, WM, Olympia, Champions League und die deutsche Meisterschaft geholt haben: die Dänen Niklas Landin und Lasse Svan.

Die größten Erfolge von Karabatić:

Champions-League-Sieger (3): 2003, 2007, 2015

Super Globe (2): 2013, 2014

EHF Champions Trophy: 2007

Deutscher Meister (4): 2006, 2007, 2008, 2009

DHB-Pokalsieger (3): 2007, 2008, 2009

DHB-Supercup-Gewinner (3): 2005, 2007, 2008

Französischer Meister (15): 2002 bis 2005, 2010 bis 2012, 2016 bis 2023

Französischer Pokalsieger (9): 2001 bis 2003, 2005, 2010, 2012, 2018, 2021 und 2022

Französischer Ligapokalsieger (8): 2004, 2005, 2010, 2011, 2012, 2017, 2018, 2019

Französischer Supercup-Sieger (5): 2010, 2011, 2015, 2016, 2019

Spanischer Meister (2): 2014, 2015

Spanischer Pokalsieger (2): 2014, 2015

Spanischer Supercup-Sieger (2): 2013, 2014

Spanischer Ligapokalsieger (2): 2013, 2014

Olympiasieger: 2008, 2012, 2020 (2021)

Weltmeister: 2009, 2011, 2015 und 2017

Europameister: 2006, 2010, 2014, 2024

Most Valuable Player (wertvollster Spieler): EM 2008, WM 2011, EM 2014 und WM 2017

All-Star-Team: EM 2004, WM 2007, WM 2009, EM 2010, OS 2012, WM 2015, OS 2016

Torschützenkönig der EM 2008 (gemeinsam mit Lars Christiansen und Ivano Balić)

Welthandballer 2007, 2014 und 2016

4.8 MAGNUS WISLANDER

Wenn irgendwann der Welthandballer des 21. Jahrhunderts gewählt wird, kommt wohl niemand an dem Namen Nikola Karabatić vorbei. Doch der Welthandballer des 20. Jahrhunderts heißt Magnus Wislander.

Der langjährige Kapitän des THW Kiel wurde 2000 in einer Umfrage unter den damals 145 Mitgliedsverbänden des Weltverbandes IHF, den Rats- und Kommissionsmitgliedern sowie Journalisten mit 20,4 % vor Talant Dujshebaev (RUS/ESP), Andrei Lawrow (RUS), Gheorghe Gruia (ROM) und Jackson Richardson (Frau) gewählt.

Genau wie in anderen Sportarten ist auch im Handball das aktuelle, moderne Spiel schwer mit dem aus früheren Tagen zu vergleichen. Wie oft hat sich Franz Beckenbauer anhören müssen, dass sein Stolzieren durch die gegnerischen Abwehrreihen beim WM-Triumph 1974 heute so nicht mehr möglich sei. Mag sein. Ganz bestimmt ist es sogar so. Trotzdem ist und bleibt „der Kaiser" einer der größten Fußballer aller Zeiten.

Bei Magnus Wislander ist das nicht anders. Vielleicht könnte sich „Max" oder „Slangen" (der Schlauch), wie er in seiner Heimat Schweden genannt wird, heute nicht mehr ohne Weiteres durch die gegnerische Deckung winden, so wie er es von Anfang der 1980er-Jahre bis 2005 tat. Dennoch bleibt auch sein Können für immer unbestritten und der Handballer des Jahrhunderts darf hier natürlich nicht fehlen. Zumal Wislander wohl der einzige Spieler ist, der auf Weltklasseniveau sowohl im Nationalteam Schwedens als auch bei einem europäischen Spitzenverein, dem THW Kiel, auf zwei Positionen gleichermaßen erfolgreich war. Als Spielmacher begann er seine Weltkarriere, als Kreisläufer beendete er sie.

Hans Einar Magnus Wislander wie er mit vollem Namen heißt, wurde am 22. Februar 1964 in Göteborg geboren. Er war ein Teil der legendären *Bengan Boys* (siehe Kap. 7) und gewann mit Schweden vier Europameisterschaften, zwei Weltmeisterschaften und holte drei olympische Silbermedaillen in Folge. Dazu gewann er auch zweimal WM-Silber und zweimal WM-Bronze.

In seiner Jugend spielte er zunächst in seiner Heimatstadt bei Tuve IF, bevor er 1979 zum großen Redbergslids IK ging. Hier wurde er viermal schwedischer Meister und wechselte 1990 zum THW Kiel. Wislander trug entscheidend dazu bei, dass der THW zu einem der besten Vereine in Europa aufstieg. Bis 2002 holte er mit den Kielern sieben Meisterschaften, drei Pokalsiege und zwei Europacup-Titel. 2000 stand er mit dem THW im Endspiel der Champions League, der Sieg blieb ihm jedoch verwehrt. Dafür wurde ihm eine andere Ehre zuteil. Seine legendäre Rückennummer 2 wird in Kiel nie mehr vergeben und unter dem Hallendach der Kieler Arena hängt ein überdimensionales Trikot von ihm.

Nach seiner Rückkehr zu Redbergslids feierte er 2003 seine fünfte schwedische Meisterschaft. Er war noch bis 2005 als Spieler aktiv, ab 2002 allerdings schon ins Trainerteam eingebunden. Er war zunächst als Co- und später als Cheftrainer tätig. Seit 2012 hat er wieder die Rolle des Assistenten inne. Zudem ist er in Schweden als TV-Experte unterwegs und somit immer noch bei Handballgroßereignissen auf der ganzen Welt anzutreffen. Im Herbst 2019 erlitt Wislander einen Schlaganfall, den er den Umständen entsprechend gut verkraftet hat. Dabei half ihm sicherlich auch die Anteilnahme der gesamten Handballwelt.

Sein weibliches Pendant, die Welthandballerin des 20. Jahrhunderts, ist übrigens Sinajida Turtschyna. Die in Kiew in der heutigen Ukraine geborene Turtschyna hat im Gegensatz zu dem Schweden Wislander zwei

Olympiasiege errungen (1976 und 1980 mit der Sowjetunion). Dazu wurde sie zweimal Weltmeister (1982 und 1986). Sie gehörte in den 1970er- und 1980er-Jahren zum legendären Team von Spartak Kiew, mit dem sie 20-mal Meister wurde und das insgesamt 13-mal die Champions League bzw. den Europapokal der Landesmeister gewann. Damit ist Spartak bis heute der erfolgreichste Verein Europas, womit wir bei den besten Klubs des Kontinents angelangt sind.

Die größten Erfolge von Magnus Wislander:

Deutscher Meister: 1994, 1995, 1996, 1998, 1999, 2000, 2002

Deutscher Pokalsieger: 1998, 1999, 2000

EHF-Pokalsieger: 1998, 2002

Schwedischer Meister: 1985, 1986, 1987, 1989, 2003

Weltmeister: 1990, 1999

Europameister: 1994, 1998, 2000, 2002

Olympiazweiter: 1992, 1996, 2000

Welthandballer des Jahrhunderts

Welthandballer: 1990

4.9 SPARTAK KIEW

Seit der Unabhängigkeit der Ukraine konnte Spartak Kiew nie wieder an die ruhmreichen Tage der 1970er- und 1980er-Jahre anknüpfen. Zwei Jahrzehnte lang gewann die Damen-Mannschaft des Vereins, der erst 1959 mit Handball begonnen hatte, alles, was es national und international zu gewinnen gab. In der Saison 1969/70 stand der damalige Serienmeister des Landes zum ersten Mal im Endspiel des Europapokals der Landesmeister (heute Champions League). Mit einem 9:7 über den HC Leipzig wurde in Bratislava der Titel errungen. Es war der erste von insgesamt 13 bis 1988. Damit ist Spartak bis heute der erfolgreichste Verein im europäischen Frauen-Handball.

Bis zur ersten Endspielniederlage (1974 gegen Leipzig) gab es vier Titel am Stück. 1976 stand Kiew nach sieben Jahren erstmals nicht im Finale. Doch wenn Spartak es danach tat, gewann der Klub immer. Immer bis auf 1989. Im bis heute letzten Finale der Vereinsgeschichte gab es eine Niederlage. Vielmehr zwei. Sowohl das Hinspiel (16:14) als auch das Rückspiel (21:19) ging an Hypo Niederösterreich.

Die Österreicherinnen waren fortan die neue Macht im europäischen Frauen-Handball. Nach zwei verlorenen Endspielen konnten sie Spartak bezwingen und beendeten die Ära Kiew. Gleichzeitig begannen sie ihre eigene und holten bis zur Jahrtausendwende insgesamt acht Königsklassen-Titel. Dazu standen sie weitere viermal im Finale. Eine fünfte Finalniederlage gab es 2008.

Diese Erfolgsbilanz macht Hypo zum zweitbesten Verein Europas. Doch genau wie Kiew ist auch der Klub mittlerweile aus der Spitze des Kontinents verschwunden. Auch national endeten zuletzt erschreckende Erfolgsserien. 2017 gab es eine Finalniederlage im Pokal, wodurch erstmals seit 29 Jahren das Double in Österreich verpasst wurde. In der Saison 2018/19 verpasste Hypo nach 42 Meistertiteln in Serie erstmals den nationalen Titel. Immerhin: Der Pokal wurde wieder gewonnen, zum 30ten Mal.

Doch international übernahm Győri ETO KC das Sagen. Der Verein aus Ungarn wurde bereits 1948 gegründet. Seit 2005 haben die Frauen des Klubs bis auf wenige Ausnahmen immer die ungarische Meisterschaft gewonnen. Davor gab es Ende der 1950er-Jahre bereits zwei Titel und so sind es insgesamt 17 (Rekord). Ebenfalls seit 2005 wurde fast jedes Jahr der nationale Pokal geholt. Somit gab es in der Stadt im Nordwesten Ungarns reihenweise das Double zu feiern. Hinzu kamen seit 2013 fünf Champions-League-Siege, zuletzt von 2017 bis 2019 drei am Stück.

Nach einer abgebrochenen Saison wegen der Corona-Pandemie, war es der norwegische Top-Club Viper Kristiansand, der dieses Kunststück ebenfalls schaffte und den Königsklassen-Titel-Hattrick hingelegt hat. Győri wurde in diesen Jahren einmal Zweiter und holte zweimal Bronze.

Die Männer des Vereins stehen deutlich im Schatten der Frauen, haben aber auch schon Erfolge vorzuweisen. Drei Meisterschaften, vier Pokalsiege und ein Europacup-Titel wurden in den 1980er-Jahren und 1973 eingefahren.

Doch zurück zu Spartak. Es war Ihor Turtschyn, der 1959 einer Gruppe von Frauen Handball beibrachte. Drei Jahre später wurde Spartak gegründet und die Erfolgsgeschichte begann. Turtschyn leitete und trainierte den Verein bis zu seinem Tod 1993. Seine Frau Sinajida Turtschyna übernahm anschließend die Vereinsführung. Doch auch die Handballerin des 20. Jahrhunderts konnte den Verein nicht mehr in die Erfolgsspur zurückführen. Es gab noch eine letzte Teilnahme an der Champions League 2001 sowie 2003 Platz zwei im EHF Cup Winners Cup, mehr jedoch nicht.

Erfolge Spartak Kiew:

Champions League (13): 1970, 1971, 1972, 1973, 1975, 1977, 1979, 1981, 1983, 1985, 1986, 1987, 1988

Erfolge Hypo Niederösterreich:

Österreichischer Meister: 42-mal (1976/77–2017/18)

Österreichischer Cupsieger: 30-mal (1988–2016, 2019)

Champions League 1989, 1990, 1992, 1993, 1994, 1995, 1998, 2000

Europapokal der Pokalsieger 2013

Erfolge Győri ETO KC:

Frauen:

Ungarische Meisterschaft (17): 1957, 1959, 2005, 2006, 2008, 2009, 2010, 2011, 2012, 2013, 2014, 2016, 2017, 2018, 2019, 2022, 2023

Ungarischer Pokal (15): 2005, 2006, 2007, 2008, 2009, 2010, 2011, 2012, 2013, 2014, 2015, 2016, 2018, 2019, 2021

Champions-League-Sieger: 2013, 2014, 2017, 2018, 2019

Männer:

Ungarische Meisterschaft: 1987, 1989, 1990

Ungarischer Pokal: 1973, 1985, 1986, 1987

EHF-Pokal: 1986

4.10 FC BARCELONA

Im Fútbol Club Barcelona, weltweit auch in der Kurzform Barça bekannt, wird auch erfolgreich Handball gespielt. Am 29. November 1942 wurde die Handballabteilung der Katalanen gegründet und bereits im nächsten Jahr die erste von mittlerweile 34 spanischen Meisterschaften eingefahren. Der Aufstieg zum erfolgreichsten Klub Europas hatte begonnen. Vor allem in den 1980er- und 1990er-Jahren war Barcelona kaum zu bezwingen. Ab der Jahrtausendwende machte der Verein eine Durststrecke durch, hatte meist gegen den Retortenklub Ciudad Real das Nachsehen.

Die spanische Liga galt viele Jahre als das große Ziel für sämtliche Handballprofis. Doch mittlerweile ist dort große Langeweile eingekehrt und außer Sonnenschein sowie Barcelona bietet die Liga Asobal nicht mehr viel. Seit 2011 ging der Titel immer an die Katalanen.

Barcelona ist jedoch nicht nur Rekordmeister, auch alle anderen nationalen Titel wie der Pokal, Supercup oder der Ligapokal werden fast immer gewonnen. Und auch international sind die Mannen von der iberischen Halbinsel erfolgreich unterwegs. 11 Siege in der Champions League, zuletzt 2022, sind auch hier Rekord. Barcelona führt auch die ewige Tabelle in diesem Turnier an. Waren es in früheren Tagen Vereine wie SKA Minsk oder Zagreb, die am Thron von Barcelona rüttelten, gehören heute neben den deutschen Teams Klubs wie Kielce, Veszprém oder Paris zu den großen Konkurrenten. An die Erfolgsbilanz von Barcelona kommt jedoch keiner heran. Weit über 100 Trophäen hat der Verein bereits gesammelt.

Erfolgsbilanz:

Spanischer Meister (38) 1943, 1945, 1946, 1947, 1951, 1953, 1958, 1963, 1969, 1973, 1980, 1982, 1986, 1988, 1989, 1990, 1991, 1992, 1996, 1997, 1998, 1999, 2000, 2003, 2006, 2011, 2012, 2013, 2014, 2015, 2016, 2017, 2018, 2019, 2020, 2021, 2022, 2023

Katalanischer Meister (22) 1950, 1957, 1960, 1969, 1982, 1983, 1984, 1985, 1987, 1988, 1991, 1992, 1993, 1994, 1995, 1997, 1998, 1999, 2000, 2001, 2002, 2004

Spanischer Pokalsieger (26) 1969, 1972, 1973, 1983, 1984, 1985, 1988, 1990, 1993, 1994, 1997, 1998, 2000, 2004, 2007, 2009, 2010, 2014, 2015, 2016, 2017, 2018, 2019, 2020, 2021, 2022

Copa ASOBAL (17) 1995, 1996, 2000, 2001, 2002, 2010, 2012, 2013, 2014, 2015, 2016, 2017, 2018, 2019, 2020, 2021, 2022

Spanischer Supercupsieger (23) 1987, 1989, 1990, 1991, 1992, 1994, 1997, 1998, 2000, 2001, 2004, 2007, 2009, 2010, 2013, 2014, 2015, 2016, 2017, 2018, 2019, 2020, 2021

Champions-League-Sieger (11) 1991, 1996, 1997, 1998, 1999, 2000, 2005, 2011, 2015, 2021, 2022

Europäischer Supercup 1997, 1998, 1999, 2000, 2004

Europapokal der Pokalsieger 1984, 1985, 1986, 1994, 1995

EHF-Pokalsieger 2003

IHF Super Globe (Klub-WM, 5): 2013, 2014, 2017, 2018, 2019

★ 5 ★

WETTBEWERBE IM VEREINSHANDBALL

An dieser Stelle folgt ein Überblick über die wichtigsten Wettbewerbe im deutschen und europäischen Vereinshandball sowie ein Blick auf den IHF Super Globe, eine Art Weltpokal für Vereinsteams.

Beginnen wollen wir in Deutschland, wo analog zu anderen Ländern, aber vor allem zu anderen Mannschaftssportarten, an erster Stelle die deutsche Meisterschaft steht. Diese wird heute sowohl bei den Frauen als auch den Männern in einer eingleisigen Bundesliga ausgetragen. Hinzu kommt der DHB-Pokal und es gibt den Supercup, in dem stets der Meister auf den Pokalsieger der Vorsaison trifft. Außerdem gibt es im Amateurbereich seit 2015 neben den jeweiligen Landespokal-Wettbewerben auch den bundesweiten DHB-Amateur-Pokal.

International werden bzw. wurden diverse Europacup-Wettbewerbe ausgetragen. Der wichtigste Europacup ist und bleibt die Champions League (früher Europapokal der Landesmeister), die daher auch den Beinamen Könisklasse trägt.

Es gibt außerdem noch die EHF European League (ehemals EHF-Pokal) und den EHF Challenge Cup (früher City-Cup). Frühere Wettbewerbe waren der Europapokal der Pokalsieger, die EHF Champions Trophy (auch

IHF-Goldpokal), es gab drei Jahre lang einen Feldhandball-Europapokal und inzwischen gibt es einen Beach Handball Champions Cup. Im europäischen Vereinshandball sei noch die SEHA League als gesonderter Wettbewerb erwähnt.

Weltumspannend ist der IHF Super Globe, eine mittlerweile jährlich ausgerichtete Vereins-WM, ähnlich dem Weltpokal im Fußball.

5.1 DEUTSCHE MEISTERSCHAFT

Wer deutscher Meister werden will, muss sich in der Bundesliga durchsetzen - sowohl bei den Frauen als auch den Männern. Bei den Herren der Schöpfung bewirbt sich die Liga selbst mit dem Slogan: die stärkste Liga der Welt. Dies stand viele Jahre außer Frage, doch nachdem es von 2015 bis 2019 eine Durststrecke in der Champions League gab - kein deutsches Team erreichte das Final Four in Köln - und zudem viele Stars die Liga verließen, wurden bereits Stimmen laut, die meinten, der Slogan sei überholt. Sicherlich Ansichtssache. Fest steht ohne Zweifel: Die Bundesliga ist bei den Männern die schwierigste Liga der Welt. Es gibt keine andere Eliteliga, die eine ähnlich hohe Leistungsdichte bietet wie die deutsche.

Während in Ländern wie Spanien, Polen, Nordmazedonien, Schweiz, Norwegen, Russland oder Ungarn meist nur ein, maximal zwei Topteams spielen und die Meisterschaft über Jahre im Vorbeigehen errungen wurde, gibt es in Deutschland diverse Spitzenmannschaften. Und selbst bei den vermeintlich Kleineren können die Arrivierten hin und wieder straucheln.

Doch Ladies first. Die Bundesliga der Frauen existiert seit 1975. Bis 1985 gab es zwei Staffeln (Nord und Süd), seither ist die Liga eingleisig. Bayer Leverkusen ist als einziger Klub in allen Jahren dabei gewesen und mit acht Titeln das erfolgreichste Team. Im letzten Jahrzehnt dominierte der

Thüringer HC mit sieben Meistertiteln. Es spielen 14 Teams in der Bundesliga und der Meister wird in einer Hin- und Rückrunde ermittelt. Als Unterbau dient die zweite Liga, die 1985 eingeführt wurde und seit der Saison 2010/11 eingleisig ist. Vorsitzender der Frauen-Bundesliga ist Ex-Nationalkeeper Andreas Thiel, Geschäftsführer Christoph Wendt. Der Sitz der Liga ist in Dortmund.

Die Meisterteams seit 1975

1975/76	TuS Eintracht Minden
1976/77	TSV GutsMuths Berlin
1977/78	TuS Eintracht Minden
1978/79	Bayer Leverkusen
1979/80	Bayer Leverkusen
1980/81	PSV Grünweiß Frankfurt
1981/82	Bayer Leverkusen
1982/83	Bayer Leverkusen
1983/84	Bayer Leverkusen
1984/85	Bayer Leverkusen
1985/86	Bayer Leverkusen
1986/87	Bayer Leverkusen
1987/88	TV Lützellinden
1988/89	TV Lützellinden
1989/90	TV Lützellinden
1990/91	TuS Walle Bremen
1991/92	TuS Walle Bremen

1992/93	TV Lützellinden
1993/94	TuS Walle Bremen
1994/95	TuS Walle Bremen
1995/96	TuS Walle Bremen
1996/97	TV Lützellinden
1997/98	VfB Leipzig
1998/99	VfB Leipzig
1999/2000	TV Lützellinden
2000/01	TV Lützellinden
2001/02	HC Leipzig
2002/03	DJK/MJC Trier
2003/04	FHC Frankfurt/Oder
2004/05	1. FC Nürnberg
2005/06	HC Leipzig
2006/07	1. FC Nürnberg
2007/08	1. FC Nürnberg
2008/09	HC Leipzig
2009/10	HC Leipzig
2010/11	Thüringer HC
2011/12	Thüringer HC
2012/13	Thüringer HC
2013/14	Thüringer HC
2014/15	Thüringer HC

2015/16	Thüringer HC
2016/17	SG BBM Bietigheim
2017/18	Thüringer HC
2018/19	SG BBM Bietigheim

Bei den Männern gibt es die Bundesliga als höchste Spielklasse seit 1966. Im Jahre 1977 wurde die Eingleisigkeit festgelegt. Die Liga besteht aus 18 Teams und wird ebenfalls in einer Hin- und Rückrunde ausgetragen. Rekordmeister ist mit Abstand der THW Kiel (23 Titel). Die Liga hat ihren Sitz in Köln. Geschäftsführer ist Frank Bohmann und Präsident Uwe Schwenker.

Im A-Jugendbereich gibt es ebenfalls Bundesligen (weiblich und männlich).

Männer, alle Meister seit 1966

1966/67	VfL Gummersbach
1967/68	SG Leutershausen
1968/69	VfL Gummersbach
1969/70	Frisch Auf Göppingen
1970/71	GWD Minden
1971/72	Frisch Auf Göppingen
1972/73	VfL Gummersbach
1973/74	VfL Gummersbach
1974/75	VfL Gummersbach
1975/76	VfL Gummersbach
1976/77	GWD Minden

1977/78	TV Großwallstadt
1978/79	TV Großwallstadt
1979/80	TV Großwallstadt
1980/81	TV Großwallstadt
1981/82	VfL Gummersbach
1982/83	VfL Gummersbach
1983/84	TV Großwallstadt
1984/85	VfL Gummersbach
1985/86	TUSEM Essen
1986/87	TUSEM Essen
1987/88	VfL Gummersbach
1988/89	TUSEM Essen
1989/90	TV Großwallstadt
1990/91	VfL Gummersbach
1991/92	SG Wallau/Massenheim
1992/93	SG Wallau/Massenheim
1993/94	THW Kiel
1994/95	THW Kiel
1995/96	THW Kiel
1996/97	TBV Lemgo
1997/98	THW Kiel
1998/99	THW Kiel
1999/00	THW Kiel

2000/01	SC Magdeburg
2001/02	THW Kiel
2002/03	TBV Lemgo
2003/04	SG Flensburg-Handewitt
2004/05	THW Kiel
2005/06	THW Kiel
2006/07	THW Kiel
2007/08	THW Kiel
2008/09	THW Kiel
2009/10	THW Kiel
2010/11	HSV Hamburg
2011/12	THW Kiel
2012/13	THW Kiel
2013/14	THW Kiel
2014/15	THW Kiel
2015/16	Rhein-Neckar Löwen
2016/17	Rhein-Neckar Löwen
2017/18	SG Flensburg-Handewitt
2018/19	SG Flensburg-Handewitt
2019/20	THW Kiel
2020/21	THW Kiel
2021/22	SC Magdeburg
2022/23	THW Kiel

5.2 DHB-POKAL/DHB-AMATEUR-POKAL

Der DHB ist der deutsche Pokalwettbewerb und wird sowohl bei den Frauen als auch bei den Männern in Turnierform, sprich im K.-o.-System, ausgespielt. Dies war bei den Frauen nicht immer so. In den Anfängen ab 1975 konnte der Meister beispielsweise nicht am Pokal teilnehmen. Lediglich der Verlierer des Meisterschaftsendspiels. Seinerzeit diente der Pokal ausschließlich dazu, um einen Teilnehmer für den Europapokal der Pokalsieger zu ermitteln. Diesen Europacup gibt es heute nicht mehr, er ist in die European League (ehemals EHF Cup) integriert worden. Der deutsche Pokalsieger qualifiziert sich aber nach wie vor für den Europacup.

Bei den Frauen wurde erst ab der Saison 1977/78 in einer kompletten Turnierform ausgetragen. Seit 1994 gibt es ein Final-Four-Turnier, bei dem an einem Wochenende die Halbfinals und das Endspiel ausgetragen werden.

DHB-Pokalsieger Frauen

1975	TSV GutsMuths
1976	TSV GutsMuths Berlin
1977	TuS Eintracht Minden
1978	TuS Eintracht Minden
1979	TSV GutsMuths Berlin
1980	Bayer 04 Leverkusen
1981	VfL Oldenburg
1982	Bayer 04 Leverkusen
1983	Bayer 04 Leverkusen
1984	Bayer 04 Leverkusen

1985	Bayer 04 Leverkusen
1986	VfL Engelskirchen
1987	Bayer 04 Leverkusen
1988	VfL Engelskirchen
1989	TV Lützellinden
1990	TV Lützellinden
1991	Bayer 04 Leverkusen
1992	TV Lützellinden
1993	TuS Walle Bremen
1994	TuS Walle Bremen
1995	TuS Walle Bremen
1996	VfB Leipzig
1997	BV Borussia 09 Dortmund
1998	TV Lützellinden
1999	TV Lützellinden
2000	HC Leipzig
2001	TV 05 Mainzlar
2002	TSV Bayer 04 Leverkusen
2003	Frankfurter HC
2004	1. FC Nürnberg
2005	1. FC Nürnberg
2006	HC Leipzig
2007	HC Leipzig

2008	HC Leipzig
2009	VfL Oldenburg
2010	Bayer 04 Leverkusen
2011	Thüringer HC
2012	VfL Oldenburg
2013	Thüringer HC
2014	HC Leipzig
2015	Buxtehuder SV
2016	HC Leipzig
2017	Buxtehuder SV
2018	VfL Oldenburg
2019	Thüringer HC
2020	Kein Pokalsieger wegen der Corona-Pandemie
2021	SG BBM Bietigheim
2022	SG BBM Bietigheim
2023	SG BBM Bietigheim

Bei den Männern wird der DHB-Pokal ebenfalls seit 1975 ausgespielt. Von 1981 bis 1992 gab es im Finale Hin- und Rückspiele zwischen den Teilnehmern. Davor und danach nur ein Endspiel. Seit 1993 ebenfalls ein Final-Four-Turnier. Dies wurde von 1994 bis 2022in Hamburg ausgetragen. Im Jahr 2023 wechselte der Standort für mindestens fünf Jahre nach Köln. Doch egal wo, ist es eines der größten Handballfeste des Jahres in ganz Deutschland. Rekord-Titelträger ist der THW Kiel mit 12 Siegen.

Seit 2015 (Ausnahme 2021 und 2022 wegen der Corona-Pandemie) findet im Rahmen des Final Four auch das Endspiel um den DHB-Amateur-Pokal (Männer) statt. Der Gewinner wird aus den Landespokalsiegern ermittelt. Erster Sieger war der DHK Flensborg aus Schleswig-Holstein.

DHB-Pokalsieger Männer

1975	TSV Grün-Weiß Dankersen
1976	TSV Grün-Weiß Dankersen
1977	VfL Gummersbach
1978	VfL Gummersbach
1979	TSV Grün-Weiß Dankersen
1980	TV Großwallstadt
1981	TuS Nettelstedt
1982	VfL Gummersbach
1983	VfL Gummersbach
1984	TV Großwallstadt
1985	VfL Gummersbach
1986	MTSV Schwabing
1987	TV Großwallstadt
1988	TUSEM Essen
1989	TV Großwallstadt
1990	TSV Milbertshofen
1991	TUSEM Essen
1992	TUSEM Essen

1993	SG Wallau/Massenheim
1994	SG Wallau/Massenheim
1995	TBV Lemgo
1996	SC Magdeburg
1997	TBV Lemgo
1998	THW Kiel
1999	THW Kiel
2000	THW Kiel
2001	VfL Bad Schwartau
2002	TBV Lemgo
2003	SG Flensburg-Handewitt
2004	SG Flensburg-Handewitt
2005	SG Flensburg-Handewitt
2006	HSV Hamburg
2007	THW Kiel
2008	THW Kiel
2009	THW Kiel
2010	HSV Hamburg
2011	THW Kiel
2012	THW Kiel
2013	THW Kiel
2014	Füchse Berlin
2015	SG Flensburg-Handewitt

2016	SC Magdeburg
2017	THW Kiel
2018	Rhein-Neckar Löwen
2019	THW Kiel
2020	TBV Lemgo-Lippe
2021	Kein Pokalsieger wegen der Corona-Pandemie
2022	THW Kiel
2023	Rhein-Neckar Löwen

Sieger DHB-Amateur-Pokal (Männer)

2015	DHK Flensborg
2016	SG Langenfeld 92/72
2017	TuS Spenge
2018	TuS Spenge
2019	ATSV Habenhausen
2020	SG Langenfeld
2021	Kein Sieger wegen der Corona-Pandemie
2022	Kein Sieger wegen der Corona-Pandemie
2023	Interaktiv Handball

5.3 SUPERCUP

„Der Gewinner sagt, es ist der erste Titel der Saison, der Verlierer sagt, der Supercup ist nicht so wichtig", so fasste Maik Machulla im Sommer 2019 im Vorfeld des Supercups die Bedeutung des Wettbewerbs treffend zusammen. Der damalige Trainer der SG Flensburg-Handewitt freute sich natürlich trotzdem, als sein Team den Rekordsieger THW Kiel (13 Titel) mit 32:31 nach Verlängerung bezwang, hatte jedoch den Kern des Supercup-Images getroffen.

Das Duell zwischen dem Meister und Pokalsieger der Vorsaison, das stets als Auftakt in die darauf folgende Spielzeit abgehalten wird, genießt eher den Ruf eines weniger wichtigen, lediglich prestigeträchtigen Titels. Sicherlich, der Sieger freut sich und hat einen Pokal mehr auf dem Briefkopf stehen, aber kaum ein Handballer erwähnt, dass er einmal den Supercup gewonnen hat.

Bei den Männern wird der Supercup seit 1994 an wechselnden Orten (zuletzt in Düsseldorf) ausgetragen. Die Frauen ermittelten erstmals seit 2008 den Supercup-Sieger. Nach zwei Jahren gab es eine Unterbrechung des Wettbewerbs, der seit 2015 jährlich ausgetragen wird. Mit drei Siegen führt der Thüringer HC bislang die Bestenliste an.

Supercup-Sieger Frauen

2008	HC Leipzig
2009	VfL Oldenburg
2015	Thüringer HC
2016	Thüringer HC
2017	SG BBM Bietigheim
2018	Thüringer HC
2019	SG BBM Bietigheim
2020	Kein Sieger wegen der Corona-Pandemie
2021	SG BBM Bietigheim

2022	SG BBM Bietigheim
2023	SG BBM Bietigheim

Supercup-Sieger Männer

1994	SG Wallau/Massenheim
1995	THW Kiel
1996	SC Magdeburg
1997	TBV Lemgo
1998	THW Kiel
1999	TBV Lemgo
2000	SG Flensburg-Handewitt
2001	SC Magdeburg
2002	TBV Lemgo
2003	TBV Lemgo
2004	HSV Hamburg
2005	THW Kiel
2006	HSV Hamburg
2007	THW Kiel
2008	THW Kiel
2009	HSV Hamburg
2010	HSV Hamburg
2011	THW Kiel
2012	THW Kiel
2013	SG Flensburg-Handewitt

2014	THW Kiel
2015	THW Kiel
2016	Rhein-Neckar Löwen
2017	Rhein-Neckar Löwen
2018	Rhein-Neckar Löwen
2019	SG Flensburg-Handewitt
2020	THW Kiel
2021	THW Kiel
2022	THW Kiel
2023	THW Kiel

Exkurs: In der ehemaligen DDR wurde ebenfalls eine Meisterschaft und ein Pokalturnier ausgetragen. 1954 wurde die „Hallenhandball-DDR-Liga" als zweigleisige höchste Spielklasse eingeführt. Ab der Saison 1964/65 wurde sie durch die eingleisige Oberliga als höchste Spielklasse ersetzt. Zur Saison 1991/92 wurden die ehemaligen DDR-Teams in den Spielklassen des DHB integriert.

Rekordmeister bei den Frauen ist der SC Leipzig (15 Titel) und mit sechs Siegen Rekord-Pokalgewinner im FDGB-Pokal der Berliner TSC. Beide Teams holten 1991 jeweils den letzten Titel in Meisterschaft und Pokal.

Bei den Männern haben Empor Rostock und der SC Magdeburg jeweils 10 Meisterschaften geholt, wobei die letzte 1991 an den SCM ging. Im Pokal haben die Rostocker mit acht Titeln die Nase vorne gehabt.

5.4 CHAMPIONS LEAGUE

Einst als Europapokal der Landesmeister gestartet, heißt der wichtige europäische Europacup seit der Saison 1993/1994 EHF Champions League. EHF, weil die Europäische Handballföderation der Ausrichter ist.

In der ersten Saison 1956/57 durften nur Stadtauswahlteams teilnehmen. Prag gewann. Nach einem Jahr Pause waren ab der Spielzeit 1958/59 Klubteams erlaubt, diesmal siegte Redbergslids Göteborg. Wiederum ein Jahr später holte mit Frisch Auf Göppingen die erste deutsche Mannschaft den Titel. 1960/61 wurde erstmals der Frauenwettbewerb ausgetragen. Damals war sowohl bei den Frauen als auch bei den Männern ganz klassisch nur die jeweiligen Landesmeister qualifiziert. Seit 1969/70 findet der Europacup jährlich statt. Seit 2010 bei den Männern (in Köln) und vier Jahre später bei den Frauen (in Budapest) tragen die besten vier Mannschaften ein Final-Four-Turnier aus, um den Sieg aus. Mit 11 bzw. 13 Titeln sind der FC Barcelona (Männer) und Spartak Kiew (Frauen) die erfolgreichsten Vereine der Geschichte.

Verteilt nach Nationen, ist die Ukraine dank des Teams aus Kiew bei den Frauen nach wie vor die erfolgreichste Nation, bei den Männern ist es Deutschland (inklusive DDR) mit 21 Titeln. Diese verteilen sich auf neun Klubs: THW Kiel, SG Flensburg-Handewitt, VfL Gummersbach, SC Magdeburg, HSV Hamburg, Frisch Auf Göppingen, TV Großwallstadt. Bei den Frauen gab es vier Siege durch ASK Vorwärts Frankfurt und SC DHfK Leipzig.

Seit einigen Jahren ist der Wettbewerb wie im Fußball aufgebläht und einer der Gründe, weshalb im Handball die Überbelastung der Profis ein ständiges Streitthema ist. Längst sind nicht mehr nur die Meister einer Nation dabei, sondern teilweise auch Vizemeister oder gar dritte Teams, die eine Wildcard erhalten haben. Dieser Umstand sowie ein unsinniger Modus mit Vorrunden wo von bis zu acht Teams sechs die nächste Runde erreichen, haben zu einer Flut an Europacup-Spielen geführt. Dadurch wird das größte Problem im Welt-Handball, ein überfüllter Spielplan und die damit einhergehende Überbelastung von Spielerinnen und Spielern befeuert.

5.5 EUROPEAN LEAGUE, FRÜHER EHF-CUP

Einst EHF-Pokal oder auch als EHF-Cup bekannt, heißt der Wettbewerb heute EHF European League und ist inzwischen der kleine Bruder der Champions League – das Handballpendant zur UEFA Europa League im Fußball.

Bis zur Zusammenlegung mit dem Europapokal der Pokalsieger war der EHF-Cup quasi der drittwertvollste Europacup, seit einigen Jahren hat er Rang zwei von der Wertigkeit her erklommen und dabei im Laufe der Jahre einige Änderungen erlebt.

Zunächst startete 1982 sowohl für Männer- als auch für Frauenmannschaften der Weltverband, die Internationale Handballföderation (IHF), den Wettbewerb, der damals IHF-Pokal hieß. 11 Jahre später übernahm die EHF die Ausrichtung des Wettbewerbs, der in EHF-Pokal umgetauft wurde. In der Saison 2012/13 (Männer) bzw. 2016/17 (Frauen) wurde der Europapokal der Pokalsieger integriert.

Was in all den Jahren und einerlei, unter welchem Namen, gleich geblieben ist: die deutsche Dominanz bei den Männern. Mit 26 Titeln haben deutsche Mannschaften deutlich mehr Titel errungen als alle anderen Nationen zusammen. Seit 1996/1997 (SG Flensburg-Handewitt) gab es bis auf vier Ausnahmen (2000 Metkovic; 2003 Barcelona, 2014 Pick Szeged, 2022 Benfica Lissabon) immer deutsche Sieger, zuletzt in 2023 die Füchse Berlin. Mit jeweils vier Siegen sind der THW Kiel gemeinsam mit Frisch Auf Göppingen und dem SC Magdeburg Rekordgewinner.

Bei den Frauen waren es bislang die Teams aus Dänemark, die die meisten Titel einfahren konnten: zehn Stück an der Zahl. Zuletzt Ikast Håndbold (2022/23) das nun mit drei Siegen gleichauf mit den Landsfrauen von Viborg HK den Rekord hält.

In der Saison 2020/21 wurde der Wettbewerb auf sein heutiges Aussehen letztmals verändert. Der Wettbewerb der Männer wird seither mit 24 Mannschaften in vier Gruppen zu je sechs Mannschaften ausgetragen, bei den Frauen messen sich 16 Vereine in vier Vierergruppen. Beide Turniere enden mit einem Final-Four-Wochenende.

5.6 EUROPEAN CUP/FRÜHERE WETTBEWERBE

Der EHF European Cup (von 2000 bis 2020 unter dem Namen Challenge Cup) ist ein Wettbewerb für die kleineren Nationen bzw. die kleinen Klubs, diejenigen, die sich nicht für die Champions League oder die European League qualifizieren. In seiner heutigen Form existiert der Wettbewerb seit 2000. Zuvor war es unter dem Namen City-Cup bekannt.

Sowohl bei den Frauen als auch den Männern zählen Deutschland und Rumänien zu den erfolgreichsten Nationen. Hinzu kommen Frankreich (Frauen) und Portugal (Männer). UCM Sport Resita (Rumänien) ist bei den Männern mit drei Siegen Rekordhalter und bei den Frauen ist es Rocasa Gran Canaria (3 Titel).

Das Vorgängermodell, der City-Cup, gehört zu jenen Wettbewerben, die im Laufe der Jahre nicht überlebt haben oder wie der EHF-Pokal (siehe oben) ihren Namen geändert haben. Davon gibt es ein paar im Handball. Prominentestes Opfer war ohne Zweifel der Europapokal der Pokalsieger, ein Turnier, an dem, analog zum Landesmeisterwettbewerb, die jeweilen Pokalsieger aus den einzelnen Nationen teilnahmen. Auch im Fußball gab es diesen Wettbewerb in früheren Jahren.

Im Handball wurde er von 1975 (Männer) bzw. 1976 (Frauen) bis 2012 ausgetragen. Rechnet man Frauen und Männer zusammen, waren Deutschland (inklusive der DDR), Spanien und Russland die besten Nationen. Die letzten Sieger dieses traditionsreichen Wettbewerbs hießen Team Tvis Holstebro (Dänemark, Frauen) und SG Flensburg-Handewitt (Deutschland, Männer).

Eingemottet ist längst auch die *Champions Trophy*, besser bekannt als *EHF European Club Championships* (Vereinseuropameisterschaft). Bei den Männern gab es einen Vorläufer, den sogenannten *IHF-Goldpokal* (Ausrichter war die IHF, weil die EHF noch nicht existierte), in dem sich von 1979 bis 1983 jeweils die Sieger aus den Landesmeister- und Pokalsieger-Europacups gegenüberstanden. Der Sieg ging immer an deutsche Teams (Gummersbach zweimal, Rostock, Magdeburg und Großwallstadt). Ab 1996 bei den Männern und bereits ab 1993 bei den Frauen (jeweils bis 2008) wurde die Vereins-EM ausgespielt. An dieser nahmen neben den Siegern der drei höchsten Europapokale die Heimmannschaft des Austragungsortes teil.

Bei den Frauen stellte Dänemark mit drei Titeln die erfolgreichste Nation. Bei den Herren dominierten Spanien (neun Siege) und Deutschland (acht). Nur einmal gewann mit Celje (Slowenien) ein Team aus einem anderen Land.

5.7 SEHA-LEAGUE

Der neueste Wettbewerb im internationalen Handball ist die sogenannte *SEHA-League*. Erstmals wurde diese Liga in der Saison 2011/12 ausgetragen. Dahinter steckt die South Eastern Handball Association, die eigens zur Austragung der Liga erstellte Organisation, die sich aus den Verbänden der Nationen speist, die die Teilnehmer stellen. Dies waren zur Premierensaison Bosnien und Herzegowina, Kroatien, Nordmazedonien, Montenegro, Serbien und die Slowakei.

Im Laufe der Jahre gab es jedoch immer wieder Änderungen aus verschiedensten Gründen. Mal weil es Terminschwierigkeiten in den heimischen Ligen gab, ein anderes Mal, weil neue Nationen, wie Belarus, Ukraine, Rumänien oder Ungarn, eingebunden wurden. Zur Spielzeit 2019/2020 wurde die Liga sogar in Richtung Asien geöffnet und mit dem Team der Beijing Sport University nahm erstmals eine Mannschaft aus China teil.

In der Saison 2021/22 wurde die Liga unterbrochen. Grund dafür war der russische Angriffskrieg auf die Ukraine, wodurch Teams aus Russland und Belarus von internationalen Wettbewerben ausgeschlossen wurden.

Gegründet wurde die Liga einst, weil viele der Spitzenteams in Osteuropa und auf dem Balkan in ihren heimischen Ligen unterfordert, in der Champions League teilweise aber überfordert waren. Hin und wieder kam es jedoch zu Terminschwierigkeiten und die ganz große Akzeptanz in Europas Handball ist bis heute ausgeblieben.

Erster Sieger war die Mannschaft von Vardar Skopje (2012), die nach weiteren Triumphen in 2014 und von 2017 bis 2019 mit fünf Siegen auch Rekord-Titelträger ist. Außerdem gewann zweimal Veszprém aus Ungarn und einmal Zagreb (Kroatien). Gespielt wird wie in der Champions League mit Vorrunden-Gruppen und der Gesamtsieger wird bei einem Final-Four-Turnier ermittelt.

5.8 IHF SUPER GLOBE

Ab in die Wüste. Der *IHF Super Globe* ist die Weltmeisterschaft für Vereinsmannschaften und wird deshalb auch als Klub-WM bezeichnet. Bis auf die Premiere 1997 in Wien wurde das Turnier stets außerhalb Europas abgehalten. 2002 in Doha (Katar), 2007 in Kairo (Ägypten) und, seitdem es ab 2010 jährlich stattfindet, bis 2018 permanent in Doha. Seit 2019 ist Saudi-Arabien das Gastgeberland.

Der FC Barcelona hat sich mit bislang fünf Siegen auch in diesem Wettbewerb als Rekordhalter verewigt. Die Füchse Berlin und der SC Magdeburg konnten zweimal und der THW Kiel einmal gewinnen. In Deutschland genießt der Wettbewerb eher ein zweifelhaftes Ansehen. Die hohen Geldpreise sind zwar verlockend, gespielt wird jedoch meist mitten in der Hinrunde der Saison. Zum ohnehin prall gefüllten Spielkalender kommen weitere Reisestrapazen und eine Woche mit bis zu fünf Partien hinzu. Der sportliche Wert ist ebenfalls fragwürdig, da von der besseren Studentenmannschaft aus Australien bis hin zum europäischen Topklub ein extremes Leistungsgefälle bei den teilnehmenden Teams zu verzeichnen ist. Für die IHF ist es allerdings ein Prestige- und Vorzeigeobjekt, wodurch der Handball außerhalb des Kernmarktes Europa bestens vermarktet werden kann.

★ 6 ★

WETTBEWERBE DER NATIONALMANNSCHAFTEN

Olympische Spiele, Weltmeisterschaft und Europameisterschaft – das sind die drei großen Turniere im internationalen Handball, wenn es um Nationalmannschaften geht. Es gibt außerdem Kontinentalmeisterschaften in Afrika, Asien, Amerika und Ozeanien, doch diese sind eher zweitrangiger Natur.

Im Gegensatz zum Fußball genießt Handball in Verbindung mit den Olympischen Spielen einen hohen Stellenwert, eine Medaille bei den Spielen (Handball wird stets bei den Sommerspielen ausgetragen) ist das Höchste der Gefühle. Zudem wird ein EM-Titel gemeinhin gegenüber einem WM-Sieg als bedeutender angesehen. Das hängt damit zusammen, dass die Leistungsdichte bei Europameisterschaften höher als bei einer WM zu bewerten ist.

Im Laufe der Zeit gab es immer wieder Nationen, die eine ganze Ära geprägt haben. Bei den Männern in den 1950er- und 1990er-Jahren Schweden, in den 1960er-Jahren Rumänien, Russland ebenfalls in den 1990er-Jahren und seit Beginn des 21. Jahrhunderts die Franzosen, in letzter Zeit gepaart mit Dänemark. Mit Deutschland, Spanien und Kroatien bzw. früher Jugoslawien gab es zudem immer wieder Länder, die in regelmäßigem Abstand in der Weltspitze auftauchen. So verteidigten beispielsweise die Spanier im Januar 2020 den EM-Sieg von 2018 und standen von 2016 bis 2022 viermal in Serie im EM-Finale.

Mit insgesamt 13 Goldmedaillen (sechsmal WM, viermal EM und dreimal Olympia) stellt Frankreich die erfolgreichste Mannschaft aller Zeiten bei den Männern. Auf einem geteilten zweiten Rang liegen Schweden und Russland (jeweils acht Titel) vor Deutschland (sieben Titel). Mit dem Gewinn der Goldmedaille bei Olympia 2008, der Weltmeisterschaft 2009 und der Europameisterschaft 2010 waren die Franzosen die ersten, die gleichzeitig Titelträger in den drei größten internationalen Wettbewerben waren. Dies wiederholten sie 2015 (Olympiasieg 2012, Europameister 2014 und Weltmeister 2015).

Auf der Frauenseite sind Russland und Norwegen seit jeher die dominierenden Nationen. Die Russinnen vor allem zu Zeiten der Sowjetunion und Norwegen seit den 1990er-Jahren. In den 1970er-Jahren mischten sich neben der DDR auch Rumänien und Jugoslawien in die Weltspitze. Deutschland konnte nach der Vereinigung mit der DDR nie an die Erfolge anknüpfen, dafür erlebten Südkorea und Dänemark in den 1990er-Jahren glanzvolle Zeiten. Mit 15 Titeln ist Norwegen (viermal WM, neunmal EM und zweimal Olympia) der Titelhamster schlechthin und mit Dänemark (einmal WM; dreimal EM; dreimal Olympia) gibt es nur noch eine weitere Nation, die alle drei großen Turniere gewinnen konnte.

Organisiert werden WM und das Handballturnier bei den Olympischen Spielen vom Weltverband, der IHF (Internationale Handballföderation). Diese hat ihren Sitz in Basel in der Schweiz und inzwischen 209 Mitglieder. Gegründet wurde sie in ihrer jetzigen Form am 11. Juli 1946 in Kopenhagen und Präsident ist seit dem Jahre 2000 der Ägypter Hassan Moustafa.

Erster Vorsitzender war bis 1950 der Schwede Gösta Björk. Eine Vorgängerorganisation, die International Amateur Handball Federation (IAHF), wurde bereits 1928 ins Leben gerufen. Der Sitz war in München und der Deutsche Franz Paul Lang hatte den Vorsitz inne. 1938 richtete die IAHF die erste WM aus. Gastgeber Deutschland gewann. Nach dem Zweiten

Weltkrieg wurde die Organisation aufgelöst und durch die IHF ersetzt. Deutschland blieb bis 1950 außen vor.

Die IHF ist neben der Abwicklung der internationalen Endrunden, zu denen auch die U-Weltmeisterschaften sowie die Beachhandball-WM gehören, auch für die Festlegung der internationalen Regeln (siehe Kap. 2) zuständig. Verantwortlich hierfür ist die Regelkommission.

Sechs Kontinentalverbände sind der IHF angeschlossen. Dies sind: AHF – Asian Handball Federation (Asien); CAHB – Confédération Africaine de Handball (Afrika); EHF – European Handball Federation (Europa); OCHF – Oceania Continent Handball Federation (Ozeanien); South and Central America Handball Confederation (Süd- und Mittelamerika) und North America and the Caribbean Handball Confederation (Nordamerika/Karibik).

Der wichtigste Kontinentalverband ist die EHF, weil in Europa das Herz des weltweiten Handballs schlägt. Die EHF ist die Dachorganisation im europäischen Handball, analog zur UEFA im Fußball. Unter dem Dach der EHF befinden sich 52 nationale Mitgliedsverbände, darunter auch der DHB (Deutscher Handballbund). Die EHF wurde am 17. November 1991 in Berlin gegründet und hat ihren Sitz in Wien. Präsident ist der Österreicher Michael Wiederer. Generalsekretär des Verbandes ist dessen Landsmann Martin Hausleitner.

Die EHF organisiert die wichtigsten europäischen Klubwettbewerbe, allen voran die Champions League, aber auch die alle zwei Jahre stattfindenden Europameisterschaften und die dazugehörigen Qualifikationen zwischen den Nationalteams. Hinzu kommen die Jugend-Europameisterschaften und die Beachhandball-Europameisterschaften.

Die letzte EM der Männer fand im Januar 2024 statt. Die letzte EM 2022 der Frauen fand in Slowenen, Nordmazedonien und Montenegro statt. Rekordeuropameister Norwegen holte Titel Nummer neun und ist auch 2024 bei den Titelwettkämpfen in der Schweiz, Österreich und Ungarn wieder Favorit. Während die Männer-Endrunden (EM und WM) stets Anfang eines Jahres im Januar stattfinden, werden die der Frauen immer im Dezember ausgespielt.

Deutschlands Handball-Frauen wurden noch nie Europameister, gewannen lediglich einmal Silber.

Die DHB-Herren haben bereits zweimal (2004 und 2016) gewinnen können. Rekordeuropameister ist Schweden mit fünf Titeln.

Während die Europameisterschaften, die seit 1994 stattfinden, also stets in den geraden Jahren ausgetragen werden, finden die WM-Turniere immer in den ungeraden Jahren statt. Die Olympischen Spiele fallen somit immer auch in ein EM-Jahr. Alles in allem bedeutet dies Dauerstress für die Handballer, die, im Gegensatz zu den Fußballern, jedes und nicht jedes zweite Jahr mindestens ein internationales Großereignis absolvieren. Und da, wie bereits erwähnt, die Olympischen Spiele einen hohen Stellenwert genießen, werden hier auch keine Nachwuchsteams wie beim Fußball hingeschickt.

6.1 OLYMPISCHE SPIELE

Handball wird während der Olympischen Sommerspiele ausgetragen. Die Problematik der Überbelastung hat immer mal wieder zu der Überlegung geführt, das Handballturnier während der Winterspiele auszutragen und so den Rhythmus von EM und WM zu brechen. Doch mehr als Gedankenspiele waren das bisher nicht.

Erstmals wurden olympische Medaillen 1936 ausgespielt. Das war in Deutschland und auf dem Feld. Das Gastgeberland siegte. Ein Frauen-Turnier gab es damals nicht. Erst 1972 wurde Handball (bei den Männern) – nach dem Untergang der Feldvariante jetzt in der Halle – wieder ins olympische Programm aufgenommen. Die Frauen folgten 1976 und seither ist Handball ein fester Bestandteil der Olympischen Spiele.

Die Titelträger von 2020 (wegen der Corona-Pandemie fanden die Spiele von Tokio erst 2021 statt) sind Frankreich (Frauen und Männer). Legt man die Turniere von Frauen und Männern zusammen, ist Russland mit sieben Goldmedaillen die erfolgreichste Nation. Deutschland bzw. die DDR haben je einen Olympiasieg geholt. Die deutschen Männer noch zweimal Silber und einmal Bronze (zuletzt 2016 in Rio de Janeiro) und die Frauen der DDR auch einmal Silber und Bronze.

Die olympischen Turniere sind mit aktuell jeweils 12 Teilnehmern stets kleiner als eine EM oder WM. Neben den Kontinentalsiegern ist auch immer das Gastgeberland vertreten. Olympische Spiele sind immer auch eine Gelegenheit, um neue Märkte zu erschließen. So wurde 2012 in London extra ein Team Großbritannien ins Leben gerufen. Nach den Spielen verschwand es jedoch wieder in der Bedeutungslosigkeit.

Im Hinblick auf die Olympischen Spiele 2028 haben die USA bereits eine boomende Handballbewegung in Gang gesetzt. In Nordamerika spielt Handball bislang eine völlig untergeordnete Rolle. Zuvor finden jedoch 2024 die Olympischen Spiele in Paris in Frankreich, einem der weltweiten Handballzentren, statt.

Olympische Spiele – Medaillengewinner Frauen				
Jahr	**Austragungsort**	**Gold**	**Silber**	**Bronze**
1976	Montréal	Sowjetunion	DDR	Ungarn
1980	Moskau	Sowjetunion	Jugoslawien	DDR
1984	Los Angeles	Jugoslawien	Südkorea	Volksrepublik China
1988	Seoul	Südkorea	Norwegen	Sowjetunion
1992	Barcelona	Südkorea	Norwegen	Vereintes Team GUS
1996	Atlanta	Dänemark	Südkorea	Ungarn
2000	Sydney	Dänemark	Ungarn	Norwegen
2004	Athen	Dänemark	Südkorea	Ukraine
2008	Peking	Norwegen	Russland	Südkorea
2012	London	Norwegen	Montenegro	Spanien
2016	Rio de Janeiro	Russland	Frankreich	Norwegen
2020 (2021)	Tokio	Frankreich	Russland	Norwegen

Medaillengewinner Männer				
1936	Berlin	Deutsches Reich	Österreich	Schweiz
1972	München	Jugoslawien	Tschechoslowakei	Rumänien
1976	Montréal	Sowjetunion	Rumänien	Polen
1980	Moskau	DDR	Sowjetunion	Rumänien
1984	Los Angeles	Jugoslawien	BR Deutschland	Rumänien
1988	Seoul	Sowjetunion	Südkorea	Jugoslawien
1992	Barcelona	Vereintes Team GUS	Schweden	Frankreich
1996	Atlanta	Kroatien	Schweden	Spanien
2000	Sydney	Russland	Schweden	Spanien
2004	Athen	Kroatien	Deutschland	Russland
2008	Peking	Frankreich	Island	Spanien
2012	London	Frankreich	Schweden	Kroatien
2016	Rio de Janeiro	Dänemark	Frankreich	Deutschland
2020 (2021)	Tokio	Frankreich	Dänemark	Spanien

6.2 WELTMEISTERSCHAFTEN

Handballweltmeisterschaften werden seit 1938 ausgetragen. Bei den Männern zunächst in der Halle und auf dem Feld. Die Geschichte der Feldhandball-WM ist schnell erzählt, weil sie bereits 1966 endete. Bei den sieben Titelkämpfen der Männer gewann Deutschland fünfmal den Titel, die DDR und Schweden je einmal. Die Frauen trugen sogar nur drei Turniere aus. 1949 ging der Sieg an Ungarn und 1956 sowie 1960 jeweils an Rumänien. Deutschland holte 1956 Silber.

In der Halle ist die Geschichte umfangreicher. Die Frauen spielen seit 1957 ihren Weltmeister aus. Zunächst zweimal auf dem Kleinfeld, mit Siegen für die ČSSR und Rumänien. Der Austragungsrhythmus war zunächst unregelmäßig. Mal lagen fünf, mal nur drei oder zwei Jahre zwischen den Turnieren. Erst seit 1993 wird die Frauen-WM alle zwei Jahre abgehalten.

Mit Südkorea gab es 1995 erstmals eine Nation außerhalb Europas, die sich den WM-Titel sichern konnte. In Österreich/Ungarn siegten die Asiatinnen im Endspiel mit 25:20 gegen Ungarn. Es war die Blütezeit des südkoreanischen Frauen-Handballs. 1988 und 1992 hatte die Mannschaft bereits die Olympischen Spiele gewonnen. Mit Brasilien 2013 folgte nur noch ein weiteres nicht europäisches Land als Weltmeister. Andere Nationen erreichten nicht einmal das Endspiel und diese Statistik untermauert, wie sehr Handball durch Europa dominiert wird.

Bei den Männern ist es noch extremer. Der Weltmeister kam bislang immer aus Europa. Mit Katar 2015 stand bislang überhaupt erst einmal ein Team von einem anderen Kontinent im Endspiel. Bei der Heim-WM in der Wüste unterlagen die Gastgeber allerdings mit 22:25 gegen Frankreich. Zudem sei erwähnt, dass Katar etliche Europäer für sein Nationalteam eingebürgert hatte. 2021 fand die WM in Ägypten statt. Nach Japan 1997, Ägypten 1999, Tunesien 2005 sowie Katar 2015 sind es erst die fünften Titelkämpfe außerhalb Europas.

Das Turnier war geprägt von der Corona-Pandemie und fand ohne Zuschauer statt. Den Titel sicherte sich Dänemark, das auch 2023 in Schweden und Polen gewann und somit als erste Nation den historischen Titel-Hattrick hinlegte. Im Jahr 2025 sind die Dänen gemeinsam mit Norwegen und Kroatien Gastgeber der nächsten Männer-WM.

Bei den Frauen findet die WM 2025 in Deutschland und den Niederlanden statt. Zwei Jahre später, 2027, ist Deutschland bei den Männern alleiniger Gastgeber der Weltmeisterschaft.

6.3 EUROPAMEISTERSCHAFTEN

Weil Europa den Welthandball dominiert, ist es ein offenes Geheimnis, dass einem EM-Titel mehr Bedeutung zugesprochen wird, als einem WM-Sieg. Europameisterschaften wurden teilweise mit nur 10 oder 12, zuletzt mit 16 Teams ausgetragen. Da diese vergleichsweise wenigen Mannschaften auch gleichzeitig die Weltspitze ausmachten, war es oftmals deutlich schwieriger, die EM als die WM zu gewinnen. Während bei einer Weltmeisterschaft mindestens in der Vorrunde einige leichte Gegner warteten, gab es diese bei einer EM nicht.

Im Januar 2020 fand die EM der Männer erstmals in drei verschiedenen Nationen (Norwegen, Schweden und Österreich) sowie mit 24 Teilnehmern statt. Dadurch wurde das Leistungsniveau verwässert, wobei in Europa Nationen wie die Niederlande oder Portugal (Rang 6 bei der EM 2020) nach vorne drängen und den Abstand zu den etablierten Handballgroßmächten verringert haben.

Beim letzten Turnier, der EM 2024, waren die derzeit großen Vier (Frankreich, Dänemark, Schweden und Spanien) am Ende allerdings wieder unter sich – mit einer Ausnahme. Die Iberer schieden überraschend in der Vorrunde aus und mussten dem Überraschungsteam aus Österreich den Vortritt in die Hauptrunde lassen. Hier war für die Skisport-Nation Endstation, obwohl es ein Unentschieden gegen Gastgeber Deutschland gab.

Die Deutschen, die erstmals Ausrichter einer Europameisterschaft waren, schafften erstmals seit dem Titel 2016 wieder den Sprung ins Halbfinale. Am Ende musste sich die Mannschaft um Kapitän und Titelheld dieses Buches, Johannes Golla, allerdings mit dem undankbaren vierten Platz begnügen.

Der Titel ging einmal mehr an die Franzosen um ihren Superstar Nikola Karabatič, der im Laufe des Turniers sein 289. EM-Tor warf und damit einen neuen Rekord aufstellte. Am Ende brachte er es auf 295 Treffer. Mit 79 Einsätzen bei Europameisterschaften hält er auch in dieser Statistik den Bestwert.

Deutschland blieb immerhin der Trost, dass man dabei war, als beim Eröffnungsspiel gegen die Schweiz ein neuer Weltrekord aufgestellt wurde. Im Düsseldorfer Fußballstadion sahen 53.586 Menschen den 27:14-Auftakterfolg des DHB-Teams gegen die Schweiz.

Obwohl die Titelverteidigung misslang und Schweden diesmal mit Bronze Vorlieb nehmen musste, sind die Skandinavier mit insgesamt fünf Titeln nach wie vor Rekord-Europameister bei den Männern. Deutschland gewann 2004 und 2016 die EM. Bei den Frauen ist Norwegen mit neun Siegen das Nonplusultra. Überhaupt gab es mit Ungarn 2000, Montenegro 2012 und Frankreich 2018 erst drei Europameister, die nicht aus Skandinavien kamen. Dänemark sicherte sich noch drei weitere Goldmedaillen.

Anhand der großen Turniere lässt sich eine grundlegende Problematik im Handball belegen: ein Überangebot an Spielen, was zu einer Überbelastung der Spieler und Spielerinnen geführt hat. Seit Jahren wird über den engen internationalen Terminkalender geklagt und diskutiert, bislang ohne ernsthafte Lösung. Weil auch im Handball viel Geld im Spiel ist, will niemand von seinem Standpunkt abrücken, weder die IHF, EHF, die nationalen Verbände, Vereine und TV-Stationen, die in dieser Gemengelage eine wesentliche Rolle spielen, weil sie durch ihre Übertragungen viel Einfluss haben. Die Interessen sind vielfältig und bergen einiges an Konfliktpotenzial. Die Konsequenz: Oftmals fehlen Topstars wegen Verletzungen bei internationalen Großereignissen und zum Ende der Turniere ist das sportliche Niveau häufig überschaubar.

Als langjähriger neutraler Beobachter der Szene sei dem Handballsport gesagt: Weniger ist langfristig definitiv mehr und die Lösungsformel ist einfach. EM und WM nur noch alle vier Jahre.

Da die Tendenz wie im Fußball zu immer größeren Turnieren geht, ließe sich auch mit weniger Endrunden noch ausreichend Geld einnehmen, zumal der sportliche Wert wieder steigen würde, das Zuschauerinteresse vor Ort und am TV größer wäre. Die berühmte Win-win-Situation für alle Beteiligten. Möglicherweise naiv gedacht, sicherlich extrem verkürzt dargestellt, aber in meinen Augen alternativlos.

★ 7 ★

DAS HANDBALL-ABC

A wie Anwurf

Ein Handballspiel beginnt mit dem Anwurf. Vor dem Spiel findet die Seitenwahl bzw. die Wahl um den Anwurf statt. Die Mannschaft, die Anwurf hat, ist also zunächst in der Offensive. Ein Spieler steht beim Anwurf mit einem Fuß auf der Mitte des Spielfeldes. Alle anderen befinden sich auf Höhe der Mittellinie, keinesfalls in der gegnerischen Hälfte. Auf Pfiff der Schiedsrichter beginnt die Partie. Dieser Vorgang wird nach jedem Tor wiederholt, der Ball wird stets an die Mittellinie gebracht und der nächste Angriff der jeweiligen Mannschaft angeworfen. In der zweiten Halbzeit beginnt die Mannschaft, die zum Beginn des Spiels nicht in Ballbesitz war.

B wie Bengan Boys

Es gibt viele erfolgreiche Handballmannschaften. Es gibt auch viele, die diesen Sport über Jahre geprägt haben. Bei den Frauen etwa die dänische Nationalmannschaft in den 1990er- und 2000er-Jahren oder die Norwegerinnen in den 2000er-Jahren. Bei den Männer sind es ohne

Zweifel seit anderthalb Jahrzehnten die Franzosen. Früher waren es die Russen oder das ehemalige Jugoslawien.

Doch es gibt eine Mannschaft, die war derart legendär, dass sie mit einem Spitznamen in die Geschichte eingegangen ist. Die Rede ist von der schwedischen Nationalmannschaft in den Jahren 1988 bis 2002. Benannt wurde das Team nach ihrem Trainer Bengt „Bengan" Johannsson. Unter seiner Regie gewann Schweden die EM 1994, 1998, 2000 und 2002. Dazu die Weltmeisterschaft 1990 und 1999. Lediglich bei den Olympischen Spielen mussten sich die Skandinavier dreimal (1992, 1996 und 2000) mit Silber begnügen. Hinzu kamen noch zwei WM-Silber- und zwei WM-Bronzemedaillen. Insgesamt stand sein Team, um die Stars Magnus Wislander, Staffan Olsson, Peter Gentzel, Stefan Lövgren, Ljubomir Vranjes oder Ola Lindgren bei 16 internationalen Endrunden in 11 Endspielen.

In Deutschland gab es auch Handball-Boys. Die haben nicht ganz so viele Erfolge vorzuweisen, doch die *Bad Boys*, wie sich die Nationalmannschaft eine Zeit lang nannte, gehen auch unter B durch. 2016 wurden sie unter Coach Dagur Sigurðsson überraschend Europameister und holten sich ein halbes Jahr später Bronze bei den Olympischen Spielen in Brasilien.

C wie Champions League

Genau wie beim Fußball ist auch beim Handball die Champions League (siehe Kapitel 5.4) der wichtigste europäische Wettbewerb und somit ebenfalls als Königsklasse zu titulieren.

D wie Disqualifikation

Die Schiedsrichter im Handball haben die Möglichkeit, reichlich Farbe ins Spiel zu bringen. Neben den aus dem Fußball bekannten Gelben und Roten gibt es auch eine Blaue Karte. Diese dient dazu, um bei einer Disqualifikation eines Spielers für mehr Klarheit zu sorgen.

Wenn die Schiedsrichter die Blaue Karte zeigen, wird ein schriftlicher Bericht in den Spielbericht aufgenommen und die Disziplinarkommission ist für weitere Maßnahmen verantwortlich. Eine Rote Karte bekommt ein Spieler automatisch, wenn er drei Zeitstrafen kassiert hat. Es gibt jedoch auch direkte Rote Karten, z. B. bei grobem Foulspiel. Gelbe Karten dienen wie beim Fußball als Verwarnung, für leichtere Vergehen. Eine Gelb-Rote-Karte gibt es allerdings nicht. Dafür jedoch die Zwei-Minuten-Zeitstrafe.

E wie Europäische Handballföderation, kurz EHF

Hinter diesem Begriff versteckt sich die Dachorganisation im europäischen Handball, analog der UEFA im Fußball. Unter dem Dach der EHF befinden sich 52 nationale Mitgliedsverbände, darunter auch der DHB (Deutscher Handballbund) und die EHF wiederum ist einer von fünf Kontinentalverbänden der International Handball Federation (siehe IHF). Sie wurde am 17. November 1991 in Berlin gegründet und hat ihren Sitz in Wien. Präsident ist der Österreicher Michael Wiederer. Generalsekretär des Verbandes ist dessen Landsmann Martin Hausleitner.

Die EHF organisiert die wichtigsten europäischen Klubwettbewerbe, allen voran die Champions League, aber auch die alle zwei Jahre stattfindenden Europameisterschaften und die dazugehörigen Qualifikationen zwischen den Nationalteams. Hinzu kommen die Jugend-Europameisterschaften und die Beachhandball-Europameisterschaften.

F wie Final Four

Großer Beliebtheit erfreuen sich im Handball die sogenannten *Final-Four-Turniere*. Dies sind quasi Viererturniere, die an zwei Tagen ausgespielt werden. Dabei stehen am ersten Tag zwei Halbfinalpartien und am Finaltag ein Endspiel sowie je nach Wettbewerb auch ein Spiel um Platz drei an. Diese Turnierformen wurden einst eingeführt, um die Aufmerksamkeit rund um ein Endspiel zu erhöhen und auch, um einen vollen Terminkalender zu entzerren. Statt beispielsweise zwei verschiedene Termine für Semifinale und Finale im DHB-Pokal, wurden beide Runden auf ein Wochenende gelegt. Und im Europacup wurden somit sowohl im Halbfinale als auch im Endspiel der Modus von Hin- und Rückspielen gestrichen. Dadurch gab es insgesamt weniger Spiele und gleichzeitig auch hier weniger Termine.

Die bekanntesten Final-Four-Veranstaltungen im deutschen Handball sind die um den DHB-Pokal. Bei den Männern wurde dieses Turnier traditionell seit Mitte der 1990er-Jahre in Hamburg ausgetragen. Inzwischen ist es nach Köln umgezogen. Doch auch dort ist es ein großes Handballfest und für sämtliche teilnehmenden Vereine ist es stets ein Saisonziel, beim Final Four dabei zu sein.

In den vergangenen Jahren wurde auch die erste Runde als Final-Four-Turniere ausgetragen. Unterklassige Vereine hatten die Möglichkeit, diese auszurichten und die stark belasteten Bundesligisten hatten dadurch wieder einen Termin im Jahr weniger, weil an einem Wochenende zu Saisonbeginn gleich zwei Partien absolviert werden konnten.

Inzwischen wird auch im Amateurbereich in den Landespokalen zum Abschluss des Wettbewerbs gerne auf die Final-Four-Variante zurückgegriffen.

International gesehen, ist das größte und bekannteste Final Four das der Champions League der Männer in Köln. Am Ende einer langen Saison ermitteln hier vier europäische Topklubs an zwei Tagen vor jeweils 20.000 Besuchern in einer ausverkauften Arena ihren Sieger. Das Pendant der Frauen steigt seit einigen Jahren in Budapest.

G wie Group Club Handball

Mittlerweile heißt die *Group Club Handball* (GCH) zwar *Forum Club Handball* (FCH) und hat die GCH abgelöst, doch gegründet wurde diese Interessengemeinschaft europäischer Spitzenklubs Ende November 2006 in Düsseldorf unter dem Namen „Group Club Handball".

Zunächst gab es 14 Mitglieder, darunter die deutschen Topklubs THW Kiel und SG Flensburg-Handewitt. Sinn und Zweck war es, die Interessen der Vereine gegenüber den internationalen Spitzenverbänden EHF und IHF zu vertreten. Dies war vor allem nötig, weil bereits damals das Thema Überbelastung, voller Spielplan, Marketingrechte, aber auch Abstellungspflicht und Versicherung/Bezahlung von Nationalspielern eine immer größere Rolle spielte.

Anfang Oktober 2011 wurde die GCH aufgelöst und das FCH als neue Vertretung der europäischen Spitzenklubs gegründet. Dies war nötig, weil die EHF die GCH trotz gestiegener Mitgliederzahlen nicht vollends anerkannte. In dem neuen Forum sind inzwischen weit mehr als 14 Vereine vertreten. Es sind im Wechsel die Teilnehmer der Europapokale und alle Landesmeister. Dadurch ist die Akzeptanz deutlich gestiegen und heute ist die Zusammenarbeit sowohl mit der EHF als auch der IHF durch ein „Memorandum of Understanding" bzw. ein „Partnership Agreement" geregelt.

H wie Harz

Auch *Backe, Patte* oder *Klister* genannt. Gleichgültig wie, es ist ein Haftmittel, wird im Original aus Baumharz gewonnen und ist des Handballers bester Freund. Durch das Harz klebt der Ball quasi an der Hand, kann beispielsweise mit einer Hand gefangen werden, Spieler mit kleinen Händen können größere Bälle besser festhalten und vor allem lassen sich dank des Harzes diverse Würfe und Tricks mit dem Ball ausführen. Ohne Backe keine Dreher.

Nachteil: Bälle, Hallen und Kleidung werden stark verschmutzt. Im Profibereich ist dies vollständig zu vernachlässigen, im Amateur-, vor allem im Jugend-Handball jedoch nicht. Hier gibt es durchaus Hallen, in denen ein Harzverbot herrscht. Der hessische Landesverband lässt komplett ohne Harz spielen.

Auch Weltverbandspräsident Hassan Moustafa stellte einst öffentlich Überlegungen an (siehe Kap. 2), Handball ohne Harz spielen zu lassen. Diese

Idee kam bei den Aktiven, milde gesagt, nicht gut an und war schnell wieder vom Tisch. Gearbeitet wird stattdessen an Lösungen wie selbstklebenden Bällen und alternativen Haftmitteln, wie etwa Sprays. Doch Hand aufs Harz: noch kann nichts den Griff in den Backepott ersetzen.

I wie IHF

Hinter der Abkürzung IHF versteckt sich die Internationale Handballföderation, der Handball-Weltverband, das Pendant zur FIFA im Fußball. Genau wie die FIFA sitzt auch die IHF in der Schweiz, in Basel. Gegründet wurde sie in ihrer heutigen Form allerdings in Kopenhagen in Dänemark. Das war am 11. Juli 1946. Gründungsmitglieder waren die Nationen aus Dänemark, Finnland, Frankreich, den Niederlanden, Norwegen, Polen, Schweden und der Schweiz. Deutschland war zunächst ausgeschlossen. Heute hat die IHF inklusive Deutschland 209 Mitglieder, die sich auf sechs Kontinentalverbände verteilen. In Europa ist es die EHF (siehe E). Präsident ist seit dem Jahre 2000 der Ägypter Hassan Moustafa.

Zu den Hauptaufgaben der IHF zählt die Festlegung des internationalen Handballregelwerks. Außerdem die Abwicklung von sämtlichen Weltmeisterschaften (Frauen, Männer, Beach und Nachwuchs) sowie die Organisation der Handballturniere bei den Olympischen Spielen.

J wie Jackson Richardson

Der Franzose war nicht nur aufgrund seiner Rastalocken eine der auffälligsten Spieler im Welthandball. Seine Fähigkeiten machten ihn auch zu einem der aufregendsten. Zudem war der Welthandballer von 1995 viele Jahre der Spieler mit den meisten Länderspielen weltweit. Unglaubliche 417-mal ist er für Frankreich aufgelaufen. Inzwischen hat ihn allerdings der Ägypter Ahmed Elahmar abgelöst. Richardson gewann mit Frankreich 1995 und 2001 die Weltmeisterschaft. Der Spielmacher mit der unglaublichen Sprungkraft erzielte 775 Tore im Nationaltrikot.

Geboren ist Richardson am 14. Juni 1969 in Saint-Pierre auf Réunion. Der Offensivkünstler, der als Spitze in einer 5-1-Deckung auch ein hervorragender Abwehrspieler war, spielte in Frankreich, Spanien und zweimal in der Bundesliga. Von 1997 bis 2000 beim TV Großwallstadt sowie 2009 für einige Monate bei den Rhein-Neckar Löwen. Danach beendete er seine Weltkarriere und wurde Trainer. Von 2015 bis 2018 betreute er das französische Team von Dijon Métropole Handball. Zudem hatte er 2017/18 das Amt als Nationaltrainer von Gabun inne.

Und er hat seine außergewöhnlichen Handballfähigkeiten ganz offensichtlich vererbt. Sohnemann Melvyn ist ebenfalls Profi geworden. Er gewann mit Montpellier und Barcelona, wo er seit 2017 aktiv ist, bereits zwei Mal die Champions League. Zudem wurde er mit Frankreich in Tokio Olympiasieger.

K wie Kempa-Trick

Von der Legende Bernhard Kempa, dem Erfinder des Kempa-Tricks, war bereits die Rede (siehe Kap. 3). Er war der einzige Handballer, nachdem ein spezieller Spielzug bzw. ein Trick benannt wurde. Als Anleitung zum Nachahmen hier noch einmal der Kempa-Trick in der Übersicht: Spieler A bedient Spieler B mit einem Anspiel in der Luft. Spieler B fängt den Ball im Flug und wirft noch vor der Landung aufs Tor (oder bedient Spieler C, der sich ebenfalls im Sprung befindet usw. – der Kempa-Trick kann theoretisch beliebig oft aneinandergereiht werden). Meistens ist es ein Spieler aus dem Rückraum, der mit einem hohen Anspiel über die Abwehr hinweg den herbeifliegenden Außen mit einem Kempa-Trick einsetzt.

In schwierigen Situationen, wenn beispielsweise ein Außenspieler zum Abschluss aus unmöglicher Position, dem sogenannten *Nullwinkel*, gezwungen wird, kann jedoch auch der gegenüberliegende Außenspieler oder der Kreisläufer mit einbezogen werden. Zudem gibt es die Variante, wobei ein Rückraumspieler zum Torabschluss hinzugezogen wird.

L wie Leger

Beim *Leger* handelt es sich um einen bestimmten Torabschluss, der mit einer bestimmten Technik ausgeführt wird. Es ist ein sehr gefühlvoller Wurf, bei dem der Angreifer den Ball nicht am höchsten Punkt des Sprungs, sondern wenn er bereits wieder sinkt, wirft. Und zwar wirft bzw. legt er ihn sanft direkt am Kopf des Torhüters vorbei, um diesen somit zu überraschen und schlussendlich zu überwinden.

M wie Moustafa

Hassan Moustafa ist der Präsident des Handball-Weltverbandes IHF (Internationale Handballföderation). Der Ägypter ist bereits seit 2000 der ranghöchste Handballfunktionär und das noch bis mindestens 2021. Auf dem letzten IHF-Kongress 2017 im türkischen Antalya wurde er ohne Gegenkandidat wiedergewählt. Möglicherweise ist es die letzte Amtszeit des inzwischen Mitte 70-Jährigen, da 2021 die Männer-Weltmeisterschaft in seinem Heimatland stattfindet. Für Moustafa schließt sich dann ein Kreis. 1999, als die WM erstmals in Ägypten und überhaupt zum ersten Mal in Afrika stattfand, war er Chef des Organisationskomitees und Präsident des nationalen Verbandes in seiner Heimat. Ein Jahr später wechselte der ehemalige Nationalspieler, der in Leipzig studiert hat, an die Spitze der IHF. Dort steht er seither, allerdings nicht skandalfrei. Ganz im Gegenteil.

Im Jahr 2009 wurde bekannt, dass die Schweizer Staatsanwaltschaft wegen des Verdachts der Untreue gegen Moustafa ermittelt. Es ging hauptsächlich um dubiose Spesenabrechnungen. Moustafa soll sich bereichert haben, u. a. auch in Verbindung mit der Abwicklung der WM 1999. Zudem war er 2008 in einen Skandal um ein Qualifikationsspiel zu den Olympischen Spielen involviert. Der CAS, der Internationale Sportgerichtshof, hatte die Manipulation und Moustafas Beteiligung nachgewiesen.

N wie nicht eingesetzt (n. e.)

Wenn im Sportteil von Zeitungen über Handball berichtet wird, werden meistens und gerne die Statistiken zu einem Spiel studiert. Dort sind die Spielernamen angegeben, wer wie viele Tore geworfen und wer wie viele Zeitstrafen kassiert hat. Außerdem die Zuschauerzahl und die Namen der Unparteiischen. Hin und wieder steht hinter einem Spielernamen die Abkürzung „n. e.". Laien fragen sich nicht selten, was sich dahinter verbirgt. Die Abkürzung n. e. steht für „nicht eingesetzt", kennzeichnet also, dass ein Spieler zwar auf dem Spielberichtsbogen stand, aber nicht zum Einsatz kam.

O wie Offensivfoul

Bei einem Foul werden die meisten zunächst an ein Foul denken, das ein verteidigender Spieler ausgeführt hat. In der Regel ist es auch so. Doch es gibt auch das sogenannte *Offensivfoul*, wenn ein angreifender Spieler ein Foul produziert. Ein Offensivfoul ist also ein regelwidriger Körperkontakt eines Angriffsspielers. Umgangssprachlich wird es auch als *Stürmerfoul* bezeichnet. In Schweden gibt es sogar ein Handballmagazin mit diesem Namen, weil er internationale Gültigkeit im Handball hat.

Bei einem Stürmerfoul hebt der Schiedsrichter beide Arme, ballt eine Faust und hält diese gegen seine flache zweite Hand. Damit signalisiert er, was passiert ist bzw. was er geahndet hat. Sein Handzeichen gibt Ausdruck dafür, was passiert ist.

In den meisten Fällen ist ein Angreifer mit einem Abwehrspieler zusammengeprallt, hat diesen dabei umgerempelt und somit ein Offensivfoul produziert. Die Regel ist im Handball umstritten, da Abwehrspieler ein Stürmerfoul relativ leicht provozieren können. Zum einen im Positionsspiel, wenn beispielsweise zwei Spieler eine Lücke in der Abwehr, durch die ein Angreifer gerade durchstoßen möchte, zumachen und sich dabei mit einem lauten Schrei nach hinten fallen lassen. Wenn der Angreifer mit seiner Schulter voran in den oder die Abwehrspieler springt, ist es ein Stürmerfoul, doch oftmals ist es Auslegungssache.

Den Schiedsrichtern muss zugutegehalten werden, dass sich die Dinge im Handball auf engstem Raum und extrem schnell abspielen, jede Szene ist unmöglich einwandfrei zu bewerten.

Weit größere Diskussionen entstehen ohnehin meistens bei der zweiten typischen Provokation eines Stürmerfouls. Diese sieht wie folgt aus:

Der angreifenden Mannschaft ist beispielsweise ein Torabschluss (ohne Torerfolg) gelungen und sie zieht sich in die eigene Defensive zurück. Ein Spieler sieht jedoch, welchen Feldspieler der gegnerische Torwart im Aufbau anspielen möchte und stellt sich diesem in den Weg. Da der Angreifer den Blick in Richtung seines eigenen Keepers hat, um den Pass zu fangen, sieht er nicht, was in seinem Rücken passiert. Nachdem er den Ball gefangen hat, dreht er sich um und während er in die Vorwärtsbewegung gehen möchte, rennt er bereits seinen Gegner, der sich direkt vor ihm platziert hat, um. Dieser fällt, schreit und bekommt ein Stürmerfoul zugesprochen.

Einige Experten halten diese Regel für Unsinn, da der Angreifer nicht sehen kann, was in seinem Rücken passiert und diese Situationen ein hohes Verletzungsrisiko bergen. Sie plädieren für die Abschaffung des Stürmerfouls in solchen Situationen.

Ausschlaggebender Punkt in beiden Situationen ist, ob der Abwehrspieler steht, sprich, seine abwehrende Position eingenommen hat bzw. von wem die Bewegung ausgeht, vom Angreifer oder Abwehrspieler. Die Auslegung ist und bleibt eine Gradwanderung.

P wie progressiv

Der Begriff progressiv wird beim Handball in Verbindung mit Bestrafung verwendet, es wird von einer progressiven Bestrafung gesprochen. Die Bestrafungen der Spieler durch die Unparteiischen sollten demnach aufeinander aufbauen. Sprich: Es gibt zunächst eine mündliche Ermahnung, gefolgt von der Verwarnung in Form der Gelben Karte, danach eine Zeitstrafe und als Letztes eine Rote Karte. Die Reihenfolge muss jedoch nicht zwingend eingehalten werden. Bei groben Vergehen kann auch direkt eine härtere Strafe folgen.

Q wie Qatar

Richtig, Katar wird auf Deutsch mit K geschrieben. Im internationalen Sprachgebrauch allerdings mit Q und da der Buchstabe auch bei *Stadt, Land, Fluss* immer schwierig zu füllen ist, belassen wir es hier beim Q wie Qatar. Denn um das kleine Emirat an der Ostküste der arabischen Halbinsel am Persischen Golf gibt es in Sachen Handball eine Menge zu erzählen.

Viele Jahre war die Hauptstadt Doha Ausrichtungsort des *Super Globes*, der Vereins-WM. Am 27. Januar 2011 tauchte Qatar plötzlich auf der ganz großen Handballbühne auf, als es die Männer-WM 2015 zugeteilt bekam. Diese fand im Januar 2015 sprichwörtlich in der Wüste statt. Alle Partien wurden in verschiedenen Hallen in Doha bzw. einige Kilometer außerhalb der Metropole ausgetragen.

Das Team der Gastgeber wurde überraschend Vizeweltmeister. Qatar hatte zuvor bei vier WM-Teilnahmen niemals besser als Platz 16 (2003) abgeschnitten, doch für die Heim-WM wurden etliche ausländische Spieler eingebürgert und mit dem Spanier Valero Rivera ein Weltklassetrainer engagiert. In Kombination mit dem – diplomatisch ausgedrückt – Heimvorteil, wurde Handballzwerg Qatar erst im Endspiel von Frankreich gestoppt. 2014, 2016 und 2018 gab es zwar den Sieg bei den Asien-Spielen und Qatar ist nach wie vor das einzige, nicht europäische Land, das jemals ein WM-Finale erreicht hat.

An den Erfolg von 2015 konnte allerdings seither nicht mehr angeknüpft werden. Im Herbst 2019 wurde Qatar bei der asiatischen Olympiaqualifikation überraschend nur Dritter und verpasste somit das Ticket für Tokio 2020.

R wie Rückraum

Beim Handball gibt es sieben verschiedene Positionen auf dem Spielfeld: Torwart, Links- und Rechtsaußen, Kreis, Rückraum links, rechts und Mitte. Mit dem Rückraum ist die Dreierreihe gemeint, die sich im Angriff um die Neun-Meter-Markierung befindet. Der Spieler in der Mitte, auch Spielmacher, zentraler Aufbauspieler, Playmaker oder Regisseur genannt, hat die primäre Aufgabe, die Angriffe der eigenen Mannschaft vorzugeben und sie einzuleiten, durchzuführen. Er setzt die taktischen Ausrichtung, die einstudierten Spielzüge um, tritt, wenn nötig, oder möglich, allerdings auch selbst als Torschütze auf.

Die Rückraumspieler auf links und rechts, den sogenannten *Halbpositionen*, haben eher die Aufgabe, Tore zu erzielen. Entweder indem sie durchbrechen, eine 1-gegen-1-Situation gewinnen oder eben aus dem Rückraum über die Abwehr hinwegwerfen. Der Spielmacher setzt die Halben idealerweise in Szene.

S wie Schnelle Mitte

Der Begriff *Schnelle Mitte* ist aus dem Handball nicht mehr wegzudenken. Die *Schnelle Mitte* fand ihren Ursprung in einer Regeländerung von 1997 bzw. einer Überarbeitung von 2001. Im Kern geht es darum, nach einem Gegentor derart schnell in den eigenen Angriff zu kommen, dass der Gegner überrumpelt und möglichst ein Tor erzielt wird. Der Trick dabei ist es, den eigenen Angriff so schnell einzuleiten, dass die gegnerische Mannschaft noch nicht wieder ihre Abwehrformation eingenommen hat.

In der Saison 2002/2003 setzte der TBV Lemgo dies als erstes Team in Deutschland mit aller Konsequenz um und wurde nach dem Startrekord von 34:0 Punkten am Saisonende auch souverän Meister. Seither beherrscht jedes Profiteam die *Schnelle Mitte*, aber nicht jedes Team spielt sie, zumindest nicht immer.

T wie Time-out und Team-Time-out

Im Handball gibt es die Begriffe *Time-out* und *Team-Time-out*, die hin und wieder für ein und dieselbe Sache genutzt werden, allerdings zwei ganz unterschiedliche Angelegenheiten sind. Das *Time-out* nehmen die Schiedsrichter, es ist eine Spielunterbrechung, bei der die Uhr angehalten wird. Dies kann beispielsweise geschehen, wenn ein Spieler behandelt wird oder wenn nur noch wenige Minuten oder gar Sekunden zu spielen sind und der Ball im Aus auf der Tribüne gelandet ist.

Beim *Team-Time-out* handelt es sich hingegen um die sogenannte *Auszeit*. Diese kann ein Trainer nehmen, wenn sein Team in Ballbesitz ist. Er gibt dazu die Grüne Karte beim Kampfgericht ab, das daraufhin sofort die Begegnung zu unterbrechen hat. Die Auszeit dauert genau 60 Sekunden, wohingegen das Time-out beendet ist, wenn die Unparteiischen das Spiel fortsetzen.

Ein Team-Time-out wird in der Regel genommen, um die eigene Mannschaft taktisch neu einzustellen oder eine gute Phase des Gegners zu unterbrechen. Vor allem kurz vor Schluss bei einem engen Spielstand kann eine Auszeit wichtig sein. Jedes Team hat zwei bzw. drei Auszeiten pro Spiel (je nach Verband/Wettbewerb).

U wie Unterzahl

Wenn eine Mannschaft eine (oder mehrere) Zwei-Minuten-Zeitstrafen kassiert, spricht man davon, dass sie in Unterzahl agiert. Auf dem Papier sollt es ihr in dieser Phase nicht gelingen, ein Tor zu erzielen, die Mannschaft in Überzahl ist vermeintlich im Vorteil. Doch genau wie beim Fußball ist es im Handball, in Unterzahl wächst ein Team oft über sich hinaus und spielt besser als in Gleichzahl. Tore in Unterzahl tun dem Gegner umgangssprachlich doppelt weh. In den letzten Jahren wurde das Unterzahlspiel dadurch umgangen, dass der Torwart im eigenen Angriff durch einen weiteren Feldspieler ersetzt wurde. Seit der Einführung des siebten

Feldspielers gibt es nur noch ganz selten überhaupt Unterzahlsituationen, allerdings vermehrt Treffer, die auf ein verwaistes Tor erzielt werden.

Eine Zeitstrafe kassiert ein Spieler entweder bei einem schwerwiegenden Vergehen (Foul, Meckern, unsportliches Verhalten) direkt oder aber nach einer vorherigen Verwarnung in Form einer Gelben Karte. Eine Mannschaft sollte in der Regel nicht mehr als drei Verwarnungen beziehen dürfen, bevor es eine Zeitstrafe gibt. Wenn ein und derselbe Akteur drei Zeitstrafen in einem Spiel bekommt, sieht er automatisch die Rote Karte und darf bis Spielende nicht mehr mitwirken. Die betroffene Mannschaft darf aber nach Ablauf der Zeitstrafe wieder auf sechs Feldspieler auffüllen.

V wie Verwarnung

Eine Verwarnung ist im Handball eine Gelbe Karte, eine persönliche Strafe. Ein Spieler kann nur eine Gelbe Karte bekommen, danach muss dieser Spieler progressiv mit einer Zeitstrafe belegt werden. Ein Team kann insgesamt jedoch drei Verwarnungen kassieren, danach wird ein Spieler, auch wenn dieser zuvor noch nicht mit einer Gelben Karte verwarnt wurde, sofort mit einer Zwei-Minuten-Strafe belegt. Gegen die Bank, sprich die Offiziellen einer Mannschaft, kann ebenfalls eine (und zwar nur eine) Verwarnung ausgesprochen werden, eine insgesamt vierte Verwarnung ist hier zulässig, bevor eine Zeitstrafe ausgesprochen wird.

Eine Gelbe Karte gibt es beispielsweise für Klammern, Festhalten, Proteste, Schauspielerei oder aktive Abwehr mit dem Fuß.

W wie Wintermärchen

So wie im Fußball vom Sommermärchen 2006 die Rede ist, spricht man im Handball vom Wintermärchen 2007. Ein halbes Jahr nach den Fußballern waren auch Deutschlands Handball-Männer Gastgeber der WM im eigenen Land. Die Mannschaft von Trainer Heiner Brand gehörte nicht unbedingt zu den Favoriten, hatte mit Henning Fritz, Markus Baur,

Daniel Stephan, Holger Glandorf und Christian Schwarzer aber etliche internationale Stars in ihren Reihen. In Kombination mit dem frenetischen Heimpublikum spielte sich die DHB-Auswahl in einen Rausch. Im Januar entwickelte sich ein Handballmärchen, an dessen Ende Deutschland Gold gewann.

Heiner Brand wurde sein legendärer Schnauzbart abrasiert und im ganzen Land gab es einen Handballboom. Millionen hatten die Erfolge des Teams am TV gesehen, genau wie beim Fußball gab es landauf und landab Public-Viewing-Events (in dicken Winterjacken statt im Bikini) und die Ballwerfer wurden anschließend bis in den Himmel gehyped. Während König Fußball damals aber erst Schwung nahm, Deutschland sich 2014 beim WM-Sieg in Brasilien auf dem Gipfel befand, ebbte die Euphorie im Handball schnell wieder ab.

Handball-Deutschland war damals nicht vorbereitet auf den Triumph und konnte daraus kein nachhaltiges Kapital schlagen. In den kommenden Jahren verpuffte der Effekt und Handball war trotz aller wachsenden Professionalisierung bald wieder da, wo er hergekommen war – statt als massentaugliches Phänomen in der Nische.

Zuletzt wurde auch gerne über das Wintermärchen 2016 gesprochen. Damals gewann Deutschland nach vielen Jahren ohne internationale Erfolge und mit einem Team ohne große Stars (Uwe Gensheimer war verletzt und Andreas Wolff feiert erst während des Turniers seinen internationalen Durchbruch) die Europameisterschaft der Männer. Trainer des Teams war der Isländer Dagur Sigurðsson.

X wie Xepkin, Andrei, Rekord-Champions-League-Sieger

Xepkin wurde in der ehemaligen Sowjetunion geboren. Für diese spielte er bis 1991. Danach für die Ukraine und ab 1997 für Spanien. So oft wie er die Staatsbürgerschaft wechselte, so oft gewann er auch die Champions League. Mehr noch. Insgesamt holt er diesen Titel mit dem FC Barcelona zwischen 1993 und 2005 sechsmal. Nach seinem Karriereende wurde Xepkin in der Saison 2006/2007 vom THW Kiel reaktiviert und holte mit den Deutschen erneut die Champions League. Mit sieben Titeln ist er seither alleiniger Rekordhalter. Auch deshalb trägt er den Spitznamen *El Gigante*. Seine Körpergröße von 2,05 m trägt ebenfalls dazu bei. Neben Xepkin haben auch David Barrufet und Xavier O'Callaghan zwischen 1991 und 2005 im Europapokal der Landesmeister bzw. der Champions League gewonnen. Die beiden Spanier holten alle Titel mit Barcelona.

Y wie Yoon, Kyung-shin, ehemaliger Rekordtorschütze der Bundesliga

Der Südkoreaner kam am 7. Juli 1973 in Seoul zur Welt und das Erste, was er womöglich getan hat, war, ein Tor zu werfen. Jedenfalls ist es das, was er in seinem späteren Leben am häufigsten tat.

Der Linkshänder hat einen Bundesligarekord aufgestellt, der ohne Zweifel für die Ewigkeit aufgestellt war. So dachte man lange. Doch Rekorde sind schließlich dazu da, um gebrochen zu werden. Und so kam irgendwann Hans Lindberg daher ...

Doch zunächst zu Yoon: Der Südkoreaner hat zweitausend, neunhundert und acht – in Zahlen: 2908! – Tore in der Bundesliga erzielt. Davon waren 2.262 Feldtore, was auch lange Zeit ein Rekordwert war, bis ihn Holger Glandorf in dieser Statistik überflügelte. Yoon war in den Jahren 1997, 1999 bis 2002, 2004 und 2007 jeweils Torschützenkönig der Liga und spielte von 1996 bis 2006 beim VfL Gummersbach und danach zwei Jahre beim HSV, mit dem er 2006 den Supercup und 2007 den Europapokal der Pokalsieger gewann.

In der Saison 2007/2008 spielte Yoon noch ein Jahr lang Seite an Seite mit einem jungen Mann Namens Hans Lindberg. Der Däne, ebenfalls Linkshänder, aber auf Rechtsaußen profitierte in seiner Debütsaison von vielen Zuspielen Yoons und kam immerhin auf 164 Treffer. Was damals niemand, aber wirklich niemand ahnen konnte: Lindberg würde am 20. Mai 2023 – also 16 Jahre und vor allem fast 3000 Tore später – am Rekord von Yoon vorbeiziehen. Mit zwölf Toren beim 42:35-Heimsieg seiner

Füchse Berlin gegen GWD Minden kam er auf 2907 Bundesliga-Tore und ist seither Rekord-Torschütze. Noch bis Ende der Saison 2023/24 kann er diesen weiter in die Höhe schrauben. Danach kehrt er nach Dänemark zurück.

Z wie Zeitspiel

Unter dem umgangssprachlichen Begriff *Zeitspiel* ist beim Handball das sogenannte *passive Spiel* gemeint. Ist eine Mannschaft in Ballbesitz und lässt im Angriff tatsächliche Angriffsaspekte vermissen, sprich, spielt nicht zielgerichtet auf einen Torerfolg, ist von Zeitspiel die Rede. Die Schiedsrichter sind angehalten, dies zu unterbinden, um unattraktives und zeitverzögerndes Spiel zu vermeiden. Dazu heben sie einen Arm und haben die Hand flach nach oben ausgestreckt. Nach der jüngsten Regeländerungen kann die angreifende Mannschaft danach noch sechs Pässe spielen, bevor ein Torabschluss zwingend erfolgen muss. Danach wird sofort Zeitspiel gepfiffen (dies kann allerdings auch schon während der sechs Pässe geschehen).

60:00 MINUTEN – ABPFIFF

ANHANG

1 LITERATURVERZEICHNIS

Alle nicht gekennzeichneten Zitate stammen aus Interviews, die der Autor selbst geführt hat bzw. sind Zitate, bei deren Veröffentlichung der Autor anwesend war.

Quellen und Literatur

Eggers, E. (Hrsg.).(2014). *Handball - Geschichte eines deutschen Sports.* Göttingen: Verlag Die Werkstatt.

Eggers, E. (Hrsg.). (2009). *Schwarz und Weiß: Die Geschichte des Rekordmeisters THW Kiel.* Göttingen: Verlag Die Werkstatt.

Eggers, E. (2018). *Handball Helden.* Göttingen: Verlag Die Werkstatt.

Eggers, E. & Paarmann, W. (2014). *THW Kiel: Die Zebras.* Göttingen: Verlag Die Werkstatt.

Kempa, B. (2002). *Ball ist Trumpf.* Verlag Ipa.

Kretzschmar, S. mit Weber, N. (2018). *Hölleluja!: Warum Handball der absolute Wahnsinn ist.* Hamburg: Edel Books.

Nielsen, H. L. (1906). *Vejledning i håndbold:* Ort unbekannt: Verlag unbekannt.

a) Zeitschriften

Handball im Norden (2014). *Juracks neue Heimat.* Flensburg: Verlag: Flensborg Avis.

b) Internetseiten

www.dhb.de

www.ihf.info

www.sporthilfe.de/deckarm-fonds

DHB *Neue Regeln 2022.* 01.07.2022. Zugriff 11. Juli unter: file:///Users/rm/Downloads/IHF_Rule_Interpretation_New_Rules_D%20(1).PDF

DHB *Internationale Handballregeln* (2022). (Deutsche IHF-Fassung) 01.07.2022; Zugriff 11. Juli 2023 unter file:///Users/rm/Downloads/Rules_of_the_Game_IndoorHandball_2022%20(1).pdf

DHB (2019). *Manfred Prause – eine Legende wird 80.* 10.09.2019. Zugriff 16. September 2019 unter https://www.dhb.de/de/redaktionsbaum/verband/schiedsrichter/manfred-prause--eine-legende-wird-80/

Frankfurter Rundschau (2009). *Böse Mächte oder böse Hirngespinste.* 27.01.2009. Zugriff 21. September 2019 unter https://www.fr.de/sport/sport-mix/boese-maechte-oder-boese-hirngespinste-11474542.html

Handball World (2017). *Zum Tode Bernhard Kemps – Erinnerungen von Volker Schneller* .24.07.2017. Zugriff 30. September 2019 unter https://www.handball-world.news/o.red.r/news-1-1-1-95146.html

HBL Profihandball investiert in technische Weiterentwicklung: Bundesligisten beschließen "Auszeit-Buzzer" und "Live-Video-Analyse", 11.07.2022; Zugriff 11. Juli 2023 unter https://www.liquimoly-hbl.de/de/n/news/lm-hbl/2022-23/intern/profihandball-investiert-in-technische-weiterentwicklung-bundesligisten-beschliessen-auszeit-buzzer-und-live-video-analyse--news/

HBL Videobeweis in der Liqui Moly HBL kommt zur Saison 2023/24, 06.07.2023; Zugriff 11. Juli 2023 unter https://www.liquimoly-hbl.de/de/n/news/lm-hbl/2022-23/intern/videobeweis-in-der-liqui-moly-hbl-kommt-zur-saison-2023-24--news/file:///Users/rm/Downloads/IHF_Rule_Interpretation_New_Rules_D.PDF

Henningfritz.de (2019). *Henning persönlich.* Zugriff 2. Oktober 2019 unter http://henningfritz.de/index.php/zur-person/henning-persoenlich

Kieler Nachrichten (2007). *Als der Magier ein König wurde.* 6.12.2007. Zugriff 16. Oktober 2019 unter http://archiv.thw-handball.de/thw/07010605.htm

Mitteldeutsche Zeitung (2006). *Nadine Krause, ein Glücksfall für die deutschen Damen.* 5.12.2006. Zugriff 4. Oktober 2019 unter https://www.mz-web.de/handball-em-nadine-krause--ein-gluecksfall-fuer-die-deutschen-damen-8635132

Spiegel Online (2008). *Der Bart ist ab* 27.01.2008. Zugriff 21. September 2019 unter https://www.spiegel.de/sport/sonst/em-aus-der-handballer-der-bart-ist-ab-a-531257.html

Spiegel Online (2017). *Der Alleskönner.* 21.07.2017. Zugriff 12. November 2019 unter https://www.spiegel.de/sport/sonst/bernhard-kempa-er-war-ein-alleskoenner-a-1159123.html

Sport1 (2016). *Harz-Verbot im Handball geplant.* 16.08.2016. Zugriff 14. September 2019 unter https://www.sport1.de/handball/2016/08/ihf-praesident-hassan-moustafa-kuendigt-verbot-von-harz-an

Sport.de (2019). *Früherer DHB-Coach moniert Trainingsarbeit in Deutschland.* 15.08.2019. Zugriff 10. September 2019 unter https://www.sport.de/news/ne3742883/handball-ex-bundestrainer-vlado-stenzel-kritisiert-trainingsarbeit-in-deutschland/

Sportlexikon - *Schiedsrichterzeichen im Handball*, Zugriff 23.10.2023 unter: https://www.sportlexikon.com/handball-schiedsrichter-zeichen

Südwest Presse (2017). *Trauer um Bernhard Kempa – den „Monsieur Handball"* 21.072017. Zugriff 30. September unter https://www.swp.de/suedwesten/staedte/goeppingen/trauer-um-bernhard-kempa-23578075.html

Thüringer Allgemeine (2019). *Ich denke, jetzt bleibt der Bart für immer dran.* 9.9.2019. Zugriff 21. September 2019 unter https://www.thueringer-allgemeine.de/sport/heiner-brand-in-arnstadt-ich-denke-jetzt-bleibt-der-bart-fuer-immer-dran-id227030763.html

Videnskab.dk (2019). *Håndbold startede i Danmark: Spillere risikerede at få hugget hovedet af* . Zugriff am 10. September 2019 unter https://videnskab.dk/kultur-samfund/handbolden-startede-i-danmark

Welt.de (2014). *„Ich nehme das Deckarm-Trauma mit ins Grab"* .19.01.2014, Zugriff 1. Oktober 2019 unter https://www.welt.de/sport/handball/article123985109/Ich-nehme-das-Deckarm-Trauma-mit-ins-Grab.html

Wikipedia (2019). *Bianca Urbanke-Rösicke* .Zugriff 4. Oktober 2019 unter https://de.wikipedia.org/wiki/Bianca_Urbanke-R%C3%B6sicke

Wikipedia (2019). *Schnelle Mitte.* Zugriff 17. September 2019 unter https://de.wikipedia.org/wiki/Schnelle_Mitte

2 BILDNACHWEIS

Coverfoto: picture alliance/dpa | Jan Woitas

Coverlayout: Anja Elsen

Innenlayout: Annika Naas

Foto S. 8 Holger Glandorf, © SG Flensburg-Handewitt
Abbildung S. 30: bearbeitet nach Barth/Nowak (3., überarbeitete Auflage 2017): Ich lerne Handball. S. 122. Aachen: Meyer & Meyer.

Lektorat: Dr. Irmgard Jaeger

Satz: zerosoft

Bearbeitung 2. überarbeitete Auflage 2024: Annika Naas

3 AUSZÜGE AUS DEN INTERNATIONALEN HANDBALL-REGELN 2022 (DEUTSCHE IHF-FASSUNG):

Regel 1: Die Spielfläche

1. Die Spielfläche ist ein Rechteck von 40 m Länge und 20 m Breite und umfasst zwei Torräume (Regel 1:4 und Regel 6) und ein Spielfeld. Die Längsseiten heißen Seitenlinien, die Breitseiten Torauslinien, zwischen den Torpfosten jedoch Torlinien. Eine Sicherheitszone entlang der Spielfläche von mindestens 1 m neben den Seitenlinien und 2 m hinter den Torauslinien sollte gegeben sein. Die Beschaffenheit der Spielfläche darf im Spielverlauf nicht zugunsten einer Mannschaft verändert werden.

2. In der Mitte der beiden Torauslinien steht ein Tor. Die Tore müssen fest im Boden oder an den Wänden hinter ihnen verankert sein. Sie sind im Lichten 2 m hoch und 3 m breit. Die Pfosten des Tores sind durch eine Querlatte fest verbunden. Ihre hintere Kante muss mit der hinteren Seite der Torlinie verlaufen. Torpfosten und Latte müssen quadratisch sein (8 cm). Sie müssen auf den drei vom Spielfeld einzusehenden Seiten mit zwei kontrastierenden Farben gestrichen sein, die sich ebenfalls deutlich vom Hintergrund abheben sollen. Jedes Tor muss mit einem Netz versehen sein. Dieses muss so aufgehängt werden, dass ein in das Tor geworfener Ball normalerweise im Tor verbleibt.

3. Alle Linien auf der Spielfläche sind integraler Bestandteil des Bereichs, den sie begrenzen. Die Torlinien zwischen den Torpfosten sind 8 cm breit, alle anderen Linien sind 5 cm breit. Zwei nebeneinander liegende Bereiche können anstatt durch Linien auch durch unterschiedliche Farben voneinander abgegrenzt werden.

4. Vor jedem Tor befindet sich der Torraum. Der Torraum wird wie folgt von der Torraumlinie (6-m-Linie) begrenzt:

a. Vor dem Tor wird in 6 m Abstand parallel zur Torlinie eine 3 m lange Linie gezogen (gemessen von der hinteren Kante der Torlinie zur vorderen Kante der Torraumlinie).

b. Zwei Viertelkreise von 6 m Halbmesser (gemessen von der hinteren Innenkante der Torpfosten) verbinden die 3 m lange Linie mit der Torauslinie.

5. Die Freiwurflinie (9-m-Linie) wird gestrichelt und in 3 m Abstand vor der Torraumlinie gezogen. Die Markierungen der Freiwurflinie sowie die Zwischenräume messen 15 cm.

6. Die 7-m-Linie ist eine 1-m-lange Linie vor dem Tor. Sie verläuft parallel zur Torlinie, gezogen in einem Abstand von 7 m, gemessen von der hinteren Kante der Torlinie zur vorderen Kante der 7-m-Linie.

7. Die Torwartgrenzlinie (4-m-Linie) ist eine 15 cm lange Linie vor dem Tor. Sie verläuft parallel zur Torlinie, gezogen in einem Abstand von 4 m, gemessen von der hinteren Kante der Torlinie zur vorderen Kante der 4-m-Linie.

8. Die Mittellinie verbindet die Halbierungspunkte der beiden Seitenlinien miteinander.

9. In der Mitte der Mittellinie befindet sich ein Kreis mit einem Durchmesser von 4 Metern, der als Anwurfzone bezeichnet wird (Regel 10:3b). Die Anwurfzone kann

a. eine Fläche sein, die sich farblich von der Spielfläche abhebt (Durchmesser von 4 m).

b. eine kreisförmige Linie sein.

Hinweis: Die Anwurfzone ist für IHF-Veranstaltungen und professionelle Handballligen der Männer und Frauen verpflichtend und für Kontinentalföderationen und alle anderen von Nationalverbänden organisierten Veranstaltungen optional.

10. Die Auswechsellinie (ein Teil der Seitenlinie) reicht für jede Mannschaft von der Mittellinie bis zu einem 4,5 m von der Mittellinie entfernten Endpunkt. Von diesem Endpunkt der Auswechsellinien wird parallel zur Mittellinie und beiderseits der Seitenlinie eine 15 cm lange Linie gezogen.

Regel 2: Spielzeit, Schlusssignal, Time-Out

Spielzeit

1. Die normale Spielzeit für alle Mannschaften mit Spielern ab 16 Jahren und älter beträgt 2 x 30 Minuten; die Halbzeitpause normalerweise 10 Minuten. Die normale Spielzeit für Jugendmannschaften von 12-16 Jahren beträgt 2 x 25 Minuten, für Jugendmannschaften von 8-12 Jahren 2 x 20 Minuten; die Halbzeitpausen normalerweise 10 Minuten.

Hinweis: IHF, Kontinentalföderationen und nationale Verbände haben das Recht, für ihren Bereich abweichende Regelungen bezüglich der Halbzeitpause zu treffen. Die Halbzeitpause beträgt maximal 15 Minuten.

2. Ist ein Spiel nach Ablauf der regulären Spielzeit unentschieden und soll bis zur Entscheidung weitergespielt werden, erfolgt nach einer Pause von 5 Minuten eine Verlängerung. Die Verlängerung dauert 2 x 5 Minuten mit 1 Minute Halbzeitpause. Ist das Spiel nach einer ersten Verlängerung noch nicht entschieden, erfolgt nach einer Pause von 5 Minuten eine zweite Verlängerung von 2 x 5 Minuten mit 1 Minute Halbzeitpause.

Fällt auch hier keine Entscheidung, ist der Gewinner im Einklang mit den Bestimmungen des betreffenden Wettbewerbs zu ermitteln. Ist die Entscheidung durch 7-m-Werfen herbeizuführen, gelten die Bestimmungen des folgenden Kommentars.

Kommentar: Am 7-m-Werfen dürfen hinausgestellte oder disqualifizierte Spieler nicht teilnehmen (siehe auch Regel 4:1 Abs. 4). Jede Mannschaft benennt 5 Spieler. Diese Spieler führen im Wechsel mit der anderen Mannschaft je einen Wurf aus. Die Reihenfolge der Werfer ist den Mannschaften freigestellt. Die Torwarte können frei gewählt und gegen einen anderen zur Teilnahme berechtigten Spielern ausgewechselt werden. Spieler dürfen sowohl als Werfer als auch als Torwart eingesetzt werden. Die Schiedsrichter bestimmen das Tor, auf das geworfen wird. Die Mannschaft, die das Losen gewinnt, entscheidet, ob sie oder die andere Mannschaft mit dem Werfen beginnt. Bei Gleichstand nach dem ersten Durchgang beginnt die andere Mannschaft mit der Fortsetzung des 7-m-Werfens. Für diese Fortsetzung benennt jede Mannschaft wiederum 5 Spieler. Hierbei dürfen dieselben Spieler wie beim ersten Durchgang benannt werden, auch ein Wechsel einzelner oder aller Spieler ist möglich. Diese Regelung ist bis zur endgültigen Entscheidung anzuwenden. Ein Sieger steht jedoch bereits fest, wenn eine Mannschaft nach einem Wurfwechsel in Führung liegt. Spieler können von der weiteren Teilnahme wegen besonderer oder wiederholter Unsportlichkeit disqualifiziert werden (16:6e). Handelt es sich hierbei um einen der 5 benannten Spieler, muss die Mannschaft einen anderen Spieler benennen.

Schlusssignal

3. Die Spielzeit beginnt mit dem Anpfiff des Anwurfs durch einen Schiedsrichter und endet mit dem automatischen Schlusssignal der öffentlichen Zeitmessanlage oder dem Schlusssignal des Zeitnehmers. Ertönt kein derartiges Signal, pfeift der Schiedsrichter, der Zeitnehmer oder der Delegierte, um anzuzeigen, dass die Spielzeit abgelaufen ist (17:9).

4. Regelwidrigkeiten und unsportliches Verhalten vor oder mit dem Ertönen des Schlusssignals (bei Halbzeit- oder Spielende bzw. zum Ende der Halbzeiten einer Verlängerung) sind zu ahnden, auch wenn die Ausführung des Freiwurfs (nach Regel 13:1) oder 7-m-Wurfs nicht vor dem Schlusssignal erfolgen kann. Ertönt das Schlusssignal, wenn ein Frei- oder 7-m-Wurf noch auszuführen ist oder der Ball sich nach einem solchen Wurf noch in der Luft befindet, ist dieser Wurf ebenfalls zu wiederholen. In beiden Fällen beenden die Schiedsrichter das Spiel erst, wenn der Freiwurf oder 7-m-Wurf ausgeführt oder wiederholt wurde und das Ergebnis dieses Wurfes feststeht.

5. Für Freiwurfausführungen (oder -wiederholungen) nach Regel 2:4 gelten besondere Anweisungen bezüglich der Aufstellung der Spieler und des Spielerwechsels. Abweichend von dem normalen Spielerwechsel gemäß Regel 4:4 darf die angreifende Mannschaft einen Spieler auswechseln, ebenso darf die abwehrende Mannschaft einen Feldspieler gegen einen Torwart auswechseln, wenn sie beim Ertönen des Schlusssignals ohne Torwart spielt. Verstöße sind entsprechend Regel 4:5 Abs. 1 zu ahnden. Die Mitspieler des Werfers müssen sich mindestens drei Meter von ihm entfernt und nicht zwischen Torraum- und Freiwurflinie der anderen Mannschaft aufhalten (13:7, 15:6, siehe auch Erläuterung 1). Für die Spieler der abwehrenden Mannschaft gilt Regel 13:8.

6. Unter den in den Regeln 2:4-5 beschriebenen Umständen können gegen Spieler und Mannschaftsoffizielle für Regelwidrigkeiten und unsportliches Verhalten bei der Ausführung eines Freiwurfs oder 7-m-Wurfs persönliche Bestrafungen ausgesprochen werden. Eine Regelwidrigkeit bei der Ausführung eines derartigen Wurfs kann jedoch keinen Freiwurf in die andere Richtung nach sich ziehen.

7. Stellen die Schiedsrichter fest, dass der Zeitnehmer das Spiel zu früh mit dem Schlusssignal (Halbzeit, Ende des Spiels oder der Verlängerungen) beendet hat, sind sie verpflichtet, die Spieler auf der Spielfläche zu behalten und die verbleibende Spielzeit nachspielen zu lassen. Bei der Wiederaufnahme des Spiels bleibt die Mannschaft in Ballbesitz, welche zum Zeitpunkt des zu früh ertönten Signals im Ballbesitz gewesen ist. War der Ball nicht im Spiel, wird das Spiel mit dem der Spielsituation entsprechenden Wurf fortgesetzt, andernfalls laut Regel 13:4a-b mit Freiwurf. Ist die 1. Halbzeit eines Spiels (oder einer Verlängerung) zu spät beendet worden, muss die 2. Halbzeit um die entsprechende Zeit verkürzt werden. Ist die 2. Halbzeit eines Spiels (oder einer Verlängerung) zu spät beendet worden, können die Schiedsrichter nichts mehr an der Situation ändern.

Time-Out

8. Die Schiedsrichter entscheiden, wann und wie lange die Spielzeit unterbrochen wird („Time-out"). In folgenden Situationen ist ein Time-out verbindlich:

a. Hinausstellung, Disqualifikation

b. Team-Time-Out

c. Pfiff vom Zeitnehmer oder Delegierten

d. notwendige Rücksprache zwischen den Schiedsrichtern entsprechend Regel 17:7.

Entsprechend den Umständen wird ein Time-out normalerweise auch in bestimmten anderen Situationen gewährt (Erläuterung 2). Regelwidrigkeiten während eines Time-outs haben die gleichen Folgen wie Regelwidrigkeiten während der Spielzeit (16:10).

9. Bei einem Time-out entscheiden grundsätzlich die Schiedsrichter, wann die Uhr anzuhalten und wieder in Gang zu setzen ist. Die Spielzeitunterbrechung ist dem Zeitnehmer durch drei kurze Pfiffe und Handzeichen 15 anzuzeigen. Erfolgt die Spielunterbrechung jedoch durch Signal des Zeitnehmers oder Delegierten (2:8b-c), muss der Zeitnehmer die Uhr sofort, ohne Bestätigung durch die Schiedsrichter, anhalten. Nach einem Time-out (15:5b) muss das Spiel durch Anpfiff wiederaufgenommen werden.

10. Jede Mannschaft hat pro Halbzeit (ausgenommen Verlängerungen) Anspruch auf ein Team-Timeout von einer Minute Länge (Erläuterung 3).

Hinweis: IHF, Kontinentalföderationen und nationale Verbände haben das Recht, für ihren Bereich abweichende Regelungen bezüglich der Anzahl der Team-Time-outs zu treffen, wobei jede Mannschaft pro Spiel (ausgenommen Verlängerungen) Anspruch auf drei Team-Time-outs von jeweils einer Minute hat aber pro Halbzeit nur 2 möglich sind (siehe Hinweis in Erläuterung 3).

Regel 3: Der Ball

1. Der Ball besteht aus einer Leder- oder Kunststoffhülle. Er muss rund sein. Das Außenmaterial darf nicht glänzend oder glatt sein (17:3).

2. Es werden Handbälle der folgenden beiden Kategorien unterschieden:

a) Handbälle, die mit Harz gespielt werden

Die einzelnen Mannschaftskategorien müssen folgende Ballgrößen (d. h. Umfang und Gewicht) verwenden:

- ★ 58 bis 60 cm und 425 bis 475 g (IHF-Größe 3) für Männer und männliche Jugend (16 Jahre und älter)
- ★ 54 bis 56 cm und 325 bis 375 g (IHF-Größe 2) für Frauen, weibliche Jugend (14 Jahre und älter) und männliche Jugend (12 bis 16 Jahre)
- ★ 50 bis 52 cm und 290 bis 330 g (IHF-Größe 1) für weibliche Jugend (8 bis 14 Jahre) und männliche Jugend (8 bis 12 Jahre)

b) Handbälle, die ohne Harz gespielt werden

Die einzelnen Mannschaftskategorien müssen folgende Ballgrößen (d. h. Umfang und Gewicht) verwenden:

- ★ 55,5 bis 57,5 cm und 400 bis 425 g (IHF-Größe 3) für Männer und männliche Jugend (16 Jahre und älter)
- ★ 51,5 bis 53,5 cm und 300 bis 325 g (IHF-Größe 2) für Frauen, weibliche Jugend (14 Jahre und älter) und männliche Jugend (12 bis 16 Jahre)
- ★ 49 bis 51 cm und 290 bis 315 g (IHF-Größe 1) für weibliche Jugend (8 bis 14 Jahre) und männliche Jugend (8 bis 12 Jahre)

Kommentar:

Das „IHF-Ballreglement" umfasst die technischen Anforderungen für Bälle, die bei allen offiziellen internationalen Spielen eingesetzt werden.

Diese Spielregeln beinhalten nicht Größe und Gewicht von Bällen für den „Mini-Handball".

3. Bei jedem Spiel müssen mindestens zwei Bälle vorhanden sein. Die Reservebälle müssen während des Spielverlaufs beim Zeitnehmertisch unmittelbar verfügbar sein. Die Bälle müssen den Regeln 3:1-2 entsprechen.

4. Die Schiedsrichter entscheiden, wann ein Reserveball eingesetzt wird. In diesem Fall sollten sie den Reserveball zügig ins Spiel bringen, um eine Unterbrechung so kurz wie möglich zu halten und ein Time-out zu vermeiden.

Regel 4: Mannschaften, Spielerwechsel, Ausrüstung, Spielerverletzung

Mannschaft

1. Eine Mannschaft besteht aus bis zu 14 Spielern. Auf der Spielfläche dürfen sich gleichzeitig höchstens 7 Spieler befinden. Die übrigen Spieler sind Auswechselspieler. Ein Spieler, der als Torwart gekennzeichnet ist, kann jederzeit die Po-

sition als Feldspieler einnehmen (siehe jedoch Regel 8:5 Kommentar Absatz 2). Ebenso kann ein als Torwart gekennzeichneter Feldspieler jederzeit die Position des Torwarts einnehmen (siehe jedoch Regeln 4:4 und 4:7).

Spielt eine Mannschaft ohne Torwart, dürfen sich auf der Spielfläche gleichzeitig höchstens 7 Feldspieler befinden (siehe Regeln 4:7, 6:1, 6:2c, 6:3, 8:7f, 14:1a). Für den Wechsel zwischen Torwart und Feldspieler gelten die Regeln 4:4-4:7. Zu Spielbeginn müssen wenigstens 5 Spieler auf der Spielfläche antreten. Die Anzahl der Spieler einer Mannschaft darf im Spielverlauf – einschließlich der Verlängerungen – jederzeit auf bis zu 14 Spieler ergänzt werden. Sinkt die Anzahl der Spieler einer Mannschaft auf der Spielfläche unter 5, kann weitergespielt werden. Es liegt im Ermessen der Schiedsrichter, ob und wann ein Spiel abzubrechen ist (17:12).

Hinweis: IHF, Kontinentalföderationen und nationale Verbände haben das Recht, für ihren Bereich abweichende Regelungen bezüglich der Anzahl von Spielern zu treffen. Die maximale Anzahl von 16 Spielern darf dabei nicht überschritten werden.

2. Eine Mannschaft darf im Spielverlauf höchstens 4 Mannschaftsoffizielle einsetzen. Diese dürfen während des Spiels nicht ausgewechselt werden. Einer von ihnen ist als „Mannschaftsverantwortlicher" zu bezeichnen. Nur er ist berechtigt, Zeitnehmer/Sekretär und eventuell die Schiedsrichter anzusprechen (siehe jedoch Erläuterung 3). Im Allgemeinen ist ein Mannschaftsoffizieller nicht berechtigt, während des Spiels die Spielfläche zu betreten. Ein Verstoß gegen diese Regel ist als unsportliches Verhalten zu ahnden (8:7-10, 16:1b, 16:3e-g und 16:6c). Das Spiel wird mit einem Freiwurf für die gegnerische Mannschaft fortgesetzt (13:1a-b; siehe jedoch Erläuterung 7).

Der Mannschaftsverantwortliche ist dafür verantwortlich, dass sich ab Spielbeginn im Auswechselraum keine anderen Personen als die eingetragenen Offiziellen (max. 4) und die teilnahmeberechtigten Spieler (4:3) befinden. Ebenso ist er für die Einhaltung des Auswechselraum-Reglements verantwortlich. Bei Verstößen ist er progressiv zu bestrafen (16:1b, 16:3e und 16:6c).

Hinweis: IHF, Kontinentalföderationen und nationale Verbände haben das Recht, für ihren Bereich abweichende Regelungen bezüglich der der Anzahl der Offiziellen zu treffen. Es sind jedoch nicht mehr als fünf Offizielle erlaubt.

3. Ein Spieler oder Mannschaftsoffizieller ist teilnahmeberechtigt, wenn er beim Anpfiff anwesend und im Spielprotokoll eingetragen ist.

Nach Spielbeginn eintreffende Spieler/Mannschaftsoffizielle müssen vom Zeitnehmer/Sekretär in das Spielprotokoll eingetragen werden und erhalten damit die Teilnahmeberechtigung.

Ein teilnahmeberechtigter Spieler kann die Spielfläche jederzeit über seine eigene Auswechsellinie betreten (siehe jedoch 4:4 und 4:6).

Der Mannschaftsverantwortliche ist dafür verantwortlich, dass nur teilnahmeberechtigte Spieler die Spielfläche betreten. Andernfalls ist er wegen unsportlichen Verhaltens zu bestrafen (13:1 a-b, 16:1 b, 16:3d, 16:6c; siehe jedoch Erläuterung 7).

Spielerwechsel

4. Auswechselspieler dürfen während des Spiels jederzeit und wiederholt (siehe jedoch Regel 2:5 und Regel 4:11), ohne Meldung beim Zeitnehmer/Sekretär, eingesetzt werden, sofern die zu ersetzenden Spieler die Spielfläche verlassen haben (4:5).

Das Ein- und Auswechseln von Spielern darf nur über die eigene Auswechsellinie erfolgen (4:5).

Dies gilt auch für den Torwartwechsel (siehe auch 4:7 und 14:10).

Die Auswechselregeln gelten auch bei Time-out (ausgenommen Team-Time-out).

Kommentar: Sinn der Auswechsellinie ist es, ein korrektes Auswechseln sicherzustellen, nicht aber, Spieler zu bestrafen, die die Seiten- oder die Toraus-Linie ohne Vorteilsabsicht überschreiten (z. B., um Wasser oder das Handtuch direkt neben der Auswechsellinie zu holen oder die Spielfläche nach einer Hinausstellung auf sportliche Weise außerhalb der eigenen Auswechselraum-Markierung zu verlassen).

Taktisches und nicht erlaubtes Verlassen wird in Regel 7:10 behandelt.

5. Ein Wechselfehler ist mit einer Hinausstellung für den fehlbaren Spieler zu ahnden. Begehen mehrere Spieler einer Mannschaft in der gleichen Situation einen Wechselfehler, so ist nur der erste Spieler, welcher eine Regelwidrigkeit begeht, zu bestrafen. Das Spiel wird mit einem Freiwurf für die gegnerische Mannschaft fortgesetzt (13:1 a-b; siehe jedoch Erläuterung 7).

6. Betritt ein zusätzlicher Spieler die Spielfläche ohne Auswechselung oder greift ein Spieler unberechtigt vom Auswechselraum aus in das Spielgeschehen ein, erhält dieser Spieler eine Hinausstellung. Die Mannschaft muss für die folgenden 2 Minuten um einen Spieler auf der Spielfläche reduziert werden (abgesehen davon, dass der zusätzliche Spieler die Spielfläche verlassen muss).

Betritt ein hinausgestellter Spieler während seiner Hinausstellungs-Zeit die Spielfläche, erhält er erneut eine Hinausstellung, die sofort beginnt, und die Mannschaft muss für die Restzeit der ersten Hinausstellung auf der Spielfläche um einen weiteren Spieler reduziert werden.

Das Spiel wird in beiden Fällen mit einem Freiwurf für die gegnerische Mannschaft fortgesetzt (13:1a-b; siehe jedoch Erläuterung 7).

7. Alle Feldspieler einer Mannschaft müssen einheitliche Spielkleidung tragen. Die Kombinationen von Farbe und Design der beiden Mannschaften müssen sich deutlich voneinander unterscheiden. Alle als Torwart eingesetzten Spieler einer Mannschaft müssen eine identische Farbe tragen, die sich von den Farben der Feldspieler beider Mannschaften und der Torwarte der anderen Mannschaft deutlich unterscheidet (17:3).

8. Die Spieler müssen auf der Trikotrückseite mindestens 20 cm und auf der Trikotvorderseite mindestens 10 cm hohe sichtbare Nummern haben. Dabei muss es sich um Nummern von 1 bis 99 handeln. Spieler, die zwischen Feldspieler und Torwartposition wechseln, müssen die gleiche Nummer benutzen. Die Farbe der Nummern muss sich deutlich von Farbe und Design der Spielkleidung abheben.

9. Die Spieler müssen Sportschuhe tragen. Das Tragen von Gegenständen, welche die Spieler gefährden könnten oder mit denen sich Spieler einen unrechtmäßigen Vorteil verschaffen, ist nicht erlaubt. Dies betrifft z. B. Kopfschutz, Gesichtsmaske, Handschuhe, Armbänder, Armbanduhren, Ringe, sichtbares Piercing, Halsketten oder Ketten, Ohrschmuck, Brillen ohne Haltebänder oder mit festen Gestellen sowie alle anderen Gegenstände, welche eine Gefährdung darstellen könnten (17:3).

Spieler, die solche gefährlichen Gegenstände tragen/an sich haben, dürfen nicht mitspielen, bis der Mangel behoben ist.

Flache Ringe, kleine Ohrringe und sichtbare Piercings sind erlaubt, wenn sie abgedeckt sind und Spieler nicht gefährden. Das Tragen von Stirnbändern, Kopftüchern und Kapitänsbinden aus weichem, elastischem Material ist erlaubt.

Der Mannschaftsverantwortliche bestätigt mit seiner Unterschrift auf dem Spielbericht/der Spielermeldung vor dem Spiel die ordnungsgemäße Ausrüstung aller Spieler. Stellen die Schiedsrichter nach Spielbeginn trotzdem eine unkorrekte Ausrüstung (nach Regel 4:9) fest, wird der Mannschaftsverantwortliche progressiv bestraft und der entsprechende Spieler muss die Spielfläche verlassen, bis der Mangel behoben ist.

In Zweifelsfällen zeigt der Mannschaftsverantwortliche nicht eindeutig erlaubte Ausrüstungsgegenstände vor dem Spiel den Schiedsrichtern oder dem Delegierten an.

Spielerverletzung

10. Blutet ein Spieler oder hat ein Spieler Blut am Körper oder an der Spielkleidung, muss er die Spielfläche umgehend und von sich aus (durch eine reguläre Auswechselung) verlassen, um die Blutung zu stoppen, die Wunde abzudecken und Körper und Spielkleidung zu reinigen. Erst dann darf er die Spielfläche wieder betreten.

Ein Spieler, welcher im Zusammenhang mit dieser Bestimmung den Anweisungen der Schiedsrichter nicht Folge leistet, macht sich unsportlichen Verhaltens schuldig (8:7, 16:1b und 16:3d).

11. Im Falle einer Verletzung können die Schiedsrichter zwei teilnahmeberechtigten Personen der betreffenden Mannschaft (siehe 4:3) bei Time-out die Erlaubnis erteilen, die Spielfläche zu betreten (Handzeichen 15 und 16), um den verletzten Spieler zu versorgen.

Nachdem ein Spieler auf der Spielfläche versorgt wurde, muss er diese umgehend verlassen. Er darf die Spielfläche erst nach Abschluss des dritten Angriffs seiner Mannschaft wieder betreten (Verfahren und Ausnahmen siehe Erläuterung 8).

Der Spieler kann unabhängig von der Anzahl der gezählten Angriffe bei Wiederaufnahme des Spiels nach einer Spielhälfte wieder eingesetzt werden. Betritt dieser Spieler die Spielfläche vorher, wird er nach Regel 4:4-4:6 bestraft.

Hinweis: Nur nationale Verbände haben das Recht, in Jugend-Spielklassen die Bestimmungen von Regel 4:11 Abs. 2, auszusetzen.

Wenn eine dritte oder weitere Personen sowie Personen der nicht betroffenen Mannschaft die Spielfläche betreten, ist dies im Falle von Spielern nach Regel 4:6 und 16:3a und im Falle von Offiziellen nach Regel 4:2, 16:1b, 16:3d und 16:6c als unberechtigtes Eintreten zu ahnden. Wer die Spielfläche gemäß Regel 4:11 Abs. 1 mit Erlaubnis betritt, aber, anstatt den verletzten Spieler zu versorgen, Anweisungen an andere Spieler gibt, sich mit Gegnern oder Schiedsrichtern beschäftigt usw., ist wegen unsportlichen Verhaltens zu bestrafen (16:1b, 16:3d und 16:6c).

Regel 5: Der Torwart

Es ist dem Torwart erlaubt:

1. bei der Abwehr im Torraum den Ball mit allen Körperteilen zu berühren;

2. sich im Torraum mit dem Ball ungeachtet der für Feldspieler geltenden Einschränkungen (7:2-4, 7:7) zu bewegen. Er darf jedoch die Ausführung des Abwurfs nicht verzögern (6:4-5, 12:2 und 15:5b);

3. den Torraum ohne Ball zu verlassen und im Spielfeld mitzuspielen. Er unterliegt in diesem Fall den Spielregeln für die im Feld spielenden Spieler (mit Ausnahme der Situation in Regel 8:5 Kommentar Absatz 2). Der Torraum gilt als verlassen, sobald der Torwart mit irgendeinem Körperteil den Boden außerhalb der Torraumlinie berührt.

4. den Torraum mit dem nicht unter Kontrolle gebrachten Ball zu verlassen und ihn im Spielfeld weiterzuspielen.

Es ist dem Torwart nicht erlaubt:

5. bei der Abwehr den Gegenspieler zu gefährden (8:3, 8:5, 8:5 Kommentar, 13:1b);

6. den Torraum mit dem unter Kontrolle gebrachten Ball zu verlassen (6:1, 13:1a und 15:7 Abs. 3), wenn der Abwurf angepfiffen war, ansonsten Wiederholung des Abwurfs (15:7 Abs. 2); siehe jedoch die Vorteilsregel nach 15:7, wenn der Torwart den Ball verliert, nachdem er den Torraum mit dem Ball in der Hand verlassen hatte.

7. den außerhalb des Torraums am Boden liegenden oder rollenden Ball zu berühren, solange er sich im Torraum befindet (6:1, 13:1a);

8. den außerhalb des Torraums am Boden liegenden oder rollenden Ball in den Torraum hereinzuholen (6:1, 13:1a);

9. mit dem Ball vom Spielfeld in den Torraum zurückzugehen (6:1, 13:1a);

10. den sich in Richtung Spielfeld bewegenden Ball mit dem Unterschenkel oder Fuß zu berühren (13:1a);

11. bei der Ausführung eines 7-m-Wurfs die Torwartgrenzlinie (4-m-Linie) oder deren Verlängerung auf beiden Seiten zu überschreiten, bevor der Ball die Hand des Werfers verlassen hat (14:9).

Kommentar: Solange der Torwart einen Fuß hinter oder auf der Torwartgrenzlinie (4-m-Linie) am Boden hat, ist es ihm erlaubt, den anderen Fuß oder irgendein anderes Körperteil in der Luft über diese Linie hinauszubewegen.

Regel 6: Der Torraum

1. Der Torraum darf nur vom Torwart betreten werden (siehe jedoch 6:3). Der Torraum, zu dem auch die Torraumlinie gehört, gilt bereits als betreten, wenn er von einem Feldspieler mit irgendeinem Körperteil berührt wird.

2. Beim Betreten des Torraums durch einen Feldspieler ist wie folgt zu entscheiden:

a. Abwurf, wenn ein Spieler der angreifenden Mannschaft mit Ball den Torraum der gegnerischen Mannschaft berührt. Dasselbe gilt, wenn er nicht in Ballbesitz ist, aber durch das Betreten des Torraums einen Vorteil erlangt (12:1).

b. Freiwurf, wenn ein Abwehrspieler seinen Torraum betritt und dadurch einen Vorteil erlangt, ohne aber eine klare Torchance zu vereiteln (13:1b, siehe auch 8:7f).

c. 7-m-Wurf, wenn ein Abwehrspieler durch das Betreten des Torraums eine klare Torgelegenheit vereitelt (14:1a).

Mit „Betreten" ist im Sinne dieser Regel nicht das bloße Berühren der Torraumlinie zu verstehen, sondern ein deutliches Eintreten.

3. Das Betreten des Torraums bleibt ungeahndet:

a. wenn ein Spieler, nachdem er den Ball gespielt hat, den Torraum betritt, sofern dieses für die Gegenspieler keinen Nachteil bedeutet;

b. wenn ein Spieler ohne Ball den Torraum betritt und sich dadurch keinen Vorteil verschafft.

4. Der Ball ist als „außerhalb des Spiels" anzusehen, wenn der Torwart ihn im Torraum unter Kontrolle hat (12:1). Der Ball muss dann durch einen Abwurf wieder ins Spiel gebracht werden (12:2).

5. Der im Torraum auf dem Boden rollende Ball bleibt „im Spiel" und ist im Ballbesitz der Mannschaft des Torwarts. Nur der Torwart darf den Ball berühren. Nimmt der Torwart den Ball auf, ist dieser „außerhalb des Spiels" und er hat ihn laut 6:4 und 12:1-2 wieder ins Spiel zu bringen (siehe jedoch 6:7b). Berührt ein Mitspieler des Torwarts den im Torraum rollenden Ball, ist auf Freiwurf (13:1a) zu entscheiden (siehe jedoch 14:1a, in Verbindung mit Erläuterung 6c). Bei Berührung durch einen Spieler der gegnerischen Mannschaft, ist auf Abwurf (12:1 (III)) zu entscheiden.

Der Ball ist „außerhalb des Spiels", sobald er im Torraum auf dem Boden liegen bleibt (12:1 (II)). In dieser Situation ist die Mannschaft des Torwarts im Ballbesitz und nur der Torwart darf den Ball berühren. Er hat ihn wieder laut 6:4 und 12:2 ins Spiel zu bringen (siehe jedoch 6:7b). Berührt ein Spieler einer der beiden Mannschaften den Ball, bleibt die Spielfortsetzung immer Abwurf (12:1 Abs. 2, 13:3).

Befindet sich der Ball in der Luft über dem Torraum, darf er unter Beachtung der Regeln 7:1 und 7:8 gespielt werden.

6. Berührt ein Spieler der abwehrenden Mannschaft bei einem Abwehrversuch den Ball, der dann vom Torwart gehalten wird oder im Torraum liegen bleibt, geht das Spiel mit Abwurf weiter (6:4-5).

7. Wenn der Ball in den eigenen Torraum gespielt wird, ist wie folgt zu entscheiden:

a. Tor, wenn der Ball in das Tor gelangt;

b. Freiwurf, wenn der Ball im Torraum liegen bleibt oder wenn der Torwart den Ball berührt und dieser nicht in das Tor gelangt (13:1 a-b);

c. Einwurf, wenn der Ball die Torauslinie überquert (11:1);

d. Weiterspielen, wenn der Ball den Torraum durchquert und ins Spielfeld zurückgelangt, ohne dass ihn der Torwart berührt.

8. Ein Ball, der aus dem Torraum in das Spielfeld zurückgelangt, bleibt im Spiel.

Regel 7: Spielen des Balles, passives Spiel

Spielen des Balles

Es ist erlaubt:

1. den Ball unter Benutzung von Händen (offen oder geschlossen), Armen, Kopf, Rumpf, Oberschenkel und Knien zu werfen, zu fangen, zu stoppen, zu stoßen oder zu schlagen.

2. den Ball maximal 3 Sekunden zu halten, auch wenn dieser auf dem Boden liegt (13:1 a);

3. sich mit dem Ball höchstens 3 Schritte zu bewegen (13:1 a). Ein Schritt gilt als ausgeführt:

a. wenn ein mit beiden Füßen auf dem Boden stehender Spieler einen Fuß abhebt und ihn wieder absetzt oder einen Fuß von einer Stelle zu einer anderen hinbewegt.

b. wenn ein Spieler den Boden mit nur einem Fuß berührt, den Ball fängt und danach mit dem anderen Fuß den Boden berührt.

c. wenn ein Spieler nach einem Sprung mit nur einem Fuß den Boden berührt und danach auf demselben einen Sprung ausführt oder den Boden mit dem anderen Fuß berührt.

d. wenn ein Spieler nach einem Sprung mit beiden Füßen gleichzeitig den Boden berührt und danach einen Fuß abhebt und ihn wieder absetzt oder einen Fuß von einer Stelle zu einer anderen hinbewegt.

Kommentar: Wird ein Fuß von einer Stelle zu einer anderen hinbewegt und der zweite nachgezogen, gilt das als nur ein Schritt. Fällt ein Spieler mit dem Ball zu Boden, rutscht dann und steht auf mit dem Ball, um ihn weiterzuspielen, ist dies regelkonform. Dies gilt auch, wenn er sich nach dem Ball wirft, ihn kontrolliert, aufsteht und dann weiterspielt.

4. den Ball sowohl im Stehen als auch im Laufen:

a. einmal zu tippen und mit einer Hand oder beiden Händen wieder zu fangen;

b. wiederholt mit einer Hand auf den Boden zu prellen und danach mit einer Hand oder beiden Händen wieder zu fangen beziehungsweise aufzunehmen;

c. wiederholt mit einer Hand über den Boden zu rollen und dann wieder mit einer Hand oder beiden Händen aufzunehmen.

Sobald der Ball danach mit einer Hand oder beiden Händen gefasst wird, muss er innerhalb 3 Sekunden beziehungsweise nach höchstens 3 Schritten (13:1a) abgespielt werden. Das Prellen oder Tippen des Balles beginnt dann, wenn der Spieler den Ball mit irgendeinem Körperteil berührt und Richtung Boden lenkt. Nachdem der Ball einen anderen Spieler oder das Tor berührt hat, ist ein erneutes Tippen oder Prellen und Wiederfangen erlaubt (siehe jedoch 14:6).

5. den Ball von einer Hand in die andere zu führen;

6. den Ball kniend, sitzend oder liegend weiterzuspielen; dazu gehört, aus dieser Position einen Wurf auszuführen (z. B. einen Freiwurf), vorausgesetzt, der Werfer hat bei der Ausführung einen Fuß am Boden, bis der Ball die Hand verlassen hat (15:1).

Es ist nicht erlaubt:

7. den kontrollierten Ball mehr als einmal zu berühren, bevor dieser inzwischen den Boden, einen anderen Spieler oder das Tor berührt hat (13:1a). Nicht zu ahnden ist mehrfaches Berühren beim Versuch, den Ball zu fangen, zu stoppen oder anderweitig unter Kontrolle zu bringen.

8. den Ball mit Fuß oder Unterschenkel zu berühren, es sei denn, der Spieler wurde von einem Gegenspieler angeworfen (13:1a-b; siehe auch 8:7e).

9. Berührt der Ball einen Schiedsrichter auf der Spielfläche wird weitergespielt.

10. Wenn sich ein ballbesitzender Spieler mit einem Fuß oder beiden Füßen außerhalb der Spielfläche bewegt (während der Ball sich noch innerhalb befindet), z. B., um einen Abwehrspieler zu umlaufen, ist auf Freiwurf für die andere Mannschaft zu entscheiden (13:1a).

Verlässt ein Spieler der ballbesitzenden Mannschaft die Spielfläche ohne Ball, haben die Schiedsrichter ihn aufzufordern, auf die Spielfläche zurückzukehren. Tut er das nicht oder wiederholt sich das Vorkommnis bei derselben Mannschaft, ist ohne vorherige Aufforderung auf Freiwurf für die andere Mannschaft zu entscheiden (13:1a). Derartige Vergehen führen nicht zu persönlichen Bestrafungen gemäß Regel 8 und 16.

Passives Spiel

11. Es ist nicht erlaubt, den Ball in Besitz zu halten ohne erkennbaren Versuch, anzugreifen oder ein Tor zu erzielen. Ebenso ist es nicht erlaubt, wiederholt die Ausführung eines Anwurfs, Freiwurfs, Einwurfs oder Abwurfs der eigenen Mannschaft zu verzögern (siehe Erläuterung 4). Dies ist als passives Spiel anzusehen, welches mit einem Freiwurf geahndet wird, sofern die passive Tendenz nicht aufgegeben wird (13:1a).

Der Freiwurf ist an der Stelle auszuführen, an der sich der Ball bei der Unterbrechung befand.

12. Wird eine Tendenz zum passiven Spiel erkennbar, wird das Vorwarnzeichen (Handzeichen Nr. 17) gezeigt. Dies gibt der ballbesitzenden Mannschaft die Gelegenheit, die Angriffsweise umzustellen, um den Ballverlust zu vermeiden. Falls sich die Angriffsweise nach dem Anzeigen des Vorwarnzeichens nicht ändert, kann jederzeit auf passives Spiel entschieden werden. Wird von der angreifenden Mannschaft nach maximal 4 Pässen kein Torwurf ausgeführt, wird auf Freiwurf gegen die ballbesitzende Mannschaft entschieden (13:1a, Verfahren und Ausnahmen siehe Erläuterung 4 Abschnitt D).

Die Feststellung über die Anzahl der Pässe treffen die Schiedsrichter im Sinne der Regel 17:11.

In besonderen Situationen (z. B. bewusstes Auslassen einer klaren Torgelegenheit) können die Schiedsrichter auch ohne vorheriges Vorwarnzeichen auf Freiwurf gegen die ballbesitzende Mannschaft entscheiden.

Regel 8: Regelwidrigkeiten und unsportliches Verhalten

Regelkonforme Aktionen

Es ist erlaubt:

1.

a. dem Gegenspieler mit der offenen Hand den Ball herauszuspielen.

b. mit angewinkelten Armen Körperkontakt zum Gegenspieler aufzunehmen, ihn auf diese Weise zu kontrollieren und zu begleiten.

c. den Gegenspieler im Kampf um Positionen mit dem Rumpf zu sperren.

Kommentar: Sperren heißt, den Gegenspieler daran zu hindern, in einen freien Raum zu laufen. Die Einnahme der Sperrstellung, das Verhalten in der Sperre und das Lösen aus der Sperre müssen grundsätzlich passiv gegenüber dem Gegenspieler erfolgen (siehe jedoch 8:2b).

Es ist nicht erlaubt:

2.

a. dem Gegenspieler den Ball aus der Hand zu entreißen oder wegzuschlagen.

b. den Gegenspieler mit Armen, Händen oder Beinen zu sperren, ihn durch Körpereinsatz wegzudrängen oder wegzustoßen, dazu gehört auch ein gefährdender Einsatz von Ellenbogen in der Ausgangsposition und in der Bewegung.

c. den Gegenspieler am Körper oder an der Spielkleidung festzuhalten, auch wenn er weiterspielen kann.

d. in den Gegenspieler hineinzurennen oder -springen.

Regelwidrigkeiten, die zu einer persönlichen Strafe laut Regel 8:3-6 führen

3. Regelwidrigkeiten, bei denen die Aktion überwiegend oder ausschließlich auf den Körper des Gegenspielers abzielt, müssen zu einer persönlichen Strafe führen. Zusätzlich zur Entscheidung auf Freiwurf oder 7-m-Wurf ist mindestens progressiv zu bestrafen, beginnend mit einer Verwarnung (16:1a), dann Hinausstellung (16:3b) und Disqualifikation (16:6d).

Für schwerere Regelwidrigkeiten sind aufgrund der nachstehenden Beurteilungskriterien drei weitere Stufen vorgesehen:

★ Regelwidrigkeiten, die mit einer sofortigen Hinausstellung zu ahnden sind (8:4);

★ Regelwidrigkeiten, die mit einer Disqualifikation zu ahnden sind (8:5);

★ Regelwidrigkeiten, die mit Disqualifikation und schriftlichem Bericht zu ahnden sind (8:6) Beurteilungskriterien

Bei der Beurteilung, zu welchen persönlichen Strafen die Regelwidrigkeiten führen, finden die folgenden Entscheidungskriterien Anwendung, die je nach Situation kombiniert heranzuziehen sind:

a. Stellung des Spielers, der die Regelwidrigkeit begeht (Frontalposition, seitlich oder von hinten);

b. Körperteil, auf den die Regelwidrigkeit abzielt (Oberkörper, Wurfarm, Beine, Kopf/Hals/Nacken);

c. Intensität der Regelwidrigkeit (wie intensiv ist der Körperkontakt, oder/und die Regelwidrigkeit gegen den Gegenspieler, der sich in voller Bewegung befindet);

d. Auswirkung der Regelwidrigkeit:

★ Kontrolle über Körper und Ball werden beeinträchtigt

★ Beweglichkeit wird eingeschränkt oder unterbunden

★ das Weiterspielen wird unterbunden

Bei der Beurteilung von Vergehen ist auch die jeweilige Spielsituation relevant (z. B. Wurfaktion, Absetzen in den freien Raum oder Situation im schnellen Lauf).

Regelwidrigkeiten, die mit einer direkten Hinausstellung zu ahnden sind

4. Im Fall besonderer Regelwidrigkeiten ist direkt auf Hinausstellung zu entscheiden, unabhängig davon, ob der Spieler zuvor eine Verwarnung erhalten hat.

Dies gilt besonders für solche Regelwidrigkeiten, bei denen der fehlbare Spieler eine Gefährdung des Gegenspielers in Kauf nimmt (siehe auch 8:5 und 8:6).

Solche Regelwidrigkeiten sind beispielsweise unter Berücksichtigung der Beurteilungskriterien in

8:3:

a. Vergehen, die mit hoher Intensität oder bei hoher Laufgeschwindigkeit begangen werden;

b. den Gegenspieler für längere Zeit festhalten oder ihn zu Boden ziehen;

c. Vergehen gegen Kopf, Hals oder Nacken;

d. starker Schlag gegen den Körper oder gegen den Wurfarm;

e. der Versuch, den Gegenspieler aus der Körperkontrolle zu bringen (z. B. den Gegenspieler im Sprung an den Beinen/Füßen halten, siehe jedoch 8:5a);

f. mit hoher Geschwindigkeit in den Gegenspieler hineinlaufen oder -springen.

Regelwidrigkeiten, die mit einer Disqualifikation zu ahnden sind

5. Ein Spieler, der seinen Gegenspieler gesundheitsgefährdend angreift, ist zu disqualifizieren (16:6a). Die hohe Intensität der Regelwidrigkeit oder die Tatsache, dass diese den Gegenspieler unvorbereitet trifft und er sich deshalb nicht schützen kann, machen die besondere Gefahr aus (siehe nachstehenden Kommentar zu Regel 8:5).

Neben den in Regel 8:3 und 8:4 angegebenen Merkmalen gelten folgende Entscheidungskriterien:

a. der tatsächliche Verlust der Körperkontrolle im Lauf oder Sprung oder während einer Wurfaktion;

b. eine besonders aggressive Aktion gegen einen Körperteil des Gegenspielers, insbesondere gegen Gesicht, Hals oder Nacken, (Intensität des Körperkontakts);

c. das rücksichtslose Verhalten des fehlbaren Spielers beim Begehen der Regelwidrigkeit.

Kommentar: Auch Vergehen mit geringem Körperkontakt können sehr gefährlich sein und zu schweren Verletzungen führen, wenn der Spieler sich im Sprung oder im Lauf befindet und nicht in der Lage ist, sich zu schützen. In diesem Fall ist die Gefährdung des Spielers und nicht die Intensität des Körperkontakts maßgebend für die Beurteilung, ob auf Disqualifikation zu entscheiden ist. Dies gilt auch, wenn ein Torwart den Torraum verlässt, um den für den Gegenspieler gedachten Ball abzufangen. Er trägt die Verantwortung dafür, dass dabei keine gesundheitsgefährdende Situation entsteht.

Er ist zu disqualifizieren falls er:

a. in Ballbesitz gelangt, aber in der Bewegung einen Zusammenprall mit dem Gegenspieler verursacht;

b. den Ball nicht erreichen oder kontrollieren kann, aber einen Zusammenprall mit dem Gegenspieler verursacht.

Sind die Schiedsrichter in diesen Situationen überzeugt, dass der Gegenspieler ohne das regelwidrige Eingreifen des Torwarts den Ball erreicht hätte, ist auf 7-m-Wurf zu entscheiden.

Disqualifikation aufgrund einer besonders rücksichtslosen, besonders gefährlichen, vorsätzlichen oder arglistigen Aktion (mit schriftlichem Bericht)

6. Stufen die Schiedsrichter eine Aktion als besonders rücksichtslos, besonders gefährlich, vorsätzlich oder arglistig ein, reichen sie nach dem Spiel einen schriftlichen Bericht ein, damit die zuständigen Instanzen über weitere Maßnahmen entscheiden können.

Hinweise und Merkmale, die als Beurteilungskriterien in Ergänzung zu Regel 8:5 dienen:

a. besonders rücksichtslose oder besonders gefährliche Vergehen;

b. eine vorsätzliche oder arglistige Aktion, die ohne jeglichen Bezug zu einer Spielhandlung stattfindet.

Kommentar: Wenn ein Vergehen nach Regel 8:5 oder 8:6 in den letzten 30 Sekunden begangen wird, mit dem Ziel ein Tor zu verhindern, ist das Vergehen als ein besonders grob unsportliches Verhalten gemäß Regel 8:10d zu beurteilen und zu ahnden.

Unsportliches Verhalten, das zu einer persönlichen Strafe laut Regeln 8:7-10 führt

Als unsportliches Verhalten gelten verbale und nonverbale Ausdrucksformen, die nicht mit dem Sportsgeist vereinbar sind. Dies gilt sowohl für Spieler als auch für Mannschaftsoffizielle auf der Spielfläche wie außerhalb. Für die Ahndung von unsportlichem und grob unsportlichem Verhalten werden vier Stufen von Vergehen unterschieden:

Vergehen, die progressiv zu ahnden sind (8:7)

- ★ Vergehen, die mit einer sofortigen Hinausstellung zu ahnden sind (8:8)
- ★ Vergehen, die mit einer Disqualifikation zu ahnden sind (8:9)
- ★ Vergehen, die mit Disqualifikation und schriftlichem Bericht zu ahnden sind (8:10a,b)

7. Die unter a-f genannten Handlungen sind Beispiele für unsportliches Verhalten, das progressiv zu ahnden ist, beginnend mit einer Verwarnung (16:1b).

a. Protest gegen Schiedsrichterentscheidungen sowie verbale oder nonverbale Aktionen, um eine bestimmte Entscheidung der Schiedsrichter herbeizuführen;

b. den Gegenspieler oder Mitspieler verbal oder mit Gesten zu stören oder einen Gegenspieler anzuschreien, mit dem Ziel ihn abzulenken;

c. Verzögerung der Wurfausführung der gegnerischen Mannschaft durch das Nichteinhalten des

3-m-Abstands oder anderer Verhaltensweisen;

d. der Versuch, durch „Schauspielerei" ein Vergehen vorzutäuschen oder die Wirkung eines Vergehens zu übertreiben, um eine Spielzeitunterbrechung oder eine unverdiente Strafe eines gegnerischen Spielers zu provozieren;

e. aktives Abwehren von Würfen oder Pässen durch das Benutzen von Fuß oder Unterschenkel. Rein reflexartige Bewegungen wie z. B. Schließen der Beine werden nicht bestraft (siehe auch Regel 7:8);

f. wiederholtes Betreten des Torraums aus taktischen Gründen.

Unsportliches Verhalten, das direkt mit einer Hinausstellung zu ahnden ist

8. Bestimmte Unsportlichkeiten werden als schwerwiegender angesehen und haben deshalb eine

direkte Hinausstellung zur Folge, unabhängig davon, ob der betreffende Spieler oder Offizielle zuvor eine Verwarnung erhalten hat. Hierzu gehören u. a. folgende Vergehen:

a. lautstarker Protest mit intensivem Gestikulieren oder provokatives Verhalten;

b. wenn der Spieler bei einer Entscheidung gegen seine Mannschaft den Ball nicht sofort fallen lässt oder niederlegt, so dass er spielbar ist;

c. einen in den Auswechselbereich gelangten Ball blockieren.

d. wenn der Wurf eines in einer freien Spielsituation ungehindert werfenden Spielers den Kopf des Torwarts trifft.

Hinweis: Kriterien für Treffer mit dem Ball gegen den Kopf des Torwarts:

★ Die Regel ist nur in freien Spielsituation anzuwenden, d. h., wenn sich zwischen dem Werfer und dem Torwart kein Verteidiger befindet.

★ Der erste Kontakt mit dem Ball muss am Kopf erfolgen. Die Regel greift nicht, wenn der Ball den Kopf des Torwarts erst trifft, nachdem er zuvor einen anderen Körperteil des Torwarts getroffen hat.

★ Die Regel greift nicht, wenn der Torwart seinen Kopf Richtung Ball bewegt.

★ Versucht der Torwart, die Schiedsrichter zu täuschen, um eine Bestrafung zu provozieren (bspw., wenn der Ball die Brust des Torwarts getroffen hat), ist er gemäß Regel 8:7d zu bestrafen.

Grob unsportliches Verhalten, das mit einer Disqualifikation zu ahnden ist

9. Bestimmte Vergehen werden als grob unsportlich angesehen und sind mit Disqualifikation zu ahnden.

Folgende Vergehen dienen als Beispiel:

a. Demonstratives Wegschlagen oder Wegwerfen des Balls nach einer Schiedsrichterentscheidung.

b. Der Torwart zeigt demonstrativ, dass er sich weigert, einen 7-m-Wurf abzuwehren.

c. Den Ball während einer Spielunterbrechung absichtlich auf einen Gegenspieler werfen. Ist der Wurf sehr hart und aus kurzer Entfernung geworfen, kann dies auch als „besonders rücksichtsloses Vergehen" im Sinne der Regel 8:6 angesehen werden.

d. Wenn der 7-m-Werfer den Torwart am Kopf trifft und dieser nicht seinen Kopf Richtung Ball bewegt.

e. Wenn der Werfer eines Freiwurfs den Abwehrspieler am Kopf trifft und dieser nicht seinen Kopf Richtung Ball bewegt.

f. Revanche nehmen nach einem erlittenen Foul.

Kommentar: Im Fall eines 7-m-Wurfs oder Freiwurfs trägt der Werfer die Verantwortung dafür, den Torwart oder den Abwehrspieler nicht zu gefährden.

Disqualifikation aufgrund eines besonders grob unsportlichen Verhaltens (mit schriftlichem Bericht)

10. Stufen die Schiedsrichter ein Verhalten als besonders grob unsportlich ein, ahnden sie dieses Vergehen gemäß den nachfolgenden Bestimmungen.

Bei folgenden Vergehen (a, b), die als Beispiele dienen, reichen sie nach dem Spiel einen schriftlichen Bericht ein, damit die zuständigen Instanzen über weitere Maßnahmen entscheiden können:

a. Beleidigung oder Drohung gegenüber einer anderen Person, wie z. B. Schiedsrichter, Zeitnehmer/Sekretär, Delegierter, Mannschaftsoffizieller, Spieler, Zuschauer. Sie kann in verbaler oder nonverbaler Form (z. B. Mimik, Gestik, Körpersprache, Körperkontakt) erfolgen.

b. (I) das Eingreifen eines Mannschaftsoffiziellen in das Spielgeschehen, auf der Spielfläche oder vom Auswechselraum aus oder (II) das Vereiteln einer klaren Torgelegenheit durch einen Spieler, entweder durch ein (laut Regel 4:6) unerlaubtes Betreten der Spielfläche oder vom Auswechselraum aus.

Bei folgenden Vergehen (c, d) wird der nicht fehlbaren Mannschaft ein 7-m-Wurf zugesprochen:

c. Wenn der Ball in den letzten 30 Sekunden nicht im Spiel ist und ein Spieler oder Offizieller die Wurfausführung des Gegners verzögert oder behindert und damit der gegnerischen Mannschaft die Chance genommen wird, in eine Torwurfsituation zu kommen oder eine klare Torgelegenheit zu erreichen, ist der fehlbare Spieler / Offizielle zu disqualifizieren und der nicht fehlbaren Mannschaft ein 7-m-Wurf zuzusprechen. Dies gilt bei jeglicher Art der Wurfverhinderung (z. B. Vergehen mit begrenztem körperlichen Einsatz, Störung der Wurfausführung wie: Pass abfangen, stören der Ballannahme, Ball nicht freigeben).

d. Wenn der Ball in den letzten 30 Sekunden im Spiel ist und der gegnerischen Mannschaft

(1) durch ein Vergehen eines Spielers gemäß den Regeln 8:5 bzw. 8:6 sowie 8:10a bzw. 8:10b (II)

(2) durch ein Vergehen eines Offiziellen gemäß den Regeln 8:10a bzw. 8:10b (I) die Chance genommen wird, in eine Torwurfsituation zu kommen oder eine klare Torgelegenheit zu erreichen, wird der fehlbare Spieler bzw. der fehlbare Offizielle gemäß den entsprechenden Regeln disqualifiziert und der gegnerischen Mannschaft wird ein 7-m-Wurf zugesprochen.

Erzielt der gefoulte Spieler oder ein Mitspieler noch vor der Spielunterbrechung ein Tor, entfällt der 7-m-Wurf.

Regel 9: Der Torgewinn

1. Ein Tor ist erzielt, wenn der Ball die Torlinie vollständig überquert hat, sofern vor dem oder beim Wurf der Werfer, seine Mitspieler oder Offizielle sich nicht regelwidrig verhalten haben. Der Torschiedsrichter bestätigt durch zwei kurze Pfiffe und Handzeichen 12, dass ein Tor erzielt ist.

Gelangt der Ball ins Tor, obwohl ein Spieler der abwehrenden Mannschaft eine Regelwidrigkeit begangen hat, ist auf Tor zu erkennen.

Hat ein Schiedsrichter, der Zeitnehmer oder der Delegierte das Spiel unterbrochen, bevor der Ball die Torlinie vollständig überquert hat, darf nicht auf Tor entschieden werden.

Spielt ein Spieler den Ball in das eigene Tor, führt dies zum Torgewinn für die gegnerische Mannschaft, ausgenommen, der Torwart führt einen Abwurf aus (12:2 Abs. 2).

Kommentar: Wird dem Ball der Weg ins Tor durch eine nicht am Spiel beteiligten Sache oder Person (Zuschauer etc.) verwehrt, muss auf Tor entschieden werden, wenn die Schiedsrichter der Überzeugung sind, dass der Ball ansonsten ins Tor gelangt wäre.

2. Wenn auf Tor entschieden wurde und der Schiedsrichter den Anwurf angepfiffen hat, kann das Tor nicht mehr annulliert werden (siehe jedoch 2:9 Kommentar).

Ertönt direkt nach einem Torerfolg und vor der Anwurfausführung das Schlusssignal (Halbzeit oder Spielende), so müssen die Schiedsrichter (ohne Anwurf) deutlich anzeigen, dass sie auf Tor entschieden haben.

Kommentar: Ein von den Schiedsrichtern anerkanntes Tor sollte sofort auf der Anzeigetafel angezeigt werden.

3. Die Mannschaft, die mehr Tore erzielt hat als die gegnerische Mannschaft, ist Sieger. Haben beide Mannschaften die gleiche Anzahl Tore oder kein Tor erzielt, ist das Spiel unentschieden (siehe 2:2).

Regel 10: Der Anwurf

1. Anwurf hat bei Spielbeginn die Mannschaft, die beim Losen gewonnen und den Ballbesitz gewählt hat. Die andere Mannschaft hat das Recht, die Seite zu wählen. Wählt hingegen die Mannschaft, die beim Losen gewonnen hat, die Seite, hat die andere Mannschaft Anwurf.

Vor Beginn der 2. Halbzeit wechseln die Mannschaften die Seiten. Der Anwurf wird von der Mannschaft ausgeführt, welche bei Spielbeginn keinen Anwurf hatte.

Vor jeder Verlängerung wird neu gelost, wobei alle Bestimmungen der Regel 10:1 gelten.

2. Nach einem Tor wird das Spiel mit einem Anwurf von der Mannschaft wieder aufgenommen, gegen die das Tor erzielt worden ist (ausgenommen 9:2 Absatz 2).

3. Für den Anwurf stehen die folgenden beiden Optionen zur Verfügung:

a. Anwurf von der Mittellinie

Der Anwurf ist innerhalb drei Sekunden nach Anpfiff (13:1a) von der Mittellinie aus (mit 1,5 m Toleranz nach beiden Seiten von der Mitte der Spielfläche) in beliebiger Richtung auszuführen (13:1a, 15:7 Abs. 3). Der ausführende Spieler muss mindestens mit einem Fuß die Mittellinie berühren, der andere Fuß darf die Mittellinie nicht überschreiten (15:6) und der Werfer darf den Ausführungsort nicht verlassen, bis der Ball gespielt ist (13:1a, 15:7 Abs. 3; siehe auch Erläuterung 5).

b. Anwurf von der Anwurfzone

- ★ Der Anwurf ist innerhalb drei Sekunden nach Anpfiff von der Anwurfzone aus in beliebiger Richtung auszuführen (13:1a, 15:7 Abs. 3).
- ★ Der Anpfiff durch die Schiedsrichter kann erfolgen, wenn sich der Ball innerhalb der Anwurfzone befindet und der Werfer mindestens einen Fuß innerhalb der Anwurfzone hat. (15:6).
- ★ Der Werfer darf die Anwurfzonenlinie mit keinem Körperteil überschreiten, bevor der Wurf als ausgeführt gilt (13:1a, 15:7 Abs. 3).

- ★ Der Werfer darf sich innerhalb der Anwurfzone bewegen, den Ball jedoch nach dem Anpfiff nicht mehr prellen (13:1a, 15:7 Abs. 3).
- ★ Der Anwurf kann im Laufen ausgeführt werden. Es ist nicht erlaubt, bei der Ausführung des Anwurfs zu springen (13:1a, 15:7 Abs. 3).
- ★ Der Anwurf gilt als ausgeführt, wenn
    - der Ball zunächst die Hand des Werfers verlassen und anschließend die Anwurfzonenlinie vollständig überquert hat oder
    - der Ball gepasst und von einem Mitspieler berührt oder kontrolliert wurde, obwohl dies innerhalb der Anwurfzone erfolgt ist.
- ★ Die Mitspieler des Werfers dürfen die Mittellinie nicht vor dem Anpfiff überqueren, es sei denn, sie befinden sich innerhalb der Anwurfzone (15:6).
- ★ Die Spieler der abwehrenden Mannschaft müssen sich außerhalb der Anwurfzone befinden und dürfen Ball oder Gegenspieler innerhalb der Anwurfzone nicht berühren, bis der Wurf als ausgeführt gilt (15:4, 8:7c). Sie dürfen sich direkt außerhalb der Anwurfzone aufhalten.

4. Beim Anwurf zu Beginn jeder Halbzeit (und eventueller Verlängerungen) müssen sich alle Spieler in der eigenen Hälfte der Spielfläche oder ggfs. in der Anwurfzone befinden.

Beim Anwurf nach einem Tor können sich die Gegenspieler des Werfers jedoch in beiden Hälften der Spielfläche aufhalten.

Wird der Anwurf von der Mittellinie ausgeführt (10:3a) müssen die Gegenspieler einen Mindestabstand von 3 Metern zum ausführenden Spieler einhalten (15:4, 15:9, 8:7c).

Wird der Anwurf von der Anwurfzone ausgeführt (10:3b), müssen sich die Gegenspieler mit dem gesamten Körper außerhalb der Anwurfzonenlinie befinden (15:4, 15:9, 8:7c).

Regel 11: Der Einwurf

1. Auf Einwurf wird entschieden, wenn der Ball die Seitenlinie vollständig überquert hat oder wenn ein Feldspieler der abwehrenden Mannschaft den Ball zuletzt berührt hat, bevor dieser die Torauslinie seiner Mannschaft überquert hat.

Wenn der Ball die Decke oder über der Spielfläche befestigte Vorrichtungen berührt, ist ebenfalls auf Einwurf zu entscheiden.

2. Der Einwurf wird ohne Pfiff der Schiedsrichter (ausgenommen 15:5b) von der Mannschaft ausgeführt, deren Spieler den Ball vor dem Überqueren der Linie oder Berühren der Decke oder einer über der Spielfläche befestigten Vorrichtung nicht zuletzt berührt hatten.

3. Der Einwurf ist an der Stelle auszuführen, an welcher der Ball die Seitenlinie überquerte oder, hat er die Torauslinie überquert, am Treffpunkt von Seiten- und Torauslinie auf der Seite des Tores, auf der er die Torauslinie überquerte.

Wenn der Ball die Decke oder eine über der Spielfläche befestigte Vorrichtung berührt hat, ist der Einwurf an der dem Ort der Berührung nächstgelegenen Stelle auszuführen.

4. Der Werfer muss mit einem Fuß in korrekter Stellung auf der Seitenlinie stehen, bis der Ball seine Hand verlassen hat. Die Stellung des anderen Fußes ist beliebig (13:1a, 15:6, 15:7 Abs. 2 und 3).

5. Die Spieler der anderen Mannschaft dürfen bei der Ausführung des Einwurfs nicht näher als 3 m an den Werfer herantreten (15:4, 15:9, 8:7c).

Dies gilt nicht, sofern sie unmittelbar an ihrer Torraumlinie stehen.

Regel 12: Der Abwurf

1. Auf Abwurf wird entschieden, wenn (I) ein Spieler der anderen Mannschaft den Torraum gemäß Regel 6:2a betritt; (II) der Torwart den Ball im Torraum unter Kontrolle gebracht hat oder der Ball im Torraum auf dem Boden liegen bleibt (Regel 6:4-5); (III) ein Spieler der anderen Mannschaft den im Torraum rollenden Ball berührt (6:5 Abs. 1) oder (IV) der Ball über die Torauslinie gelangt, nachdem er zuletzt vom Torwart oder einem Spieler der anderen Mannschaft berührt wurde.

Das bedeutet, dass in den genannten Situationen der Ball nicht im Spiel ist und dass das Spiel mit einem Abwurf wieder aufgenommen wird (13:3), auch wenn nach der Entscheidung auf Abwurf oder bevor dieser ausgeführt wurde, ein Fehlverhalten festgestellt wird.

2. Der Abwurf wird vom Torwart ohne Pfiff vom Schiedsrichter (ausgenommen 15:5b) aus dem Torraum über die Torraumlinie ausgeführt.

Spielt die Mannschaft, die den Abwurf ausführen soll, ohne Torwart, muss sie einen Feldspieler gegen einen Torwart auswechseln (Regel 4:4). Die Schiedsrichter entscheiden, ob ein Time-out notwendig ist (Regel 2:8 Abs. 2, Erl. 2).

Der Abwurf gilt als ausgeführt, wenn der vom Torwart gespielte Ball vollständig die Torraumlinie überquert hat.

Die Spieler der anderen Mannschaft dürfen sich zwar an der Torraumlinie aufhalten, dürfen aber den Ball erst berühren, wenn dieser die Torraumlinie vollständig überquert hat (15:4, 15:9, 8:7c).

Regel 13: Der Freiwurf

Freiwurf-Entscheidung

1. Grundsätzlich unterbrechen die Schiedsrichter das Spiel und lassen es durch einen Freiwurf für die andere Mannschaft wiederaufnehmen, wenn:

a. die ballbesitzende Mannschaft eine Regelwidrigkeit begeht, die zum Verlust des Ballbesitzes führen muss (4:2-3, 4:5-6, 4:9, 5:6-10, 6:5 Abs. 1, 6:7b, 7:2-4, 7:7-8, 7:10, 7:11-12, 8:2-10, 10:3, 11:4, 13:7, 14:4-7, 15:7 Abs. 3 und 15:8).

b. die abwehrende Mannschaft eine Regelwidrigkeit begeht, die dazu führt, dass die ballbesitzende Mannschaft den Ball verliert (4:2-3, 4:5-6, 5:5, 6:2b, 6:7b, 7:8, 8:2-10).

2. Die Schiedsrichter sollten eine Kontinuität im Spiel zulassen, indem sie eine vorschnelle Unterbrechung des Spiels durch eine Freiwurf-Entscheidung vermeiden.

Dies bedeutet, dass die Schiedsrichter gemäß Regel 13:1a keinen Freiwurf geben sollten, wenn die abwehrende Mannschaft unmittelbar nach der von der angreifenden Mannschaft begangenen Regelwidrigkeit in Ballbesitz kommt.

Gleichfalls sollten die Schiedsrichter gemäß Regel 13:1b erst dann eingreifen, wenn klar ist, dass die angreifende Mannschaft wegen der von der abwehrenden Mannschaft begangenen Regelwidrigkeit den Ballbesitz verloren hat oder nicht in der Lage ist, den Angriff fortzusetzen.

Wenn eine persönliche Ahndung wegen einer Regelwidrigkeit zu geben ist, können die Schiedsrichter das Spiel umgehend unterbrechen, wenn dies für die Mannschaft, die die Regelwidrigkeit nicht begangen hat, keine Benachteiligung ergibt. Ansonsten sollte die Bestrafung bis zum Ablauf der vorliegenden Situation aufgeschoben werden.

Regel 13:2 gilt nicht im Falle von Verstößen gegen die Regeln 4:2-3 oder 4:5-6, bei denen das Spiel sofort durch ein Signal des Zeitnehmers, des Delegierten oder der Schiedsrichter unterbrochen werden muss.

3. Wenn eine Regelwidrigkeit erfolgt, die gemäß Regel 13:1a-b normalerweise zu einem Freiwurf führt, wenn der Ball nicht im Spiel ist, wird das Spiel mit dem Wurf wiederaufgenommen, der dem Grund für die gegebene Unterbrechung entspricht (siehe auch Regel 8:10c, besondere Anweisungen in den letzten 30 Sekunden).

4. Zusätzlich zu den Situationen gemäß Regel 13:1a-b wird in bestimmten Fällen, in denen das Spiel ohne Regelwidrigkeit einer Mannschaft unterbrochen wurde (d. h., wenn der Ball im Spiel ist), ein Freiwurf zur Wiederaufnahme des Spiels gegeben:

a. wenn eine Mannschaft zum Zeitpunkt der Unterbrechung in Ballbesitz ist, behält sie den Ballbesitz;

b. wenn keine der Mannschaften in Ballbesitz ist, erhält die Mannschaft, die zuletzt in Ballbesitz war, erneut den Ballbesitz.

5. Wenn eine Freiwurf-Entscheidung gegen die Mannschaft gegeben wird, die beim Pfiff des Schiedsrichters in Ballbesitz ist, muss der Spieler, der den Ball zu diesem Zeitpunkt hat, diesen umgehend an der Stelle auf den Boden fallen lassen oder niederlegen, sodass er spielbar ist (8:8b).

Freiwurf-Ausführung

6. Der Freiwurf wird normalerweise ohne Anpfiff (ausgenommen 15:5b) grundsätzlich an der Stelle ausgeführt, an der die Regelwidrigkeit begangen wurde. Ausnahmen von diesem Grundsatz:

In den unter 13.4a-b beschriebenen Situationen wird der Freiwurf nach dem Anpfiff grundsätzlich an der Stelle ausgeführt, an der sich der Ball zum Zeitpunkt der Unterbrechung befand.

Wenn ein Schiedsrichter oder Delegierter (der IHF oder einer Kontinentalföderation/eines nationalen Verbandes) das Spiel wegen einer Regelwidrigkeit durch einen Spieler oder Mannschaftsoffiziellen der abwehrenden Mannschaft unterbricht und eine Ermahnung oder eine persönliche Strafe ausspricht, sollte der Freiwurf an der Stelle ausgeführt werden, an welcher der Ball sich bei der Spielunterbrechung befand, sofern dies für die ausführende Mannschaft eine günstigere Stelle ist als die, an der die Regelwidrigkeit begangen wurde.

Dasselbe gilt, wenn der Zeitnehmer das Spiel wegen Regelwidrigkeiten gemäß 4:2-3 oder 4:5-6 unterbricht.

Wie in Regel 7:11 vorgegeben, werden wegen passiven Spiels gegebene Freiwürfe an der Stelle ausgeführt, an der sich der Ball bei Spielunterbrechung befand.

Ungeachtet vorstehend festgelegter grundsätzlicher Bestimmungen darf ein Freiwurf niemals im eigenen Torraum oder zwischen Freiwurf- und Torraumlinie der gegnerischen Mannschaft ausgeführt werden. Müsste er nach den vorstehenden Absätzen eigentlich dort ausgeführt werden, so ist Ausführungsort die nächstgelegene Stelle außerhalb des eigenen Torraums bzw. der Freiwurflinie der gegnerischen Mannschaft.

Kommentar: Wie tolerant die Schiedsrichter bei der Frage des Ausführungsorts für einen Freiwurf sein sollten, hängt von der Entfernung zum Tor der nicht ausführenden Mannschaft ab. An deren Freiwurflinie muss die Ausführung grundsätzlich genau an der Stelle des geahndeten Regelverstoßes erfolgen. Je weiter aber der Ort des Regelverstoßes von der Freiwurflinie der abwehrenden Mannschaft entfernt ist, desto toleranter sollten die Schiedsrichter sein, was den Ausführungsort angeht. Erfolgte der Regelverstoß am Torraum der ausführenden Mannschaft, sollte ein bis zu 3 Meter entfernter Ausführungsort des Freiwurfs toleriert werden.

Die beschriebene Toleranz gilt nicht im Anschluss an einen Verstoß gegen Regel 13:5, wenn dieses Vergehen die Voraussetzungen der Regel 8:8b erfüllt. In solchen Fällen hat die Ausführung also stets genau an der Stelle zu erfolgen, an der die Regelwidrigkeit begangen wurde.

7. Spieler der werfenden Mannschaft dürfen die Freiwurflinie nicht berühren oder überschreiten, bevor der Ball die Hand des Werfers verlassen hat; siehe auch die besonderen Beschränkungen nach Regel 2:5.

Befinden sich Angriffsspieler vor Ausführung des Freiwurfs zwischen Torraum- und Freiwurflinie, müssen die Schiedsrichter dies korrigieren, falls es Einfluss auf das Spiel hat (15:3, 15:6). Der Freiwurf wird dann angepfiffen (15:5b). Dasselbe gilt, wenn Spieler der angreifenden Mannschaft diese Zone betreten, bevor der Ball die Hand des Werfers verlassen hat und der Wurf nicht angepfiffen worden war (15:7 Abs. 2).

Berühren oder überschreiten Spieler der angreifenden Mannschaft nach Anpfiff eines Freiwurfs die Freiwurflinie, bevor der Ball die Hand des Werfers verlassen hat, ist auf Freiwurf für die abwehrende Mannschaft zu erkennen (15:7 Abs. 3; 13:1a).

8. Bei der Ausführung eines Freiwurfs muss die Abwehr mindestens 3 Meter vom Werfer entfernt stehen. Dies gilt nicht, sofern die Abwehrspieler unmittelbar an ihrer Torraumlinie stehen. Zu frühes Eingreifen bei der Wurfausführung ist entsprechend 15:9 und 8:7c zu ahnden.

Regel 14: Der 7-m-Wurf

7-m-Entscheidung

1. Auf 7-m-Wurf wird entschieden bei:

a. regelwidrigem Vereiteln einer klaren Torgelegenheit auf der gesamten Spielfläche durch einen Spieler oder Mannschaftsoffiziellen der gegnerischen Mannschaft;

b. unberechtigtem Pfiff während einer klaren Torgelegenheit;

c. Vereiteln einer klaren Torgelegenheit durch das Eingreifen einer nicht am Spiel beteiligten Person, z. B. durch das Betreten der Spielfläche durch einen Zuschauer oder einen Pfiff aus dem Zuschauerbereich, der den Spieler stoppt (Ausnahme: siehe Kommentar zu Regel 9:1).

d. Vergehen gemäß Regel 8:10c oder 8:10d (siehe jedoch 8:10 letzter Absatz).

Bei „höherer Gewalt" wie Stromausfall ist diese Regel analog anzuwenden, wenn das Spiel im Moment einer klaren Torgelegenheit unterbrochen wird.

Für die Definition einer „klaren Torgelegenheit" siehe Erläuterung 6.

2. Wenn ein Spieler der angreifenden Mannschaft trotz einer Regelwidrigkeit (14:1a) unter voller Ballund Körperkontrolle bleibt, darf nicht auf 7-m-Wurf entschieden werden, auch wenn der Spieler anschließend die klare Torgelegenheit vergibt.

In allen Situationen, in denen eine Entscheidung auf 7-m-Wurf in Betracht kommen könnte, sollten die Schiedsrichter erst dann eingreifen, wenn sie sicher sind, dass diese Entscheidung tatsächlich angezeigt ist. Wenn der Angreifer trotz regelwidrigen Eingreifens der Abwehrspieler ein Tor erzielt, darf nicht auf 7-m-Wurf entschieden werden. Ist hingegen klar erkennbar, dass der Spieler aufgrund der Regelwidrigkeit so eindeutig die Ball- oder Körperkontrolle verloren hat, dass die klare Torgelegenheit nicht mehr besteht, ist auf 7-m-Wurf zu entscheiden.

Regel 14:2 gilt nicht im Falle von Verstößen gegen die Regeln 4:2-3 oder 4:5-6, bei denen das Spiel sofort durch ein Signal des Zeitnehmers, des Delegierten oder der Schiedsrichter unterbrochen werden muss.

3. Wenn auf 7-m-Wurf entschieden wurde, sollte nur bei erkennbarer Verzögerung (z. B. Wechsel des Torwarts oder des Werfers) Time-out gegeben werden. Die Entscheidung, Time-out zu geben, sollte den Kriterien der Erläuterung 2 genügen.

Ausführung des 7-m-Wurfs

4. Der 7-m-Wurf ist nach Pfiff des Feldschiedsrichters innerhalb 3 Sekunden als Torwurf auszuführen (13:1a, 15:7 Abs. 3).

5. Der Werfer darf bei der Ausführung des 7-m-Wurfes bis zu einem Meter hinter der Linie stehen (15:1, 15:6). Nach dem Anpfiff darf der Werfer die 7-m-Linie weder berühren noch überschreiten, bevor der Ball seine Hand verlassen hat (13:1a, 15:7 Abs. 3).

6. Nach Ausführung des 7-m-Wurfs darf der Ball erst dann wieder vom Werfer oder einem seiner Mitspieler gespielt werden, wenn er einen gegnerischen Spieler oder das Tor berührt hat (13:1a, 15:7 Abs. 3).

7. Bei der Ausführung eines 7-m-Wurfs müssen sich die Mitspieler des Werfers außerhalb der Freiwurflinie befinden, bis der Ball die Hand des Werfers verlassen hat (15:3; 15:6). Ansonsten ist auf Freiwurf gegen die Mannschaft, die den 7-m-Wurf ausführt, zu entscheiden (13:1a, 15:7 Abs. 3).

8. Bei der Ausführung eines 7-m-Wurfs müssen sich die Spieler der gegnerischen Mannschaft außerhalb der Freiwurflinie befinden und mindestens 3 m von der 7-m-Linie entfernt sein, bis der Ball die Hand des Werfers verlassen hat. Ansonsten ist der 7-m-Wurf zu wiederholen, wenn der Ball nicht in das Tor gelangt; eine persönliche Bestrafung erfolgt jedoch nicht.

9. Überschreitet der Torwart die Torwartgrenzlinie, d. h. die 4-m-Linie (1:7, 5:11), bevor der Ball die Hand des Werfers verlassen hat, ist der 7-m-Wurf zu wiederholen, sofern kein Tor erzielt wird; eine persönliche Bestrafung des Torwarts erfolgt jedoch nicht.

10. Es ist nicht erlaubt, einen Torwartwechsel vorzunehmen, sobald sich der Werfer mit dem Ball in der Hand in korrekter Wurfposition befindet und bereit ist, den 7-m-Wurf auszuführen. Jeder Versuch, in dieser Situation eine Auswechselung vorzunehmen, ist als unsportliches Verhalten zu bestrafen (8:7c; 16:1b; 16:3d).

Regel 15: Allgemeine Anweisungen zur Ausführung der Würfe (Anwurf, Einwurf, Abwurf, Freiwurf, 7-m-Wurf)

Der Werfer

1. Vor der Ausführung eines Wurfs muss der Werfer die richtige Position eingenommen haben. Der Ball muss sich in der Hand des Werfers befinden (15:6).

Außer bei der Ausführung eines Abwurfs (siehe 12:2) und dem Anwurf aus der Anwurfzone (10:3b) muss der Werfer bei der Wurfausführung mit einem Teil eines Fußes ununterbrochen den Boden berühren bis der Ball die Hand verlassen hat (siehe jedoch (10:3b). Der andere Fuß darf wiederholt vom Boden abgehoben und wieder abgesetzt werden (siehe auch 7:6).

Der Werfer muss diese Stellung einnehmen, bis der Wurf ausgeführt ist (15:7 Abs. 2 und 3).

Hinweis: Vor der Ausführung eines Wurfs (außer bei einem Abwurf) muss sich der Werfer in einer aufrechten Position befinden, d. h. außer den Füßen darf kein anderer Körperteil Kontakt mit dem Boden haben.

2. Ein Wurf ist ausgeführt, wenn der Ball die Hand des Werfers verlassen hat (siehe jedoch 12:2, 10:3a Abs. 2 und 10:3b).

Der Werfer darf den Ball erst wieder berühren, nachdem dieser einen anderen Spieler oder das Tor berührt hat (15:7, 15:8, siehe auch weitere Beschränkungen gemäß 14:6).

Alle Würfe können unmittelbar zu einem Tor führen (ausgenommen beim Abwurf, bei dem kein Eigentor möglich ist, wenn der Ball nicht im Spiel ist, siehe 12:1).

Die Mitspieler des Werfers

3. Alle Spieler müssen die für den jeweiligen Wurf vorgeschriebenen Positionen eingenommen haben (15:6). Mit Ausnahme der Bestimmungen für den Anwurf (10:3a Abs. 2) müssen die Spieler auf ihren korrekten Positionen bleiben, bis der Ball die Hand des Werfers verlassen hat (siehe jedoch 10:3b).

Der Ball darf während der Ausführung weder von einem Mitspieler berührt noch diesem übergeben werden (15:7, Abs. 2 und 3).

Die Abwehrspieler

4. Die Abwehrspieler müssen auf den vorgeschriebenen Positionen bleiben, bis der Ball die Hand des Werfers verlassen hat (siehe jedoch 10:3b, 12:2 und 15:9).

Eine regelwidrige Position von Abwehrspielern bei der Ausführung eines An-, Ein- oder Freiwurfs darf von den Schiedsrichtern nicht korrigiert werden, wenn eine sofortige Wurfausführung für die ausführende Mannschaft von Vorteil ist. Entsteht ein Nachteil, ist die Aufstellung zu korrigieren.

Anpfiff zur Spielfortsetzung

5. Das Spiel muss vom Schiedsrichter wieder angepfiffen werden:

a. immer bei Anwurf (10:3) oder 7-m-Wurf (14:4).

b. im Falle eines Einwurfs, Abwurfs oder Freiwurfs:

- ★ bei Wiederaufnahme nach einem Time-out
- ★ bei Wiederaufnahme mit einem Freiwurf entsprechend Regel 13:4
- ★ bei Verzögerung der Wurfausführung
- ★ nach einer Korrektur der Spielerpositionen
- ★ nach einer Ermahnung oder Verwarnung

In allen anderen Situationen ist es dem Schiedsrichter vorbehalten, zu entscheiden, ob ein Pfiff zur Spielfortsetzung notwendig ist.

Grundsätzlich sollen die Schiedsrichter das Spiel nicht anpfeifen, bevor die Spieler ihre Aufstellung entsprechend 15:1, 15:3 und 15:4 eingenommen haben (siehe jedoch 13:7 Absatz 2 und 15:4 Absatz 2). Pfeift der Schiedsrichter den Wurf trotz falscher Aufstellung der verteidigenden Spieler an, so sind diese Spieler voll aktionsfähig.

Nach dem Anpfiff eines Wurfes muss der Werfer den Ball innerhalb von drei Sekunden spielen.

Sanktionen

6. Regelwidrigkeiten des Werfers oder seiner Mitspieler vor der Wurfausführung, z. B. falsche Aufstellung oder Berühren des Balles durch einen Mitspieler, sind zu korrigieren (siehe jedoch 13:7 Absatz 2).

7. Die Konsequenzen von Fehlern des Werfers oder seiner Mitspieler während der Wurfausführung

(15:1-3) sind davon abhängig, ob die Ausführung des Wurfs angepfiffen war oder nicht.

Bei einer Wurfausführung ohne Anpfiff sind grundsätzlich alle Fehler zu korrigieren; anschließend ist der Wurf zur Spielfortsetzung anzupfeifen. Allerdings ist der Vorteilsgedanke nach 13:2 zu beachten. Falls die Mannschaft unmittelbar nach einer falschen Ausführung den Ball verliert, gilt der Wurf als ausgeführt, das Spiel läuft weiter.

Bei einer Wurfausführung mit Anpfiff sind grundsätzlich ebenfalls alle Regelwidrigkeiten zu ahnden, z. B., wenn der Werfer springt, den Ball länger als 3 Sekunden hält oder seine korrekte Position verlässt, bevor der Ball gespielt ist. Dies gilt auch, wenn die Mitspieler nach dem Anpfiff, aber bevor der Ball die Hand verlassen hat, eine unkorrekte Position einnehmen (ausgenommen 10:3a Absatz 2). In diesen Fällen gilt der Wurf als ausgeführt und die andere Mannschaft erhält einen Freiwurf (13:1a) am Ort des Vergehens (siehe jedoch 2:6). Entsprechend 13:2 ist Vorteil zu gewähren, also nicht einzugreifen, falls die Mannschaft des Werfers den Ball unmittelbar nach der Regelwidrigkeit verliert.

8. Grundsätzlich ist jede Regelwidrigkeit in Verbindung mit der Ausführung eines Wurfs direkt nach der Wurfausführung zu ahnden. Gemeint sind Regelwidrigkeiten nach 15:2 Absatz 2, z. B. der Werfer berührt den Ball ein zweites Mal, bevor dieser einen anderen Spieler oder das Tor berührt hat, er prellt ihn oder legt ihn auf den Boden und nimmt ihn wieder auf (13:1a, siehe jedoch 15:7 Absatz 3).

9. Abwehrspieler, die die Wurfausführung stören, indem sie z. B. eine nicht korrekte Position einnehmen oder diese vor der Wurfausführung verlassen, sind mit Ausnahme der Fälle der Regeln 14:8, 14:9, 15:4 Absatz 2 und 15:5 Absatz 3 zu bestrafen. Dies gilt unabhängig davon, ob diese Aktion vor oder während der Wurfausführung erfolgt (bevor der Ball die Hand des Werfers verlassen hat).

Dabei ist es ohne Belang, ob der Wurf anzupfeifen war oder nicht (8:7c, 16:1b und 16:3d).

Ein Wurf, dessen Ausführung durch eine Regelwidrigkeit der anderen Mannschaft gestört wird, ist grundsätzlich zu wiederholen.

Regel 16: Die Strafen

Verwarnung

1. Eine Verwarnung ist die angemessene Strafe bei:

a. Regelwidrigkeiten, die progressiv zu bestrafen sind (8:3, vgl. jedoch 16:3b, 16:6d);

b. Unsportlichem Verhalten, das progressiv zu bestrafen ist (Regel 8:7).

Kommentar: Ein Spieler sollte nicht mehr als eine Verwarnung und eine Mannschaft insgesamt nicht mehr als drei Verwarnungen erhalten. Die folgende Strafe muss mindestens eine Hinausstellung sein.

Ein bereits hinausgestellter Spieler sollte nicht mehr verwarnt werden.

Gegen die Offiziellen einer Mannschaft sollte insgesamt nur eine Verwarnung ausgesprochen werden.

2. Die Verwarnung ist dem fehlbaren Spieler oder dem Offiziellen und dem Zeitnehmer/Sekretär durch Hochhalten der Gelben Karte anzuzeigen (Handzeichen Nr. 13).

Hinausstellung

3. Eine Hinausstellung ist die angemessene Strafe:

a. bei Wechselfehlern oder bei Betreten der Spielfläche durch einen zusätzlichen Spieler oder wenn ein Spieler vom Auswechselraum aus in das Spiel eingreift (4:5-6), siehe jedoch Regel 8:10b (II);

b. bei Vergehen im Sinne der Regel 8:3 für den Fall, dass der Spieler und/oder die Mannschaft bereits die maximale Anzahl an Verwarnungen erhalten haben (siehe Regel 16:1 Kommentar);

c. bei Vergehen im Sinne der Regel 8:4;

d. bei unsportlichem Verhalten eines Spielers nach Regel 8:7 für den Fall, dass der Spieler und/oder die Mannschaft bereits die maximale Anzahl an Verwarnungen erhalten haben;

e. bei unsportlichem Verhalten eines Mannschaftsoffiziellen nach Regel 8:7 für den Fall, dass ein Mannschaftsoffizieller bereits eine Verwarnung erhalten hat;

f. bei unsportlichem Verhalten eines Spielers oder eines Mannschaftsoffiziellen im Sinne der Regel 8:8 (siehe auch 4:6);

g. als Folge einer Disqualifikation eines Spielers oder eines Mannschaftsoffiziellen (Regel 16:8 Absatz 2; siehe jedoch Regel 16:11b);

h. bei unsportlichem Verhalten eines Spielers vor Wiederaufnahme des Spiels, nachdem er gerade hinausgestellt (16:9a) wurde.

Kommentar: Gegen die Mannschaftsoffiziellen einer Mannschaft darf höchstens einmal auf Hinausstellung erkannt werden.

Wenn gegen einen Mannschaftsoffiziellen entsprechend Regel 16:3e eine Hinausstellung ausgesprochen wird, ist es diesem erlaubt, im Auswechselraum zu verbleiben und seine Funktion weiter wahrzunehmen. Seine Mannschaft wird jedoch auf der Spielfläche für 2 Minuten um einen Spieler reduziert.

4. Die Hinausstellung ist dem fehlbaren Spieler oder Mannschaftsoffiziellen sowie dem Zeitnehmer/Sekretär nach Time-out durch das vorgeschriebene Handzeichen, Hochhalten des gestreckten Armes mit zwei erhobenen Fingern, deutlich anzuzeigen (Handzeichen Nr. 14).

5. Eine Hinausstellung erfolgt immer für eine Spielzeit von 2 Minuten. Die dritte Hinausstellung desselben Spielers ist immer auch mit einer Disqualifikation verbunden (16:6d).

Während der Hinausstellungszeit darf der hinausgestellte Spieler weder selbst im Spiel mitwirken noch von einem seiner Mitspieler ersetzt werden.

Die Hinausstellungszeit beginnt mit der Wiederaufnahme des Spiels durch Pfiff.

Ist die Hinausstellungszeit eines Spielers bis Ende der 1. Halbzeit nicht beendet, läuft sie vom Beginn der zweiten Halbzeit an weiter. Das gleiche gilt zwischen regulärer Spielzeit und Spielverlängerung sowie während Spielverlängerungen. Sofern nach Ablauf der Verlängerungen eine Hinausstellung noch nicht abgelaufen ist, darf dieser Spieler gemäß Kommentar zur Regel 2:2 nicht an einem 7-m-Werfen teilnehmen.

Disqualifikation

6. Eine Disqualifikation ist die angemessene Strafe bei:

a. Vergehen im Sinne der Regeln 8:5 und 8:6;

b. grob unsportlichem Verhalten gemäß Regel 8:9 und besonders grob unsportlichem Verhalten gemäß Regel 8:10 durch einen Spieler oder Mannschaftsoffiziellen auf der Spielfläche oder außerhalb;

c. unsportlichem Verhalten eines der Mannschaftsoffiziellen nach Regel 8:7, nachdem Mannschaftsoffizielle der gleichen Mannschaft zuvor schon eine Verwarnung und eine Hinausstellung nach 16:1b und 16:3e erhalten haben;

d. einer dritten Hinausstellung desselben Spielers (16:5);

e. bedeutendem oder wiederholt unsportlichem Verhalten während des 7-m-Werfens (Kommentar zu Regel 2:2 sowie Regel 16:10).

7. Die Disqualifikation ist dem fehlbaren Spieler oder Offiziellen sowie dem Zeitnehmer/Sekretär vom Schiedsrichter nach Time-out durch Hochhalten der Roten Karte deutlich anzuzeigen (Handzeichen Nr. 13, siehe auch Regel 16:8).

8. Die Disqualifikation eines Spielers oder Mannschaftsoffiziellen gilt immer für den Rest der Spielzeit.

Der Spieler oder Offizielle muss die Spielfläche und den Auswechselraum sofort verlassen. Danach darf der Spieler oder Offizielle in keiner Form Kontakt zur Mannschaft haben.

Die Disqualifikation eines Spielers oder Mannschaftsoffiziellen während der Spielzeit, auf oder außerhalb der Spielfläche, ist immer mit einer Hinausstellung für die Mannschaft verbunden. Dies bedeutet, dass die Anzahl der Spieler der Mannschaft auf der Spielfläche um einen Spieler reduziert wird (16:3f). Die Reduzierung auf der Spielfläche erfolgt jedoch für 4 Minuten, wenn ein Spieler gemäß Regel 16:9b-d disqualifiziert worden ist.

Eine Disqualifikation verringert die Zahl der Spieler oder Offiziellen, die der Mannschaft zur Verfügung stehen (ausgenommen 16:11b). Es ist der Mannschaft jedoch erlaubt, die Zahl der Spieler auf der Spielfläche nach Ablauf der Hinausstellung wieder zu ergänzen.

Disqualifikationen nach Regel 8:6 oder 8:10a-b sind mit einem schriftlichen Bericht an die zuständigen Instanzen verbunden. Bei Disqualifikationen mit Bericht sind die Mannschaftsverantwortlichen und der Delegierte (Erl. 7) unmittelbar nach der Entscheidung zu informieren.

Zu diesem Zweck zeigt der Schiedsrichter nach der roten Karte zur Information zusätzlich die blaue Karte.

Mehr als ein Verstoß in derselben Situation

9. Begeht ein Spieler oder Mannschaftsoffizieller gleichzeitig oder in direkter Folge vor dem Wiederanpfiff mehr als eine Regelwidrigkeit und erfordern diese verschiedene Strafen, ist grundsätzlich nur die schwerwiegendste Strafe auszusprechen.

Es gelten jedoch die folgenden besonderen Ausnahmen, bei denen in sämtlichen Fällen die Mannschaft auf der Spielfläche für 4 Minuten reduziert wird.

a. Wenn sich ein Spieler, der gerade eine Hinausstellung bekommen hat, vor der Wiederaufnahme des Spiels unsportlich verhält, erhält dieser eine zusätzliche Hinausstellung (16:3g). Wenn die zusätzliche Hinausstellung die dritte für den Spieler ist, wird er disqualifiziert;

b. Wenn ein Spieler, der gerade eine Disqualifikation bekommen hat (direkt oder wegen seiner dritten Hinausstellung), sich vor der Wiederaufnahme des Spiels unsportlich verhält, wird die Mannschaft mit einer zusätzlichen Strafe belegt, wodurch die Reduzierung 4 Minuten beträgt (16:8 Absatz 2);

c. Wenn ein Spieler, der gerade eine Hinausstellung bekommen hat, sich vor der Wiederaufnahme des Spiels grob oder besonders grob unsportlich verhält, wird er zusätzlich disqualifiziert (16:6b); die beiden Strafen bedeuten eine 4-Minuten-Reduzierung der Mannschaft (16:8 Absatz 2);

d. Wenn ein Spieler, der gerade eine Disqualifikation bekommen hat (direkt oder wegen einer dritten Hinausstellung), sich vor Wiederaufnahme des Spiels grob oder besonders grob unsportlich verhält, wird die Mannschaft mit einer zusätzlichen Strafe belegt und die Reduzierung beträgt insgesamt 4 Minuten (16:8 Absatz 2).

Vergehen während der Spielzeit

10. Die Strafen für Vergehen während der Spielzeit sind in den Regeln 16:1, 16:3, 16:6 festgehalten.

Zur Spielzeit zählen auch alle Pausen, Time-outs, Team-Time-outs und Verlängerungen. In allen anderen Spielentscheidungsverfahren (z. B. 7-m-Werfen) kommt nur Regel 16:6 zur Anwendung.

Dadurch soll bei jeglicher Art von bedeutsamem oder wiederholt unsportlichem Verhalten die weitere Teilnahme dieses Spielers verhindert werden (siehe Kommentar zu Regel 2:2).

Vergehen außerhalb der Spielzeit

11. Unsportliches Verhalten, grob unsportliches Verhalten und besonders grob unsportliches Verhalten sowie jegliche Form besonders rücksichtsloser Handlungen (siehe Regel 8:6-10) seitens eines Spielers oder Mannschaftsoffiziellen, im Bereich der Wettkampfstätte, aber außerhalb der Spielzeit, ist wie folgt zu ahnden:

Vor dem Spiel

a. unsportliches Verhalten gemäß Regel 8:7-8 mit Verwarnung;

b. Verhalten im Sinne von Regel 8:6 und 8:10a mit Disqualifikation gegen den Spieler oder Mannschaftsoffiziellen, wobei die Mannschaft mit 14 Spielern und 4 Offiziellen beginnen darf;

Regel 16:8 Absatz 2 trifft nur bei Vergehen während der Spielzeit zu; folglich hat die Disqualifikation keine Hinausstellung zur Folge.

Bestrafungen für Vergehen vor dem Spiel können jederzeit während des Spiels ausgesprochen werden, sobald die fehlbare Person als am Spiel Beteiligter wahrgenommen wird und dies zum Zeitpunkt des Vergehens nicht möglich war.

Nach dem Spiel

c. schriftlicher Bericht.

Regel 17: Die Schiedsrichter

1. Jedes Spiel wird von zwei gleichberechtigten Schiedsrichtern geleitet, denen ein Zeitnehmer und ein Sekretär zur Seite stehen.

2. Die Aufsicht über das Verhalten der Spieler und Offiziellen beginnt für die Schiedsrichter mit dem Betreten der Wettkampfstätte und endet, wenn sie die Wettkampfstätte verlassen.

3. Die Schiedsrichter sind verantwortlich für das Prüfen der Spielfläche, der Tore und der Bälle vor Spielbeginn. Sie bestimmen, welche Bälle zum Einsatz kommen (Regeln 1 und 3:1).

Außerdem stellen die Schiedsrichter die Anwesenheit der beiden Mannschaften in vorschriftsmäßiger Spielkleidung fest, prüfen das Spielprotokoll und die Ausrüstung der Spieler. Sie tragen dafür Sorge, dass die Zahl der Spieler und Offiziellen im Auswechselraum innerhalb der Grenzen liegt und stellen die Anwesenheit und Identität der beiden „Mannschaftsverantwortlichen" fest. Jegliche Unstimmigkeiten sind zu beseitigen (4:1-2 und 4:7-9).

4. Das Losen wird von einem der Schiedsrichter in Gegenwart des anderen Schiedsrichters und der beiden Mannschaftsverantwortlichen oder Offiziellen oder Spielern (z. B. einem Mannschaftskapitän) vorgenommen.

5. Grundsätzlich muss das ganze Spiel von denselben Schiedsrichtern geleitet werden.

In ihrer Verantwortung zur Gewährleistung des Spielablaufs im Einklang mit den Spielregeln müssen sie jede Regelwidrigkeit ahnden (ausgenommen 13:2 und 14:2).

Fällt einer der Schiedsrichter während des Spiels aus, leitet der andere das Spiel allein.

Hinweis: IHF, Kontinentalföderationen und nationale Verbände haben das Recht, für ihren Bereich abweichende Regelungen betreffend Regel 17:5 Abs. 1 und 3 zu treffen.

6. Wenn beide Schiedsrichter bei einer Regelwidrigkeit gegen dieselbe Mannschaft pfeifen, aber unterschiedlicher Auffassung über die Höhe der Bestrafung, sind, gilt immer die schwerwiegendste Strafe.

7. Wenn beide Schiedsrichter bei einer Regelwidrigkeit pfeifen oder der Ball die Spielfläche verlassen hat, und die beiden Schiedsrichter gegensätzlicher Auffassung darüber sind, welche Mannschaft in Ballbesitz kommen soll, gilt die gemeinsame Entscheidung, die von den Schiedsrichtern nach einer kurzen Absprache erzielt wird. Wenn sie nicht zu einer gemeinsamen Entscheidung gelangen, hat die Meinung des Feldschiedsrichters Vorrang.

Ein Time-out ist Pflicht. Nach klarem Handzeichen über die Spielfortsetzung wird das Spiel wieder angepfiffen (2:8d, 15:5).

8. Beide Schiedsrichter sind für das Zählen (Notieren) der Tore verantwortlich. Außerdem notieren sie Verwarnungen, Hinausstellungen und Disqualifikationen.

9. Beide Schiedsrichter sind für die Kontrolle der Spielzeit verantwortlich. Entstehen Zweifel über die Richtigkeit der Zeitmessung, treffen die Schiedsrichter eine gemeinsame Entscheidung (siehe auch 2:3).

Hinweis: IHF, Kontinentalföderationen und nationale Verbände haben das Recht, für ihren Bereich abweichende Regelungen betreffend Regel 17:8 und Regel 17:9 zu treffen.

10. Die Schiedsrichter sind dafür verantwortlich, dass das Spielprotokoll nach dem Spiel ordnungsgemäß ausgefüllt wird.

Disqualifikationen gemäß den Beschreibungen in Regel 8:6 und 8:10 sind im Spielprotokoll zu begründen.

11. Entscheidungen der Schiedsrichter oder der Delegierten aufgrund ihrer Tatsachenfeststellung oder Beurteilung sind unanfechtbar.

Nur gegen Entscheidungen, die im Widerspruch zu den Regeln stehen, kann Einspruch erhoben werden.

Während des Spiels sind nur die jeweiligen „Mannschaftsverantwortlichen" berechtigt, die Schiedsrichter anzusprechen.

12. Die Schiedsrichter haben das Recht, ein Spiel zu unterbrechen oder abzubrechen. Vor einer Entscheidung, das Spiel abzubrechen, müssen alle Möglichkeiten zur Fortsetzung des Spiels ausgeschöpft werden.

13. Die schwarze Spielkleidung ist vorrangig für die Schiedsrichter vorgesehen.

14. Schiedsrichter und Delegierte können zur internen Kommunikation elektronische Ausrüstungen benutzen. Die Regeln für deren Einsatz werden durch den entsprechenden Verband erlassen.

Regel 18: Zeitnehmer und Sekretär

1. Grundsätzlich hat der Zeitnehmer die Hauptverantwortung für die Spielzeit, das Time-out und die Hinausstellungszeit hinausgestellter Spieler.

Der Sekretär hat die Hauptverantwortung für die Spielerlisten, das Spielprotokoll, das Eintreten von Spielern, die nach Spielbeginn ankommen, und das Eintreten von nicht teilnahmeberechtigten Spielern.

Andere Aufgaben, wie die Kontrolle der Zahl der Spieler und Mannschaftsoffiziellen im Auswechselraum sowie das Aus- und Eintreten von Auswechselspielern und das Zählen der Anzahl der Angriffe (diese Entscheidung ist eine Tatsachenfeststellung) nach der Versorgung eines Spielers auf der Spielfläche, gelten als gemeinsame Verantwortungen.

Generell sollte der Zeitnehmer (und falls anwesend, ein Delegierter des zuständigen Verbandes) die notwendigen Spielunterbrechungen vornehmen.

Siehe auch Erläuterung 7 zu den korrekten Verfahren beim Eingreifen von Zeitnehmer/Sekretär bei der Erfüllung einiger ihrer oben beschriebenen Verantwortungen.

2. Wenn keine öffentliche Zeitmessanlage vorhanden ist, muss der Zeitnehmer den Mannschaftsverantwortlichen jeder Mannschaft über die gespielte oder noch zu spielende Zeit unterrichten, insbesondere nach einem Time-out.

Wenn es keine Zeitmessanlage mit automatischem Signal gibt, übernimmt der Zeitnehmer die Verantwortung für das Auslösen des Schlusssignals zur Halbzeit und zu Spielende (siehe Regel 2:3).

Sofern die öffentliche Zeitmessanlage nicht auch für die Anzeige von Hinausstellungszeiten (bei IHF-Spielen mindestens drei pro Mannschaft) eingerichtet ist, platziert der Zeitnehmer eine Karte auf dem Zeitnehmertisch, auf welcher für jede Hinausstellung die Zeit des Wiedereintritts und die Nummer des hinausgestellten Spielers aufgeführt sind.

Die kompletten Regeln inklusive aller Abbildungen sind im Internet auf der Internetseite des Deutschen Handballbundes im Bereich Schiedsrichter/Regelwerk einzusehen.

Handzeichen

Bei Einwurf- oder Freiwurfentscheidungen müssen die Schiedsrichter sofort die Richtung des folgenden Wurfs anzeigen (Zeichen 7 oder 9).

Danach sollte(n) situationsgemäß das (die) entsprechende(n), zwingend vorgeschriebene(n) Handzeichen gegeben werden, um jede persönliche Strafe anzuzeigen (Zeichen 13-14).

Wenn es scheint, dass es auch nützlich wäre, den Grund für eine Freiwurf- oder 7-m-Wurf-Entscheidung zu erklären, könnte das entsprechende der Zeichen 1-6 und 11 informationshalber gegeben werden. Zeichen 11 sollte jedoch immer in jenen Situationen gegeben werden, in denen einer Freiwurfentscheidung wegen passiven Spiels kein Zeichen 17 vorausgegangen ist.

Die Zeichen 12, 15 und 16 sind in den Situationen, in denen sie Geltung haben, zwingend vorgeschrieben.

Die Zeichen 8, 10 und 17 sind dann zu geben, wenn sie von den Schiedsrichtern als erforderlich erachtet werden.

Liste der Handzeichen (Fotos siehe unter https://www.sportlexikon.com/handball-schiedsrichter-zeichen):

1. Betreten des Torraums
2. Prell- oder Tippfehler
3. Schritt- oder Zeitfehler
4. Umklammern, Festhalten oder Stoßen

5. Schlagen

6. Stürmerfoul

7. Einwurf – Richtung

8. Abwurf

9. Freiwurf – Richtung

10. Nichtbeachten des 3-Meter-Abstandes

11. Passives Spiel

12. Torgewinn

13. Verwarnung (gelb) – Disqualifikation (rot) Information schriftlicher Bericht (blau)

14. Hinausstellung

15. Time-out

16. Erlaubnis für zwei teilnahmeberechtigte Personen zum Betreten der Spielfläche bei Time-out

17. Vorwarnzeichen für passives Spiel

Die ebenfalls zum Regelwerk gehörenden Erläuterungen zu den Spielregeln, das Auswechselraumreglement, die Guidelines und Interpretationen und die Richtlinien für Spielfläche und Tore sowie zur Bekleidung sind in den kompletten internationalen Handball-Regeln 2022 (Deutsche IHF-Fassung) unter dieser Internetadresse nachzulesen:

https://dhbv2prod-cmscorestack-dhbv2prodcmscorecontentb65-11cpqdtat54qz.s3.eu-central-1.amazonaws.com/fileadmin/redaktion/DHB-live-/Seitenbaum/02_Verband/Schiedsrichter/Regelwerk/Rules_of_the_Game_IndoorHandball_2022.pdf

Abonnieren Sie unseren kostenlosen Newsletter unter **www.dersportverlag.de**

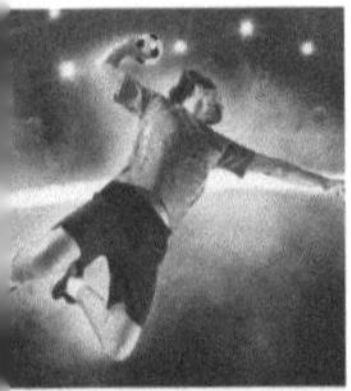

HANDBALL – TECHNIK – TAKTIK – MENTALTRAINING

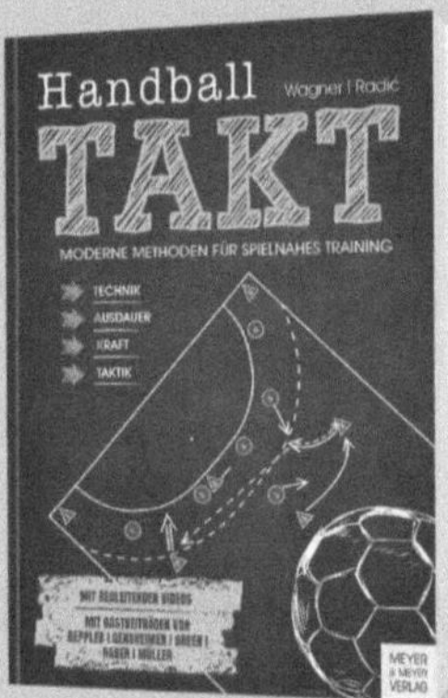

ISBN 978-3-8403-7807-2
€ [D] 34,00/[A] 35,00

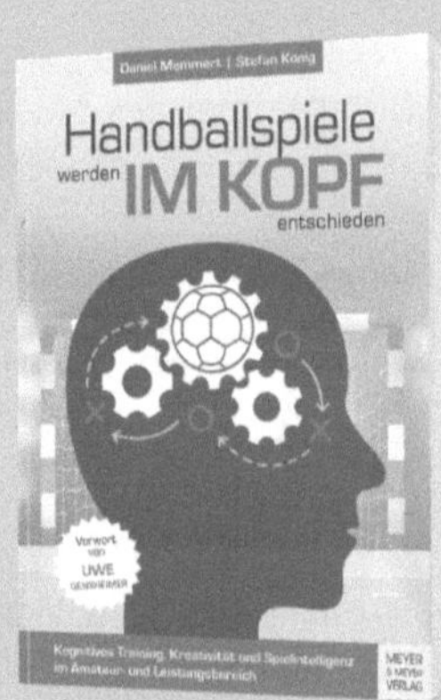

ISBN 978-3-8403-7768-6
€ [D] 20,00/[A] 20,60

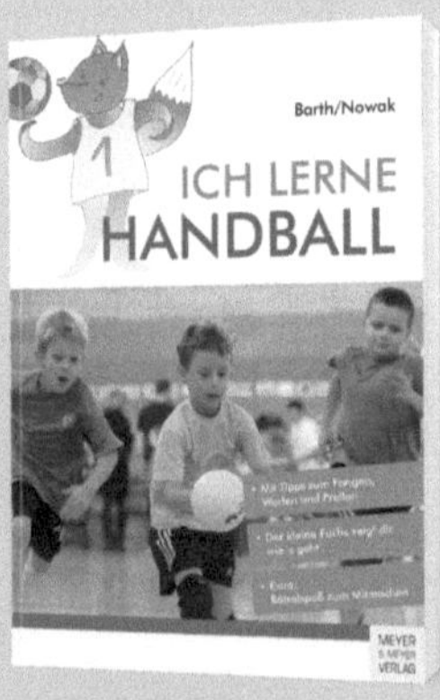

ISBN 978-3-8403-7572-9
€ [D] 16,95/[A] 17,50

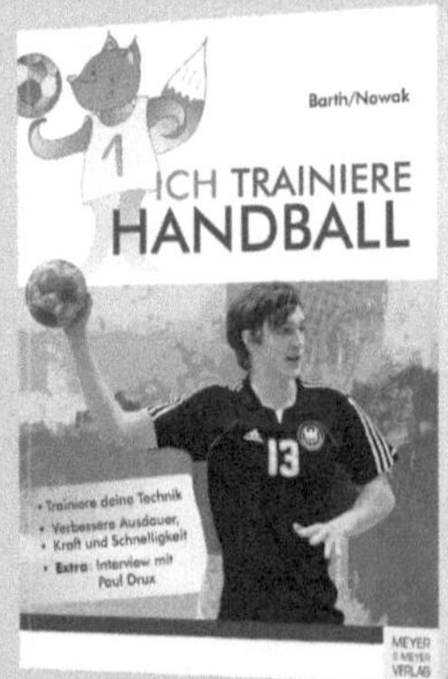

ISBN 978-3-8403-7573-6
€ [D] 16,95/[A] 17,50

MEYER & MEYER VERLAG

MEYER & MEYER Verlag
Von-Coels-Str. 390
52080 Aachen

Telefon 02 41 - 9 58 10 - 13
Fax 02 41 - 9 58 10 - 10
E-Mail vertrieb@m-m-sports.com
Website www.dersportverlag.de